中国社会科学院创新工程学术出版资助项目

夏洪胜 张世贤◎主编

U0886452

21世纪工商管理文库

公司理财

Corporate Finance

经济管理出版社
ECONOMY & MANAGEMENT PUBLISHING HOUSE

图书在版编目（CIP）数据

公司理财 / 夏洪胜，张世贤主编. —北京：经济管理出版社，2013.9
（21 世纪工商管理文库）
ISBN 978-7-5096-2584-2

Ⅰ. ①公… Ⅱ. ①夏… ②张… Ⅲ. ①公司—财务管理 Ⅳ. ①F276.6

中国版本图书馆 CIP 数据核字（2013）第 188475 号

组稿编辑：何 蒂
责任编辑：杨 雪
责任印制：黄章平
责任校对：张 青

出版发行：经济管理出版社
（北京市海淀区北蜂窝 8 号中雅大厦 A 座 11 层 100038）
网 址：www. E-mp. com. cn
电 话：（010）51915602
印 刷：三河市延风印装厂
经 销：新华书店
开 本：720mm × 1000mm/16
印 张：21
字 数：350 千字
版 次：2014 年 3 月第 1 版 2014 年 3 月第 1 次印刷
书 号：ISBN 978-7-5096-2584-2
定 价：48.00 元

联系地址：北京阜外月坛北小街 2 号
电话：（010）68022974 邮编：100836

总　序

1911 年，泰勒《科学管理原理》的发表标志着管理学的诞生。至今，管理学已经走过了整整 100 年，百年的实践证明，管理学在推动人类社会进步和中国改革开放中发挥了巨大的作用。在这个具有历史意义的时刻，我们也完成了《21 世纪工商管理文库》的全部编写工作，希望以此套文库的出版来纪念管理学诞生 100 周年，并借此机会与中国企业的管理者们进行交流与探讨。

“绝不浪费读者的时间”，这是我在筹划编写本套文库时所坚持的第一理念。时间是管理者最宝贵的资源之一，为了让读者尽可能高效率地学习本套文库，我们的团队力求通过精练的文字表达和鲜活的案例分析，让读者在掌握基础知识的同时获得某种思维上的灵感，对解决企业实际中遇到的问题有所启发，同时也获得阅读带来的轻松和愉悦。“绝不浪费读者的时间”，这是我们对您的承诺！

一、编写《21 世纪工商管理文库》的出发点

本人从事工商管理领域的学习、研究、教学和实践工作多年，在这一过程中不断探索和思考，形成了自己的一系列观点，其中的一些观点成为编写本套文库的出发点，希望能尽我微薄之力，对我国企业的发展有所帮助。

1. 工商管理是一门应用性极强的学科，该领域的基础理论成果基本上来源于以美国为主的西方国家。在工商管理领域的研究方面，我国应该将重点放在应用研究上。

2. 工商管理在很大程度上受制度、历史、文化、技术等因素的影响。对于源自西方国家的工商管理基础理论，我们切不可照搬照抄，而应该在“拿来”的基础上根据我国的实际情况加以修正，然后将修正后的理论运用于我国的实践。

3. 目前，我国的MBA、EMBA所用的经典教材多数是西方国家的翻译版本，不仅非常厚，内容也没有根据中国的实际情况进行调整，在学时有限的情况下学生普遍无法学通，更谈不上应用，这可以从众多的学位论文和与学生的交流中看出。

4. 做企业，应该先“精”后“强”再“大”，并持续地控制风险，只有这样才能保证企业之树长青。而要做到这些，一个非常关键的因素就是对工商管理知识的正确运用，所以，无论多忙，我国的企业管理者们都务必要全面系统地学习适合国情的工商管理知识，以提升企业的软实力。

5. 随着国际化程度的加深，我国急需一批具有系统的工商管理知识和国际化视野且深谙国情的企业家，这一群体将成为我国企业走向国际化的希望。企业的中高层管理者是这一批企业家群体的预备军，因此，我们应该尽力在我国企业的中高层管理者中培育这个群体。

“路漫漫其修远兮，吾将上下而求索”。企业是国家的经济细胞，也是国家强盛的重要标志之一。当今世界，企业间的竞争日趋激烈，我国企业的管理者们要有强烈的危机意识和竞争意识，必须从人、财、物、信息、产、供、销、战略等各方面全方位地提升我国企业的管理水平，力争建成一批世界知名的和有国际影响力的中国企业，这批企业将是中国经济的基础和重要保障。我希望本套文库能够与中国企业中高层管理者的实践碰撞出灿烂的火花，若能如此，我多年的心血和我们团队的工作便有了它存在的价值。

二、《21世纪工商管理文库》的内容

中国企业非常需要有一套适合中国国情的工商管理文库，博览以往工商管理类的书籍，它们对中国企业的发展确实起到了非常重要的作用，但是却鲜有一套文库的内容可以同时将基础性的知识、前沿性的研究和最适合在中国应用的理论

结合工商管理内容的本质，以深入浅出、通俗易懂的表达方式全面呈现出来。由于中国的中高层企业管理者用在读书学习上的时间非常有限，这就要求本套文库能让企业管理者花较少的时间，系统地掌握其内容并加以运用。

鉴于此，本人与国内外同行进行了深入的探讨，同时，也与一大批内地、港澳台地区及国外企业家和学者进行了广泛的接触与交流，并实地调研了大量中外企业。在此基础上，仔细查阅了国内外著名大学商学院的有关资料，并结合自己的研究，首次构建并提出了如图Ⅰ所示的工商管理内容模型。该模型经过数十次的修正，直到工商管理理论研究同行与实践中的企业家们普遍认可后才确定下来。它由31本书组成，平均每本200页以上，基本涵盖了工商管理的主要内容，是目前我国较为系统、全面并适合中国企业的工商管理文库。

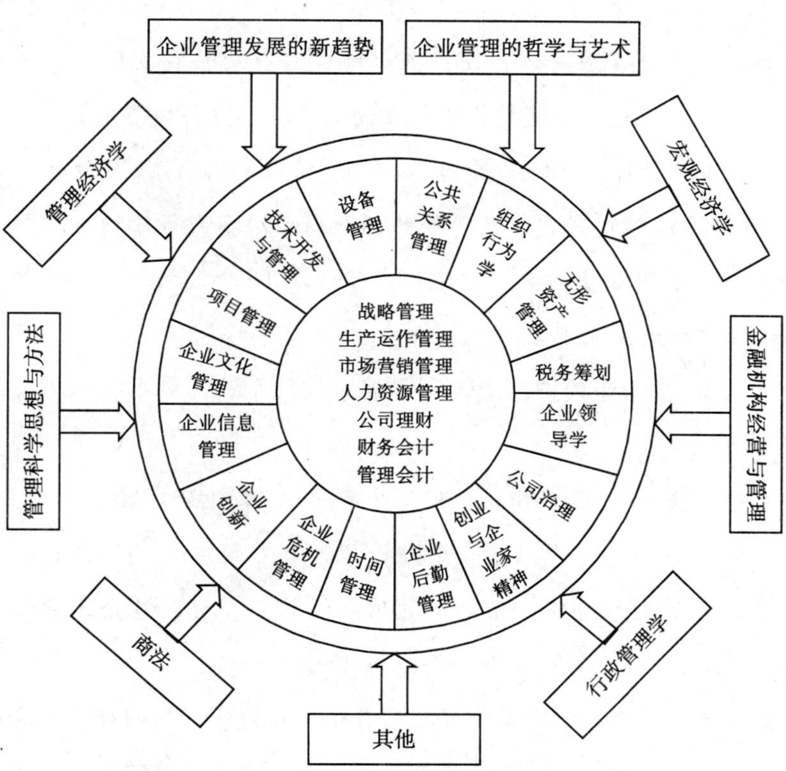

图Ⅰ 工商管理内容模型

该工商管理内容模型共分为如下三个部分：

第一部分为核心内容（图Ⅰ中小圆内部分）。该部分内容共分为7个方面：①战略管理；②生产运作管理；③市场营销管理；④人力资源管理；⑤公司理财；⑥财务会计；⑦管理会计。

以上7个方面的内容是工商管理最基本的部分，也是工商管理最核心的部分，这些内容是任何企业都应该具有的。可以说，工商管理其他方面的内容都是围绕这7个方面的内容展开的。这7个方面的内容各有侧重又彼此关联。

我们称这7个方面的内容为工商管理的核心系统，该系统是工商管理专业的核心课程。

第二部分为辅助内容（图Ⅰ中小圆与大圆之间部分）。该部分内容共分为16个方面：①企业领导学；②公司治理；③创业与企业家精神；④企业后勤管理；⑤时间管理；⑥企业危机管理；⑦企业创新；⑧企业信息管理；⑨企业文化管理；⑩项目管理；⑪技术开发与管理；⑫设备管理；⑬公共关系管理；⑭组织行为学；⑮无形资产管理；⑯税务筹划。

以上16个方面的内容是工商管理的辅助内容。不同行业的企业和企业发展的不同阶段都会不同程度地运用到这些内容。这16个方面的内容与核心系统一起构成了企业管理的主要内容。

我们称这16个方面的内容为工商管理的辅助系统，该系统是工商管理专业的选修课程。

第三部分为支撑内容（图Ⅰ中大圆外部分）。该部分内容共分为8个方面：①宏观经济学；②金融机构经营与管理；③行政管理学；④商法；⑤管理科学思想与方法；⑥管理经济学；⑦企业管理发展的新趋势；⑧企业管理的哲学与艺术。

以上8个方面的内容对企业管理起到支撑、支持或制约的作用，企业管理的思想、方法、环境等都与这些内容密切相关，甚至企业管理的绩效直接与这8个方面的内容有关。

我们称这8个方面的内容为工商管理的支撑系统，该系统是工商管理专业的公共必修课程。

需要说明的是，在该模型中，我们标出了“其他”，这是由于工商管理的内容非常丰富，其模型很难包罗万象，而且工商管理本身也在发展中，无论是核心系统、辅助系统，还是支撑系统，都可能在内容上发生变化。因此，我们将该模型中没有表明的内容用“其他”表示。

综上所述，整个工商管理内容模型是由核心系统、辅助系统、支撑系统三大系统组成。我们也可称之为工商管理的三维系统，其中，核心系统和辅助系统构成了企业管理的主要内容。

我们进一步将核心系统和辅助系统按照关系密切程度划分为5个子系统，它们分别是：

子系统1：战略管理、企业领导学、公司治理、创业与企业家精神、企业后勤管理、时间管理、企业危机管理、企业创新、企业信息管理、企业文化管理。该子系统各部分都会对企业产生全局性的影响。

子系统2：生产运作管理、项目管理、技术开发与管理、设备管理。该子系统各部分技术性强，偏重定量分析，且各部分之间关系密切。

子系统3：市场营销管理、公共关系管理。该子系统各部分之间关系密切，公共关系的有效管理有助于市场营销管理。

子系统4：人力资源管理、组织行为学。该子系统各部分之间关系密切，组织行为学是人力资源管理的基础。

子系统5：公司理财、财务会计、管理会计、无形资产管理、税务筹划。该子系统各部分之间关系密切，公司理财、财务会计、管理会计构成了企业的财务管理体系，同时也是无形资产管理、税务筹划的基础。

以上5个子系统也可以作为企业管理的5个主要研究方向：①战略管理方向；②生产运作管理方向；③市场营销管理方向；④人力资源管理方向；⑤财会管理方向。其中，战略管理是企业的定位；生产运作管理是企业的基石；市场营销管理是企业生存的手段；人力资源管理是企业的核心；财会管理是企业的灵魂。

当然，工商管理内容模型中的各个部分不是孤立存在的，它们彼此之间常常是有关联的，甚至有些内容还有交叉。如"采购管理"作为企业管理中非常重要的内容，本套文库在生产运作管理、项目管理和企业后勤管理三本书中均有涉及。虽然三本书中关于"采购管理"的内容均有关联和交叉，但三本书中所呈现出来的相应内容的侧重点又是不同的。

三、《21世纪工商管理文库》的内容本质

通过多年来对国内外工商管理理论与实践的研究，我们认为《21世纪工商管理文库》的内容本质可以精辟地概括成如表Ⅰ所示。

表Ⅰ 《21世纪工商管理文库》的内容本质

书名	内容本质
1.战略管理	找准企业内部优势与外部环境机会的最佳契合点，并保持可持续发展
2.生产运作管理	依据市场的需求和企业的资源，为客户生产和提供物超所值的产品
3.市场营销管理	以有限的资源和真实的描述，尽可能让企业的目标客户了解并购买企业的产品
4.人力资源管理	适人适才、合理分享、公平机会、以人为本、真心尊重，创造和谐快乐的工作环境
5.公司理财	使公司的资产保值增值并在未来依然具有竞争力
6.财务会计	合规、及时、准确地制作财务会计报表，并运用财务指标评价企业的经营状况
7.管理会计	让管理者及时、准确地了解其经营活动与各项财务指标的关系并及时改善
8.企业领导学	道德领导、诚信经营，承前启后、继往开来
9.公司治理	以科学的制度保障权力的相互制衡,维护以股东为主体的利益相关者的利益
10.创业与企业家精神	发现和捕获商机并持续创新
11.企业后勤管理	通过企业的间接管理活动，使其成本最低和效率最高
12.时间管理	依重要和缓急先后，合理分配时间，从而达成目标
13.企业危机管理	大事化小，小事化了，转危为机
14.企业创新	快半步就领先，持续保持竞争优势
15.企业信息管理	及时和准确地为管理者提供相关的管理信息
16.企业文化管理	以共同的信念和认同的价值观引领企业达到具体的目标
17.项目管理	以有限的资源保质保量完成一次性任务
18.技术开发与管理	将未来的技术趋势转化为商品的过程与管理
19.设备管理	使设备具有竞争力且寿命最长和使用效率最高
20.公共关系管理	使企业与所有利益相关者的关系最和谐且目标一致
21.组织行为学	科学组建以人为本的有效团队

续表

书名	内容本质
22.无形资产管理	化无形为有形，持续发展无形的竞争优势
23.税务筹划	合法、有道德且负责任的节税手段
24.宏观经济学	保持国民经济可持续和健康发展的理论基础
25.金融机构经营与管理	服务大众，科学监管
26.行政管理学	科学制定“游戏”规则，构建长富于民的政府管理机制
27.商法	维护经济秩序并保护企业或个人的合法权益
28.管理科学思想与方法	以可靠准确的数据为基础，优化各类资源的使用效率和效果
29.管理经济学	微观经济学的理论在企业经营决策中的应用
30.企业管理发展的新趋势	企业未来的管理方向
31.企业管理的哲学与艺术	刚柔并济，共创所有利益相关者的和谐

四、《21 世纪工商管理文库》的特色

（一）《21 世纪工商管理文库》在叙述方式上的特色

1. 每本书的封面上都对该书的内容本质有精辟的描述，这也是贯穿该书的主线，随后对该书的内容本质有进一步的解释，以便读者能深刻领悟到该书内容的精髓所在；并在总序中对整个《21 世纪工商管理文库》的内容本质以表格的形式呈现。

2. 每本书的第一章，即导论部分都给出了该书的内容结构，以便读者能清晰地知道该书的整体内容以及各章内容的逻辑关系。

3. 每本书的每章都以开篇案例开始，且每一节的开头都有一句名人名言或一句对本节内容进行概括的话，以起到画龙点睛的作用。

4. 每本书的基础理论大部分都有案例说明，而且基本上是在中国的应用，尽量使其本土化。

5. 每本书都非常具有系统性、逻辑性和综合性，将复杂理论提炼成简单化、通俗化的语句并归纳出重点及关键点，尽量避免不必要的“理论”或“术语”，表达上简洁明了、图文并茂、形象鲜活。

（二）《21 世纪工商管理文库》在内容上的特色

1. 本套文库建立了完整的工商管理内容模型，该模型由核心系统、辅助系统和支撑系统组成。在该模型中，读者能够清晰地看到工商管理内容的全貌以及各

部分内容之间的关系，从而更加有针对性地学习相关内容。这也是本套文库的基本内容框架，从该框架可以看出，本套文库内容全面，具有很强的系统性和逻辑性，且层次分明。

2. 本套文库的内容汇集和整合了古今中外许多经典的、常用的工商管理理论和实践的成果，我们将其纳入本套文库的内容框架体系，使其更为本土化和实用化。可以认为，我们的工作属于集成创新或整合创新。

3. 每本书的内容都以“基础性”、“新颖性”、“适用性”为原则进行编写，是最适合在中国应用的。对于一些不常用或不太适合在中国应用的基础理论没有列入书中。

4. 核心系统和辅助系统（企业管理的主要内容）中的每本书都有对中国企业实践有指导意义的、该领域发展的新趋势，这可以让读者了解到该领域的发展方向，并与时俱进。为了便于读者阅读和掌握各个领域发展的新趋势，我们将本套文库中的所有新趋势汇集为《企业管理发展的新趋势》一书。

5. 核心系统和辅助系统中的每本书都有该领域的管理哲学与艺术，提醒企业不可僵化地运用西方的基本理论，而应该将中国的管理哲学与艺术和西方现代工商管理理论相结合，即将东西方的科学发展观与中国的和谐社会融合起来，这才是真正适合中国本土化的企业管理。为了便于读者阅读和掌握各个领域的管理哲学与艺术，我们将本套文库中的所有管理哲学与艺术汇集为《企业管理的哲学与艺术》一书。

（三）《21世纪工商管理文库》在功能上的特色

1. 有别于程式化的西方MBA、EMBA教材。本套文库具有鲜明的中国本土问题意识，在全球化视野的背景下，更多地取材于中国经济快速增长时期企业生存发展的案例。

2. 有别于传统工商管理的理论教化。本套文库强调战术实施的功能性问题，力求对工商管理微观层面的问题进行分析与探讨。

3. 有别于一般的工商管理教科书。本套文库中的每本书从一开始就直接切入“要害”，紧紧抓住“本质”和“内容结构”，这无疑抓住了每本书的“主线”，在叙述方式和内容上，围绕这条“主线”逐步展开，始终秉承“绝不浪费读者时间”和“以人为本”的理念。

4. 有别于一般的商界成功人士的传记或分行业的工商管理书籍。本套文库以适合在中国应用的基础理论为支撑，着力解决各行业中带有共性的问题，以共性来指导个性。这也体现了理论来源于实践并指导实践这一真理。

5. 有别于同类型的工商管理文库。本套文库系统全面、通俗易懂，在叙述方式和内容上的特色是其他同类型工商管理书籍所不具备的，而且本套文库的有些特色目前在国内还是空白，如工商管理内容模型、本质、趋势与哲学等。另外，本套文库在表达方式上也颇具特色。

五、《21世纪工商管理文库》的定位

1. 本套文库可供中国企业的中高层管理人员学习使用。通过对本套文库的学习，中国企业的中高层管理人员一方面可吸收和运用西方的适合在中国应用的基础理论，同时结合中国的管理哲学与艺术，把中国的企业做精、做强、做大，参与国际竞争，并保持可持续成长。

2. 本套文库可作为中国企业的中高层管理人员的培训教材。本套文库系统、全面、案例丰富，基础理论和中国实际结合紧密，这对于全面提高中国企业的中高层管理者的素质和管理水平是很有帮助的。

3. 本套文库可作为中国MBA或EMBA的辅助教材或配套教材，也可作为其他层次工商管理专业的辅助教材或配套教材。和现有的中国MBA或EMBA教材相比较，该套文库是一个很好的补充，而且更易读、易懂、实用。

明确的定位和清晰的理念决定了我们这套文库自身独有的特色，可以令读者耳目一新。

夏洪胜

2013年12月

目　录

第一章　导　论

开篇案例

福田的理财之道

北汽福田汽车股份有限公司（以下简称福田汽车）仅用了10多年的时间，就从一个名不见经传的汽车生产企业发展到如今全球商用车销量冠军，它正验证了那个朴素的哲理：英雄不问出身，即使再平凡的“丑小鸭”也有变成天鹅的可能。

在总经理王金玉的带领下，福田汽车自成立以来，一直秉承着“技术创造价值，质量赢得市场；团队第一，个人第二”的经营方针，并坚持自主创新，经过“三次创业”，实现了跨越式发展，取得了辉煌的经营业绩。

与此同时，以常务副总经理张夕勇为首的财务团队建立了福田汽车财务管理体系，开展低成本战略、全面预算等工作，为福田汽车公司的发展壮大提供了坚实的基础。

福田汽车财务总监杨巩社指出“在福田的发展历程中，财务管理逐渐居于管理的中心地位”，在公司的各项业务决策中，财务也扮演着举足轻重的角色，为公司的发展做出了巨大的贡献。

北京汽车集团董事、财务总监马传骐在评价福田汽车的财务管理时曾指出，“福田的财务管理在国有控股类的企业中是一流的，而且其最大的亮点就是实现了财务与业务战略的统一，并有效地支撑了福田汽车的高速发展”。

福田汽车的财务管理实践虽然是最朴实无华的，但也是从不断的发展中试错而总结出来的最有效的价值创造。它也为我们揭示了一个道理，公司理财的模式其实并无好坏之分，只有是否适合企业的发展。

“没有最好，只有最适合”，是福田汽车财务给我们企业留下最珍贵的经营启示。

资料来源：李继培. 福田财道——中国公司理财系列报道［J］. 新理财，2011(6).

【案例启示】福田的成功是多种因素铸就的，但是我们不可否认在这诸多的因素中，好的财务管理发挥着至关重要的作用。

本章您将了解到：

- 公司理财的内容
- 公司理财的原则和目标
- 公司理财的环境因素

第一节　公司理财的内容和职能

你不理财，财不理你！

——佚名

什么是理财？理财就是管钱，“你不理财，财不理你”。收入像一条河，财富是你的水库，花钱如流水。理财就是管好水库，开源节流。

赚钱很难，谁都清楚；花钱容易，却不知去向。很多老板一年到头都很忙，看似企业赚了不少钱，年底却发现账上没现金，手头依然紧张。为什么会这样呢？因为很多老板都是业务高手，但却不懂财务！经商不懂理财，就如同捕鱼不知收网，忙忙碌碌，一无所获。

一、公司理财的内涵

企业一旦成立，在经营中就会面临竞争，并始终处于生存和倒闭、发展和萎缩的矛盾之中。企业必须首先生存下去才可能有长远的发展。公司理财就是研究企业在经营中资金运动的规律性，并使其产生最大效益的一门学科。它将告诉您如何筹集资金、如何使用资金、如何聚财生财……

公司理财就是以财政税收为主要环境，以各种金融工具为手段，以会计学为基本依据，对企业经营性资金的筹集、投放、使用、收回及分配等进行系统管理。而这一切的最终目的就是我们前面所说的公司理财的本质——使公司的资产保值增值并在未来依然具有竞争力。通俗点儿说，公司理财就是教你如何让钱生钱！

二、公司理财的内容

公司理财活动就是指筹集公司经营所需要的资金、将资金投放到有利可图的投资项目上、将获得的收益按照一定的程序向股东进行分配。这一系列的工作就构成了公司理财的内容，即针对筹资、投资、分配等理财活动进行筹资管理、投资管理、运营资金管理和股利分配管理。

（一）筹资管理

筹资活动是公司理财的基础，也是公司理财活动的起点，主要是对公司在筹集资金的数量、来源、方式和构成等方面进行的决策。

从时间上划分，公司的资金可以分为长期资金和短期资金两大部分。这两大部分的筹资来源是有区别的。对于长期资金来说，主要来自于两个方面，一是权益资本，如普通股股本和保留盈余是长期负债，具体就是公司债券和长期借款。公司短期资金则主要来源于商业信用和银行短期贷款，这部分资金构成了公司的流动负债。

从性质上划分，公司通过筹资会形成两种不同性质的资金：一是权益性质的资金；二是负债性质的资金。权益性质的资金是公司通过吸收直接投资、发行股票和以内部留存收益等方式从投资者那里取得的资金。负债性质的资金则是公司通过银行借款、发行债券、利用商业信用和租赁等方式，从金融机构、企业、个人等各种债权人那里取得的资金。

由于公司筹资的方式和来源是不同的，而这些不同的来源和方式所筹集的资金成本和风险也各不相同，因此必须对成本和风险进行权衡，选择适合公司的筹资方式。具体来说，公司首先应该预测资金的需求量是多少，其次就是规划从哪种渠道来获得所需资金，然后再选择最好的筹资方式，最后决定公司的资金成本和最优资本及债务结构。

（二）投资管理

投资活动是在企业筹集资金活动之后进行的，公司要达到预定目标，必须将筹集到的资金用作各种投资，并积极经营才能获得收益。投资管理就是指规划企业如何使用资金，即企业在确定投资方向、投资规模以及投资方式等方面进行决策。

公司会进行两方面的投资：一是长期投资；二是短期投资。长期投资主要是对固定资产和长期有价证券的投资，其中主要是固定资产投资。较大的资本投资项目一般需要数年甚至数十年的时间进行计划并实施，由于资金数额大、时间跨度长，投资项目的未来报酬是不确定的，存在较大风险。

短期投资是指公司对银行存款、应收账款、存货和短期有价证券等流动资产进行的投资，而且通常的投资时间不超过 1 年。短期投资的时间短，资本回收快，一般不用考虑资金的时间价值，增加对流动资产的投资，可以提高资金的流动性，从而增强公司的变现能力和偿债能力，以降低风险。但是短期投资的营利性较差，如果投资过度，会降低公司的盈利能力。

公司要抓住投资机会，为企业创造更多价值，首先，必须研究投资政策并分析投资机会，确定是否有进行投资的必要。其次，公司应确定投资的方向和投资规模的大小。方向和规模确定后，企业就要对可供选择的投资方案进行可行性分析，从而找到适合公司的最佳投资方案；投资方案确定后，就可以实施投资了。最后，还应当对投资结果进行评价。

（三）营运管理

资金的营运活动是指企业在日常生产经营过程中所发生的资金收付活动。企业在经营过程中，会发生一系列的资金收付业务。从原材料及生产物资的采购，到组织生产、支付职工工资和福利费等，都会发生资金的流出；当产品销售出去以后，又可以取得收入，形成资金的流入。这种由生产经营活动而产生的资金的流入与流出，便是由资金营运活动而引起的财务活动，运营资金管理最主要的是流动资产管理。

（四）股利分配管理

公司通过直接和间接投资来获得各种收入，从而赚取利润。对于企业的利润总额，除了按照国家规定的法律程序上缴一部分税收外，其余的部分作为留存收益和向股东派发的红利。

保留一定的留存收益是为了给公司留下充足的流动资金，公司利用这一部分资金进行再投资，有利于抓住市场上的投资机会，满足企业长远发展的要求。如果有足够的盈余，那么在一定程度上企业可以减少对外筹资。但这并不意味着公司的保留盈余越多越好，若公司的股利支付率过低，很可能会引起股东的不满，股东的近期利益得不到满足，股价自然也会下跌。所以公司应该综合考虑各种制约因素来制定合适的股利分配政策。

公司理财的各项活动内容是一个循环的过程，它们之间相互影响、相互作用，后一项内容必须在前一项内容的基础上才能进行，而后一项内容的开展又保证了前一项内容的再循环。公司理财的各项活动内容不是简单的循环往复，它们都是在总结分析前一次循环的基础上，对每项活动作出积极的优化和调整，使其能够适应快速变化的环境，从而保障各项财务活动更加科学、有效、合理的运行，并不断提高公司的理财水平。

三、公司理财的职能

为了保证公司财务活动的有效进行，公司必须明确公司理财的各项职能，这些职能是由公司财务管理的对象和内容所决定的。公司理财的职能包括财务预测、财务决策、财务预算、财务控制和财务分析。

（一）财务预测

财务预测是指财务人员根据以往资金活动资料，并且在考虑现实条件的基础上，运用一定的方法对公司财务活动的未来状况和发展趋势作出科学的预测，它是公司理财活动循环的起点，它不仅是财务决策的基础，同时也是编制财务计划的前提。在日常的公司财务活动中，财务预测是必不可少的。

财务预测按时间长短划分，可以分为短期预测、中期预测和长期预测。按预测内容划分，财务预测可以分为现金流预测、成本费用预测和销售及利润预测等。财务预测一般包括如下几个步骤：明确预测目标、搜集并整理资料、选择预测模型、实施财务预测。

（二）财务决策

财务决策指的是财务人员在财务目标的总体要求下，通过专门的方法从已经确定的多个备选方案中选中一个最佳方案。财务决策无疑是公司财务活动的核心，因为后续的活动都是围绕已经作出的决策而展开的。

财务决策的具体步骤一般包括以下三个方面：

1. 根据财务预测的信息确定决策目标

市场环境是多变的，市场中的信息也是无处不在的，在确定决策目标阶段，主要工作是收集与决策有关的信息并根据财务预测的结果确定决策目标，决策目标是很重要的，因为企业只有在明确目标的基础上才能有针对性地做好各个阶段的决策分析工作。

2. 确定备选方案

在决策目标确定后，公司应对所收集的资料进行整理、加工，提出各种为达到财务决策目标的解决方案。

3. 确定最优方案

对于不同的决策目标公司会有不同的选择评价标准，公司财务和管理人员应制定合适的评价标准，对各方案作出可行性、经济性的评估，全面权衡之后再选择一个总体评价最佳的财务决策方案。

（三）财务预算

财务预算是指运用科学的方法对财务活动进行规划的过程。财务预测中所预计的信息及财务决策中所确定的方案是编制财务预算的基础，财务预测和财务决策只是一个大致规划，而财务预算是两者的具体化，它同时也是财务控制的依据和标准。

狭义的财务预算是指预算财务报表，主要包括现金收支预算、预计资产负债表、预计利润表、预计现金流量表等；广义的财务预算除了预算财务报表以外，还包括构成财务报表的各种因素的预算，如销售预算、生产预算、直接人工预算、管理费用及财务费用预算等。从财务预算的编制方法看，主要有固定预算、弹性预算、滚动预算、零基预算以及概率预算。

（四）财务控制

财务控制指的是公司以财务预算为依据，利用搜集到的相关信息，采取特定手段对企业财务活动施加影响或进行调控，从而保证预算工作顺利完成。由于主观和客观两方面的原因，在实际开展财务活动过程中，可能与原先的计划产生差异，开展财务控制活动就是为了及时调整和解决与预期存在的偏差。

（五）财务分析

财务分析主要是根据企业财务报告等信息资料，运用一定的分析方法，对企业财务活动过程和结果进行分析和评价的一项工作。财务分析是公司理财循环中承上启下的环节，公司经营者通过财务分析，可以为下一轮的理财循环提供资料，从而使财务预测和预算等各项活动开展得更加合理。

财务分析按照分析主体可以划分为对内分析和对外分析。对内分析主要是对企业内部管理者和员工而言，对外分析则是指对企业的投资者和债权人等其他人所进行的分析，两大主体的立场是不同的，所以财务分析的重点也不相同。

财务分析的具体步骤主要包括：首先要充分掌握财务报告和财务相关资料等信息；其次是在指标对比的基础上，找出问题所在；再次是分析问题，明确责任关系；最后提出改进措施，解决矛盾。

第二节 公司理财的目标和原则

除非一个企业产生的利润大于其资本成本，否则这个企业是亏损经营的……到挣足它的资金成本以前，企业没有创建价值，是在摧毁价值。

——彼得·德鲁克

一、公司的概念

股份制企业（以下简称公司）是企业组织形式的一种。企业的类型很多，按照国际惯例，一般可以划分为独资业主制企业、合伙制企业和股份制企业三种类型。

企业是理财工作的主体，不同类型的企业所适用的法律会有所不同，其经营目标也会有较大差异，从而影响理财的目标和内容。本书将集中于公司理财问题的阐述和说明，但是从本质看，对其他类型的企业也具有一定的适用性。

（一）独资业主制企业

1. 什么是独资业主制企业

独资业主制企业是指由一个人出资成立，该出资人作为业主对该企业进行独立经营，在经营过程中业主自负盈亏、自己承担风险的一种企业形式。

独资业主制企业的全部财产都归投资人所有，投资人以其个人全部财产对企业债务承担无限责任。也就是说，企业经营不善导致资不抵债时，投资人必须用个人财产偿还所欠债务。

2. 独资业主制企业的优缺点

（1）独资业主制企业有很显著的优点，主要表现在：

1）在我国，没有强制性规定设立业主制企业时应该具备的出资额的最低限额是多少，这就意味着，独资业主制企业很大程度上是根据个人意愿来创立的，因此创建业主制企业是比较容易的。

2）独资业主制企业的结构比较简单，易于投资人管理。

3）企业所有者就是企业的实际经营者，能够避免所有者和经营者分离而导致的代理问题，所有者同时兼顾企业的短期和长期利益。

4）独资业主制企业的利润完全归投资者享有。

（2）独资业主制企业也有一定的缺点，主要表现在：

1）企业由个人创立，企业的发展受到所有者个人资产、经营能力的限制，因此，独资业主制企业的规模一般都难以壮大，管理上也存在一定的局限性。投资人的死亡意味着企业的解散，因此存续时间短也是其缺点之一。

2）独资业主制企业的投资人要对企业的债务承担无限责任，当企业资不抵债时，投资人必须使用个人财产进行债务清偿。

3）独资业主制企业由于其信用因素，在筹资方面一般都存在很大困难，企业的资金流主要靠投资人自有资本来补充。

总体来看，独资业主制企业的理财比较简单，主要是利用投资者个人的资金以及投资者与供应商之间的商业信用，但由于信用有限，所以筹资渠道非常有限，债务筹资能力不足，从银行和其他非银行金融机构取得贷款的机会比较小。

（二）合伙制企业

1. 什么是合伙制企业

合伙制企业是指由两人或两人以上的合伙人自愿组成、共同出资创建的企业。投资人之间的合伙关系是建立在合伙协议的基础上，并且合伙企业的财产归全体合伙人共同所有，全体合伙人共同经营，共享收益。在责任上，合伙制企业与独资企业相似，合伙人必须对企业的债务承担无限连带责任。合伙制通常用于不易出现债务危机的行业或者固定资产比较少的服务类企业中，例如，会计师事务所和律师事务所普遍采用合伙制，主要是由于这两类企业的固定资产非常的少，当出现债务危机时其固定资产不足以清偿其债务。

2. 合伙制企业的优缺点

合伙制企业的优点是容易创办、结构简单。此外，相对于独资业主制企业来说，合伙制企业的资金来源要广泛些，信用状况更好。

合伙制企业也有自身的缺点，主要表现在：

（1）相对于公司制企业来说，合伙制企业不具有法人资格，所以其资金来源渠道会受到一些限制，资金来源于合伙人的自有资金，这就导致合伙制企业难以扩大经营规模，无法实现规模经济。

（2）无限连带责任也在一定程度上限制了合伙制企业的发展。

（3）合伙制企业的决策通常需要经过合伙人一致同意，这导致合伙制企业的决策比较缓慢，经营效率上受到限制，协调成本也比较高。

（4）合伙制企业的寿命受到合伙人寿命的影响，当某个合伙人死亡或者退出时，需要对合伙协议进行修改，可能导致合伙企业的不稳定。

为了克服资金来源有限这一缺陷，现代合伙制企业已有了一些改进，如将合伙人分为有限合伙人和普通合伙人，其中有限合伙人只需要以其出资额为限对合伙企业承担有限责任，而普通合伙人仍然需要承担无限连带责任。

（三）股份制企业

1. 什么是股份制企业

股份制企业是由若干人共同出资，按照法定程序组成的，以营利为目的的企业法人。公司可以以自己的名义拥有财产，并独立从事各项生产活动，依法独立承担民事责任。企业的所有权归各个股东共同所有，企业股东以其出资额对企业的债务承担有限责任。

2. 股份制企业的优缺点

股份制企业的优点主要表现在：

（1）股东只需对公司承担有限责任，即使企业经营不善，发生倒闭时，股东仅以其投入企业的资产承担有限责任，股东的个人财产不会受到损失。

（2）经营权和管理权分离，企业由专业的管理人才来管理，这不仅提高了企业的管理水平，而且股东的死亡或者退出不会影响企业的稳定性和寿命。

(3) 发展稳定、信用好，有足够的能力筹集到巨额资金，这一点是独资企业和合伙企业做不到的。

(4) 股东可以根据自身情况在股票交易市场进行股票交易，所有者按自己的意愿转移股份。

股份制企业也存在一定的缺点，主要是创建成本相对较高，法律约束多，创办手续烦琐；经营权和管理权的分离会导致代理问题；发展到一定规模后，组织管理难度加剧；利润不仅要缴纳企业所得税，而且分配给股东的股利还要缴纳个人所得税。

为了更加清楚地反映不同企业类型的优缺点，将三种类型企业的优缺点概括在表 1–1 中。

表 1–1　独资业主制企业、合伙制企业和股份制企业利弊对比

企业类型	优　点	缺　点
独资业主制企业	开业容易 管理简单 经营灵活 运作自由	资金来源不足 企业难以持久
合伙制企业	易于组织和管理 一定的管理分工 有限的政府管制	合伙人易内耗 寿命短暂 资金来源有限 无限连带责任
股份制企业	资金来源广泛 稳定且持久 分工和专业化程度高 有限责任	严格的政府管制 双重所得税 设立程序繁杂 委托—代理问题

二、公司理财的目标

日本松下电器公司的创始人松下幸之助曾说：“社会提供给我们资本、人员、资源，而我们若没有创造成果，社会是不允许的。利益是大家工作的盈余表现，这盈余应普及社会的每一角落，变成繁荣的基础。假如大多数人从事无益的工作，即没有赚钱，那么社会将会立即闹穷。正因为大家做事赚钱，固有税金可收，亦可作为互助的来源。所以，赚钱是对整个社会繁荣不可缺少的义务和责任，是企业的使命。”

您认同松下幸之助的观点吗？企业理财的目标是什么呢？制定公司理财目标是公司理财成功的必要前提，只有有了明确的理财目标，公司理财工作才有明确的方向。公司理财作为公司管理结构的一部分，必须要能够与其他管理工作共同推动公司发展，因此公司理财的目标，必须符合公司发展的总目标，必须以公司发展的总目标为依据。公司内部和外部环境的复杂性导致了公司目标的层次性和多元性，这里我们只介绍其中最具代表性的三种观点。

（一）利润最大化

根据古典经济理论，利润最大化观点认为：假定在企业的投资预期收益确定的情况下，公司理财将朝着有利于企业利润最大化的方向发展。这种观点认为，人都会以追求自身利益最大化为目标，所以企业应以利润最大化作为其目标。企业只有盈利才能满足各利益相关者的基本利益要求，因此利润最大化作为公司理财的目标有其合理性，其优点表现在：利润最大化的目标体现了企业的经济效益，并且在市场经济中，资本使用权最终属于获利能力最强的企业，获取利润是企业补充资本的源泉，对企业不断壮大发挥了重要作用，是企业发展的基本前提。

将利润最大化作为公司理财的目标有其自身的局限性，主要表现在：首先，利润最大化的概念太过于笼统，它只是一种静态的会计反映，没有考虑货币的时间价值这一重要因素，容易导致经营者的短期行为，如忽视人才开发、产品开发、技术装备水平、履行社会责任等长期行为等；其次，单纯地追求高利润，必定会忽视企业投资活动所带来的高风险，一般来说，风险和收益是正相关的；最后，利润最大化目标不利于对各项投资收益进行比较，它只是用总额来说明问题，没有考虑投入、资本额和收益的关系。

表 1-2　以利润最大化作为公司理财目标的优缺点

优点	有利于企业增加收入、降低成本和支出、提高劳动生产率
缺点	没有考虑货币时间价值；决策带有短期行为的倾向；忽视风险；不利于不同资本规模企业或同一企业不同时期的比较

（二）股东财富最大化

在资本市场发达的国家，如美国，支持股东财富最大化观点的居多。股东财富最大化是指通过对公司财务活动的合理规划，尽可能地增加股东财富并使其市场价值达到最大。不管怎样，股东是公司的终极所有者，他们享有公司收益的分配权，经营者努力增加股东财富，实现股东资本的保值增值是理所应当的。

把股东财富最大化作为公司目标有很多优点，具体表现在：第一，股票的价值是公司前景与长期情况的一个函数，充分考虑了获取利润的时间因素；第二，股票估值过程是市场参与者共同进行的，考虑了现在和未来的投资风险因素，有利于企业的长远发展；第三，股票价格是可以经常观察到的一个指标，对于评估一个企业的价值具有重要意义；第四，股东财富最大化也同时体现了股东创立公司的目的。

股东财富最大化目标也还是会遇到以下一些问题：股票价格受多种因素的共同影响，尤其是在中国，资本市场还不够成熟，大部分投资人都缺乏理性的态度去看待和分析一家公司的前景和未来，这就存在某些非公司可控因素导致投资者错误估计公司股票价值的可能；公司的其他利益相关者也对公司经营产生重要影响，但是股东财富最大化目标只是片面地考虑了股东的利益，这对于协调多方利益相关者关系存在不利影响。

表 1-3　以股东财富最大化作为公司理财目标的优缺点

优点	考虑了风险因素，在一定程度上克服了企业的短期行为
缺点	该目标缺乏公正的标准和统一的衡量尺度，忽略了公司其他利益相关者的利益

（三）企业价值最大化

企业价值最大化指的是企业的经营目标应使企业全部资产的市场价值达到最大化。企业的发展与各个利益相关者之间都是紧密联系的，从股东、债权人、管理阶层到一般的企业员工都与企业的发展壮大息息相关，理所当然的，他们也应该是企业利益的分享者。从这个意义上说，公司理财的最佳目标不是股东财富最大化，而应该是企业价值最大化（或公司价值最大化）。

应该说，企业价值最大化目标是在股东财富最大化目标的基础上发展而来的，因此它既包含了股东财富最大化目标的优点，又弥补了某些股东财富最大化目标的不足。企业价值最大化目标充分考虑了资金的时间价值和投资的风险因素。因为在评价其价值时，最重要的是潜在或预期的获利能力，而不是已经获得的利润水平，并且未来收益的多少还要考虑投资收益实现的可能概率，这就充分考虑了时间和风险的影响；另外，企业价值最大化目标充分考虑了各个利益相关者的利益，有利于公司的稳定和长远发展，避免了公司经营者在一定程度上的短视行为。

企业价值最大化目标也依然存在难以克服的局限性，主要表现在：对于非上市公司来说，其价值评估存在困难，这需要选择合理的评估标准和评估方式，由于存在这种主观的选择性，也就决定了在评估其价值时难以做到客观和准确；另外，上市公司一般是通过股价的变化来反映公司价值，但是前面已经提到，股票价格是受多种因素影响的，从而使得评价标准难以统一。

由于本书主要是以公司制企业为背景介绍财务管理的相关内容，并且从以上三种观点来看，企业价值最大化目标最具综合性和代表性，在理论和实践上被广泛采用。因此，以企业价值最大化作为公司理财的目标是本书的观点，相信这也是现代企业普遍理想的选择。

表 1–4　以企业价值最大化作为公司理财目标的优缺点

优点	与利益相关者的利益一致，保证企业发展的长期性，考虑了风险因素，能够克服企业在追求利润上的短期行为
缺点	对公司的价值很难做出准确、客观的评价

【案例 1-1】

SWU 公司财务管理目标的选择

SWU 公司是一家集商贸、化工、房地产于一体的集团公司。2009 年 7 月，公司发布的公告显示，高管人员已陆续从二级市场上购入该公司的社会公众股，公告还显示，购入股份最多的是该公司总经理王学超，持股数量达 6 万股，占总股份的 5%，而购入股份最少的高级经理人员也有 1.2 万股，占总股份的 1%。按照有关规定，上述人员只有在离职 6 个月后，才能够将所购的股份抛出。而此次高管持股，可以说成是公司董事会的一种强制性行为。自 2008 年底田野公司入主 SWU 公司以来，经过半年多的清产核资，SWU 公司的不良资产基本上已经剥离，留下的都是比较扎实的优良资产。在此基础上，2009 年 1 月 5 日，SWU 公司董事会提出，公司的总经理、副总经理、财务负责人以及董事会秘书等高管人员在 6 个月之内，必须持有一定数量的公司发行在外的社会公众股，如果高管人员没能在规定的期限内完成规定的持股要求，公司董事会将会解除聘任合同。董事会这样做的目的就是为了增强高管人员对公司发展的使命感和责任感，让他们也成为公司的所有者。这样一来，公司做好了，他们的资产也会增值；相反，公司做得不好，也会直接影响到他们的切身利益，如此把他们的个人利益与公司利益紧密结合起来，更加有利于企业的快速、健康发展。

显然这种将高管人员的利益与公司利益紧密结合的做法，不仅增强了高管人员对公司的责任心，使他们在作决策时更加注重公司的利益而非大股东的利益，同时，也促使他们更加努力地提高公司的业绩。

资料来源：卢家仪，杜勇，刘新智. 财务管理［M］. 北京：清华大学出版社，2011.

三、公司理财的原则

公司理财的原则是公司各项财务活动所必须依赖的准则，只有在这些原则的基础上，公司才能建立比较良好的理财体系，更好地促进公司理财活动的进行，为公司的长远和稳健发展提供保证。

（一）资金合理配置原则

资金合理配置原则指的是将各种资金和生产要素进行合理组合，以实现优化配置。资金合理配置原则所要达到的目的就是要使资金获得成本最小化的同时，公司价值达到最大化，也就是说要合理配置各种资金的结构和比例。企业在进行筹资决策、投资决策和股利分配政策时都必须坚持资源合理配置这一原则。

（二）风险—收益权衡的原则

风险和收益总是如影随形的，企业的外部环境是复杂和不确定的，这就使企业在进行财务活动和财务决策时面临很多不确定性，即不可避免地遇到各种风险，企业应该在风险和收益之间进行权衡。通常，风险和收益之间是正相关的，也就是风险越大报酬越多，如果投资者是风险规避者，那就只能获取有限的收益。但是，从长远看，风险偏好者对企业也会产生很多不利影响。

在公司理财的各项决策中，管理者都要处理风险与收益的关系。在筹资阶段，不同来源的资金的成本和风险大不相同，如债务资本的成本低，但是财务风险大，公司要保留足够的现金流来应付公司的负债；权益资本成本高，但是财务风险小。在投资阶段，不同的项目对应的风险和报酬也是不同的，要想快速收回投资并获取高额利润就意味着公司需要冒足够大的风险，有时候这种风险还会影响公司的正常运行，一旦失败，公司可能面临倒闭。

（三）成本效益原则

成本效益原则指的是企业所要进行的项目，从短期或长期看，应该是收益大于各项成本的。也就是说，只有当有利可图的时候才会从事某项活动，这是保证企业继续生存的最基本原则。成本效益原则是一种价值判断原则，在财务决策与财务管理中具有广泛的应用性。

（四）财务收支平衡原则

收支平衡原则指的是公司资金的收支在数量上和时间上达到动态的协调平衡。遵循财务收支平衡的原则，企业一方面要量入为出，根据自身现有的财力状况安排各种支出，另一方面也要量出为入，对于至关重要的生产经营支出积极开辟财源予以大力支持。

需要指出的是，坚持财务收支平衡并不是机械地强调收支相等，而是在保持企业财务具有一定弹性基础上的动态平衡，只有这样才能保持资金收支与公司生产经营活动的良性发展。

（五）弹性原则

弹性原则指的是公司的财务管理应该留有一定的余地。任何人都不可能是完全理性的，而且公司所面临的环境又是复杂多变的，公司财务人员对公司现状和未来所作出的评估与预测可能会出现一些偏差，影响公司决策。为了使公司能从容应对突发状况，公司的财务人员在追求成本效益原则的基础上，还需要注意保持财务收支的弹性。

（六）分权分层管理原则

分权原则指的是企业的出资者和经营者对公司财务都具有直接管理权，将公司所有者财务与经营者财务分离以更好地实现公司理财职能；分层原则指的是根据公司理财的各项管理职能来优化现代公司的组织机构，实施分权分层管理，从而提高公司的运营和管理效率。

通过分权管理，明确了所有者和经营者对财务的管理权，使两者共同管理、密切配合，不仅考虑所有者和经营者的利益，同时也顾及债权人等其他利益相关者的利益。而通过分层管理原则，能够使公司不同层次的人员相互影响，相互约束，最终朝着公司的总目标共同努力。

（七）协调公司相关者利益原则

任何一个公司都存在于一个开放的系统中，在这个系统中有很多因素制约和影响着公司的发展，如供应商、客户、竞争者、债权人、政府、股东、员工、社区等，他们都是公司的利益相关者。各利益相关者所处的地位不同，对公司的影响方式和程度也不相同，协调公司相关者利益原则就是要求在公司理财过程中，协调好各方利益，避免或减少公司与各利益相关者之间的利益冲突，从而确保企业的全面协调和健康发展。

随着人们环保意识的增强，环境保护也成为企业面临的重要课题。但是，国内一些企业在环保责任履行方面的表现与消费者的期望还有较大差距。在全球绿色经济浪潮下，国内企业必须顺应形势，才能为企业的发展创造良好的环境。

【案例 1–2】

消费者对企业“环境保护”的社会责任最不满意

2009 年 12 月 3 日，罗德公关公司与清华大学在京联合发布了两份有关企业社会责任指数的报告，这两份报告所出具的调查结果均来自于对大量消费者的问卷调查分析。两份报告均显示，消费者对国内企业履行社会责任最不满意的方面就是“环境保护”，特别是在快速消费品领域，得分仅为 2.63 分，在汽车行业也仅为 2.67 分（评分标准为 1~5 分）。

在这次调查中设定的“企业社会责任”包括了商业道德、诚信经营、公平竞争、产品质量、环境资源、慈善事业与社会公益等，几乎涵盖了社会对企业履行社会责任的主要要求。根据调查，在得分较低的快速消费品领域和汽车领域中，消费者关注的企业社会责任中排列前三名的是排序：产品质量占 76.8%，环境保护占 59.9%，诚信经营占 47.4%。

表 1–5、表 1–6 分别列出了消费者眼中的企业社会责任排行榜。

表 1–5　快速消费品行业企业社会责任排行 TOP10

排名	食品、饮料行业企业排序	日化用品行业企业排序
1	可口可乐	宝洁
2	康师傅	强生
3	娃哈哈	联合利华
4	百事可乐	雅芳
5	蒙牛	欧莱雅
6	汇源	安利
7	王老吉	隆力奇
8	统一	玫琳凯
9	伊利	资生堂
10	农夫山泉	上海家化

表 1-6 汽车行业企业社会责任排行 TOP10

排名	全部汽车企业排序	自主品牌企业排序	合资品牌企业排序	外资品牌企业排序
1	大众汽车	一汽	一汽一大众	大众汽车
2	一汽	奇瑞	上海通用	宝马
3	奇瑞	东风	上海大众	丰田
4	宝马	吉利	北京现代	奔驰
5	丰田	上汽	广汽本田	本田
6	一汽一大众	比亚迪	长安福特	通用
7	奔驰	长安	东风日产	福特
8	上海通用	华晨	一汽丰田	沃尔沃
9	本田	天津一汽	东风雪铁龙	法拉利
10	上海大众	海马	东风标致	日产

资料来源：http://www.stdaily.com.

第三节 公司理财环境

环境在急剧变化，一旦企业故步自封，狂妄自负，就会走向衰败。

——高建华

适者生存。只有熟悉、适应你所在的环境，才能更好地生存，理财活动亦如是。公司的正常运营离不开系统环境的支持，环境中的各种因素会对公司的发展产生影响，有可以利用的机会，也有难以避免的威胁。这就需要理财人员不断对公司理财所处的内外部环境进行审视和评估，并根据不同时期环境的特点以及趋势做出正确的理财决策。

从公司理财环境的范围划分，可分为宏观理财环境和微观理财环境。宏观理财环境主要是指政治、经济、社会、自然条件等因素，这些环境因素一般会对所有的企业都产生影响。微观理财环境主要是指企业的组织结构、公司的生产和销售能力、管理水平以及决策者素质等因素，这些环境因素一般只对某些特定企业产生影响。

从公司理财环境与企业的关系划分，可分为内部财务环境和外部财务环境。企业内部财务环境主要是指企业的生产状况、生产周期、经营规模等因素，企业外部财务环境主要是指国家政治、经济、法律等因素。由于内部环境存在于企业之内，企业能够很快辨别分析并加以控制，因此内部环境较简单。而外部环境靠单个公司是无法改变的，因其构成复杂，需认真调查和分析研究。

本书着重介绍公司理财环境中的宏观环境因素（即公司外部理财环境），公司外部理财环境中对公司有直接或间接重要影响的主要包括法律环境、经济环境和金融环境。

一、法律环境

法律环境指的是公司生产经营过程中必须严格遵守的国家相关法律、法规和规章制度。法律永远是一把“双刃剑”，一方面，它对维持市场环境秩序发挥了重要作用，保证公司在一个公平、有效的市场下进行各项交易；另一方面，法律又对公司的经济行为作出了很多限定，提出了许多必须遵守的规章制度。在经济市场化程度不断提高的同时，意味着政府对市场的行政干预越来越少，法律和经济手段越来越多（见图 1–1）。

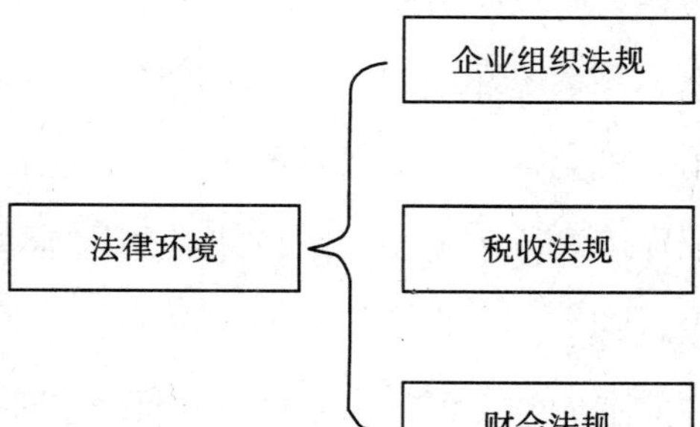

图 1–1　公司理财的法律环境

（一）企业组织法规

前面已经介绍了企业的组织形式，不同组织形式的企业所适用的法律各不相同。我国关于企业组织的法律主要有《公司法》、《全民所有制工业企业法》、《外资企业法》、《中外合资经营企业法》、《中外合作经营企业法》、《个人独资企业法》、《合伙企业法》等。这些法律法规既是企业的组织法，又是企业的行为法。如《公司法》中不仅规定了公司制企业的设立条件、设立程序、组织机构、组织变更和终止的条件等，还对公司在生产经营中的一些具体行为，如股票的发行和转让、公司财务、会计制度的建立、公司的破产、清算等做了具体的规定。

（二）税收法规

企业税金是国家财政收入的主要来源，任何企业都必须依法纳税。税收的强制性决定了公司必须依照税法的规定，及时、足额缴纳各项税款。对于企业来说，纳税是大量的资金流出，因此企业无不希望在不违反税法的前提下减少税收负担，合理避税。这就要求财务人员精通税法，熟知各种税的减免和优惠政策以及享受这些政策需具备的条件，从而在实际工作中灵活应用，合理地减少企业的税金。

（三）财会法规

财会法规是直接约束公司理财行为的法规，我国的财会法规主要包括《会计法》、《企业会计准则》、《企业财务通则》、《企业会计制度》等。财务法规的规范有利于企业财务管理的规范化和科学化。除了上述法律法规外，公司在理财过程中还会受到其他一些法律法规的规范与约束，如《证券法》、《合同法》、《支付结算法律制度》等。作为公司的财务人员，必须熟悉各项法律法规，并在工作中自觉遵守法律法规，确保企业健康发展。

二、经济环境

在影响公司理财的各项环境因素中，经济环境的影响是十分显著的。其中，经济政策、经济周期、市场竞争状况、通货膨胀等因素都会对公司理财产生重要的影响（见图 1–2）。

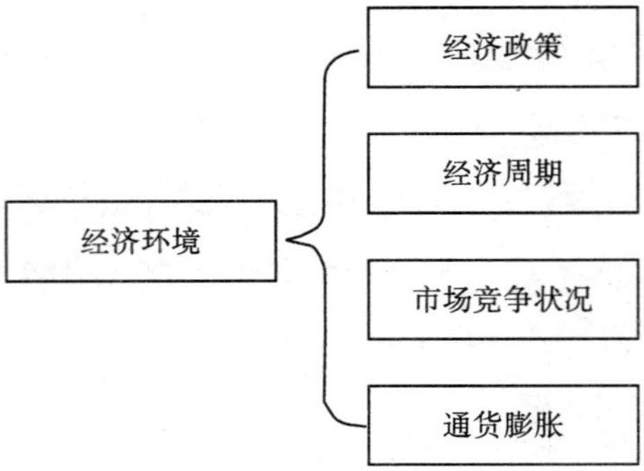

图 1–2　公司理财的经济环境

（一）经济政策

经济政策指的是政府为达到调控整个社会经济的目的，而推行的货币政策、财政政策、产业政策、就业政策、经济增长政策等一系列单项政策或多项政策的组合。通过调控，政府希望达到经济增长、物价稳定、充分就业和国际收支平衡的目的。其中，货币政策和产业政策对公司的影响较为明显。若国家在某阶段调高资本利息，就意味着公司若要筹集所需资金必须花费更高的资金成本；反之，如果降低利息，则会有更多的人来投资，从而降低资金成本。产业政策就是告诉公司，国家重点扶持哪一个行业，限制哪一个行业。现在我国根据可持续发展的要求，积极推进产业升级，鼓励高新技术的发展。公司通过研究国家产业政策的现状和发展趋势，对公司进入什么行业、投资什么行业都有重要作用。公司在做出各种财务决策时，必须把政府的经济政策作为导向，趋利避害，使公司获得更多支持。

（二）经济周期

经济从一个顶峰到另一个顶峰，或者从一个谷底到另一个谷底，就是一次完整的经济周期。在市场经济条件下，一个国家的经济发展会呈现一定的规律性，在每一个经济发展阶段所表现出的特征是不相同的，公司应根据不同阶段制定不同财务策略。

在繁荣阶段，经济发展较快，经济活动相当活跃，因为不存在产品销售的难题，公司可以实现良好的收益，公司此时要做的便是筹集资金进行大量的生产活动。这种状态会维持一段时间，直到需求扩张开始减速时，人们的投资热情也开始递减，经济开始向下滑落。经济开始逐渐进入衰退阶段，此时公司以前增加的生产能力开始受到限制，居民收入和需求进一步下降，企业投资锐减，经济逐渐走向萧条阶段。在经过衰退期后，经济又趋向于活跃，再次进入繁荣阶段。公司需要准确判断经济形势，从而制定正确的财务策略，保证企业理财活动的正常进行，维持公司的稳健发展。

（三）市场竞争状况

竞争是市场所必需的，有了竞争，才能使资源得到优化配置，使优势资源流入更有效率的公司和部门，有了竞争才会使公司向市场提供更好的产品，形成更有效率的市场环境。公司的竞争者有很多，既包括现有行业的竞争者，也包括替代行业的竞争者，还有潜在的市场竞争者等。在市场同质化的今天，公司应该尽快建立自己的核心竞争力，来提高自己的竞争优势。通过对竞争者的分析，公司管理者可以知道自己相对于竞争者的优势和劣势在哪里，以及自身与竞争对手的差距，从而制定更加科学的财务战略。

（四）通货膨胀

通货膨胀是指市场上流通的资金大于实际所需要的资金，从而导致价格全面上升的现象。通货膨胀直接导致公司资金占用增加，使公司对资本的需求增加。此时，利率的上升等因素会进一步加大公司筹集资金的难度，这一系列的影响都会加重公司的财务负担。所以公司理财者应该对通货膨胀的发生做出一定的分析和预测，从而能够事先采取有效措施，尽量减少公司可能产生的损失。

三、金融环境

（一）金融市场

金融市场是实现资金融通、办理各种票据和进行各种有价证券交易活动的有形和无形的场所。金融市场不仅具有储蓄、流通、支付、信贷等基本功能，还能够为资金的供需双方提供便利的融通途径，提高金融资产的流动性和使用效率，使资金得到最充分的利用。可以说，所有的企业在生产经营活动中都不同程度地与金融市场发生往来。

金融市场的构成十分复杂，它是一个由许多不同的市场组成的庞大体系。金融市场从不同的角度考察，可作如下分类：

1. 按地理范围划分，可分为国际金融市场和国内金融市场

（1）国际金融市场，由经营国际间货币业务的金融机构组成，其经营内容包括资金借贷、外汇买卖、证券买卖、资金交易等。

（2）国内金融市场，由国内金融机构组成，办理各种货币、证券及作用业务活动。它又分为城市金融市场和农村金融市场，或者分为全国性、区域性、地方性的金融市场。

2. 按经营场所划分，可分为有形金融市场和无形金融市场

（1）有形金融市场，即交易者集中在有固定地点和交易设施的场所内进行交易的市场，证券交易所就是典型的有形市场。

（2）无形金融市场，即交易者分散在不同地点（机构）或采用电讯手段进行交易的市场，如场外交易市场和全球外汇市场就属于无形市场。

3. 按融资交易期限划分，可分为长期资金市场和短期资金市场

（1）长期资金市场（资本市场）。资本市场以一年以上的中长期资金为交易对象，包括中长期信贷市场和证券市场。中长期信贷市场是金融机构与工商企业之间的贷款市场。证券市场是通过证券的发行与交易而进行融资的市场，包括债券市场、股票市场、基金市场、保险市场、融资租赁市场等。

（2）短期资金市场（货币市场），是一年以内的短期资金的融通市场，如同业拆借、票据贴现、短期债券及可转让存单的买卖。货币市场包括金融同业拆借市场、回购协议市场、商业票据市场、银行承兑汇票市场、短期政府债券市场、大面额可转让存单市场等。

4. 按交易性质划分，可分为初级市场和二级市场

（1）初级市场，也称一级市场，它是指新证券在发行者与购买者即投资者之间进行交易而形成的市场。包括证券发行的规划、承购、销售等一系列活动过程。

（2）二级市场，也称流通市场或次级市场，它是指已经发行在外的证券在投资者之间相互转让、买卖而形成的市场。这个市场的功能就是为投资者提供证券的流通变现，因为所买卖的都是已经发行在外的证券。

此外，还可以按照交易对象将金融市场划分为拆借市场、票据市场、信贷市场、证券市场（包括股票市场和债券市场）、外汇市场、黄金市场、信托市场和保险市场；按交割期限划分现货市场、期货市场、期权市场等。

金融市场对公司理财的作用主要体现在以下几方面：金融市场为企业的筹资和投资活动提供场所，为资本所有者提供多种投资渠道，也为资本筹集者提供多种可选择的筹资方式；金融市场增强了企业资本转换的灵活性，引导着资本的流向与流量，提高了企业资本的运用效率；同时，金融市场也为企业树立良好的财务形象提供了条件。

（二）金融工具

从广义讲，黄金、白银、钞票、存款凭证、贷款、商业票据、公司债券、股票、外汇，还有我们经常使用的信用卡都是金融工具。而狭义的金融工具通常是标准化的、在金融市场上已经被普遍接受和交易的具体的金融产品，如国债、大额可转让定期存单等。

图 1-3 是主要的一些金融工具，我们将其分为五大类型。

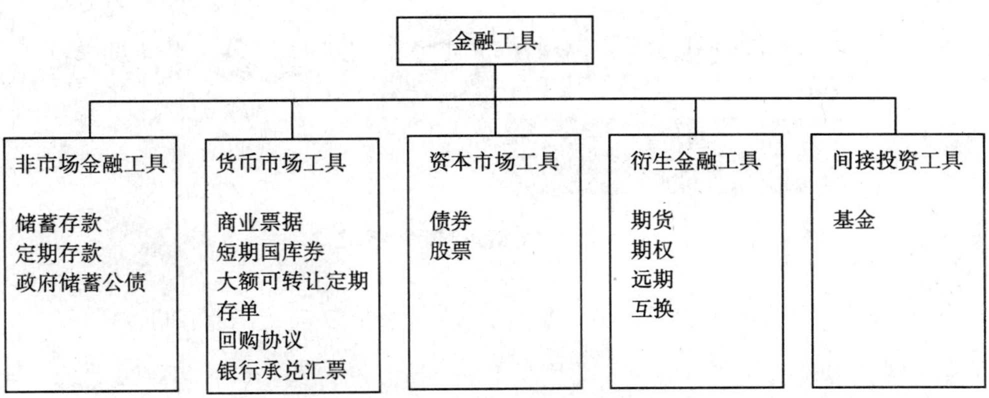

图 1-3 金融工具的分类

一般来讲，金融工具都具有四大特征：①期限性，不同种类的金融工具的偿还期限也不相同，一般来说，各种债券都具有明确的偿还期。②流动性，流动性强的金融工具能够在短期内迅速地、不受重大损失地转换为现金，它们的价格比较稳定，投资者乐于接受。国家债券就是流动性很强的金融工具。③安全性，如果债务人不履行债务，或是市场利率上升而导致金融资产市场价格下跌，那么投资者就会面临遭受损失的风险。通常，安全性是与偿还期限成反比的。也就是说，偿还期限越长，风险越大，安全性越小。④收益性，金融工具能够定期或是不定期给持有人带来一定的收益，我们可以用收益率等指标对收益的大小进行衡量。

（三）金融机构

金融机构即金融中介，它们主要是为金融市场中的买家和卖家提供服务的中介组织。改革开放使金融业走上了蓬勃发展的道路，目前，我国已经建立起了以国有金融机构为主体、各类金融机构分工协作的金融体系。

1. 经营性金融机构

（1）商业银行。商业银行是以吸收存款、发放贷款和从事其他中间业务的，以盈利为目的的金融机构。在银行体系中，商业银行的机构数量最多、业务渗透面最广、资产总额比重最大。

图 1-4　部分商业银行的标识

（2）政策性银行。政策性银行是由政府出资成立，用以贯彻国家相关产业发展或区域发展政策而进行融资和信用活动的金融机构。政策性银行是国家为了保证国民经济发展的相对平衡、加强对经济的干预能力而设立的，它们一般不接受工商企业和个人存款，也不从社会中借款，而是通过国家财政拨款、发行政策性金融债券等方式进行融资，专业性较强，与政府的产业政策密切配合。

图 1-5 部分政策性银行的标识

（3）证券机构。证券机构包括证券公司、证券投资咨询公司、基金管理公司等，它们主要为证券市场的参与者提供服务。

（4）非银行金融机构。非银行金融机构是指银行以外的各类金融机构，主要包括投资信托类金融机构、金融资产管理公司、金融租赁公司和财务公司等。

（5）保险机构。保险机构是经营保险业务的非银行金融机构。保险机构有多种类型，如保险公司、退休基金组织、社会保障组织等。保险机构能分散风险、补偿损失，同时又是一种重要的金融中介机构。保险公司是间接融资的一种形式，它以保费的形式筹集了大量资金，再投资于有价证券或不动产等。目前，我国的保险公司不能为企业提供资金。

2. 中央银行

在我国，中央银行就是中国人民银行。中央银行是商业银行与国家政权结合的产物，是国家对经济进行宏观调控的重要工具，是国家机构的组成部分，是具有银行特征的国家机关。中央银行参与金融市场的目的不是为了盈利，其主要职责是制定和实施货币政策，保持货币币值稳定；依法对金融机构进行监督管理，维持金融业的合法、稳健运行；维护支付和清算系统的正常运行；持有、管理、经营国家外汇和黄金储备；经营国库和其他与政府有关的金融业务；代表政府从事有关的国际金融活动。

3. 金融监管机构

我国的金融监管机构有中国银监会、中国证监会和中国保监会，它们主要负责对相应金融机构的监管工作。银监会负责对银行业进行监管，证监会主要针对证券业、期货业进行监管，而保监会负责对保险市场的监管。

4. 国际金融组织

国际金融组织主要包括国际货币基金组织和世界银行。国际货币基金组织是政府间国际金融组织，它成立的目的主要是在出现经济危机的时候为其成员国提供紧急贷款和政策监督。世界银行是联合国下属的一个负责长期贷款的国际金融机构，主要针对发展中成员国提供长期贷款，资助成员国兴建该国经济和社会发展中必需的建设项目。

第四节　本书的内容结构

为了使本书内容的逻辑结构更加清晰，特给出本书的内容结构，如图 1-6 所示。

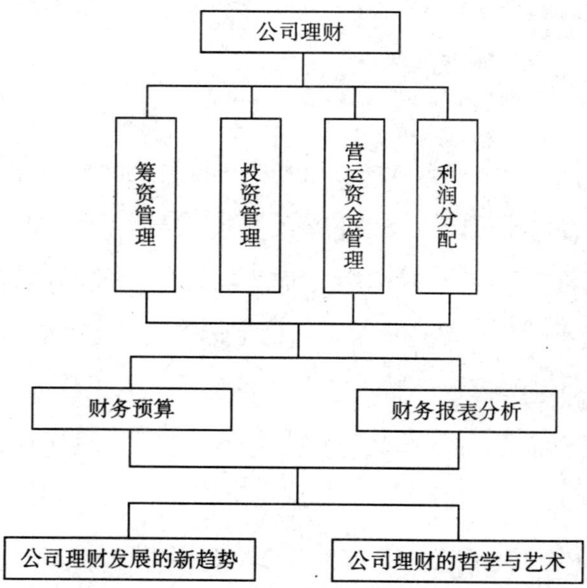

图 1-6　本书的内容结构

本章小结

公司理财就是以财政税收为主要环境，以各种金融工具为理财手段，以会计学为基本依据，对企业经营性资金的筹集、投放、使用、收回及分配等进行系统管理。因此，筹资、投资、运营管理与分配就是公司理财的主要内容。在对三种不同理财目标分析的基础上，我们认为将企业价值最大化作为企业的目标是比较合适的。当然，在实现这一目标的过程中，企业绝不能忽视内部和外部环境因素的影响和制约。

第二章　公司理财的价值观念

开篇案例

玫瑰花悬案

早在公元 1797 年，拿破仑在参观卢森堡第一国立小学时，向该校赠送了一束价值 3 个金路易的玫瑰花，并宣称玫瑰花象征着两国的友谊。为了表示法兰西爱好和平的诚意，只要法兰西共和国存在一天，他就会每年向该校赠送一支同样价值的玫瑰花。但由于此后连年征战，拿破仑并没有履行他的诺言。转眼间已经过了近两个世纪的时光。公元 1984 年，卢森堡王国向法国政府发来函电：要求法国政府在拿破仑的声誉和 1375596 法郎中，选择其一进行赔偿。这就是著名的"玫瑰花悬案"。而这高达百万法郎的巨款，就是当时拿破仑承诺的 3 个金路易的本金（当时，1 金路易约等于 20 法郎），以 5%的年利率，在 1797 年的货币时间价值作用下的产物。最后，法国政府选择了坚守诚信，保证"法国将始终不渝地对卢森堡中小学教育事业给予支持和帮助"，来兑现拿破仑将军那一诺千金的玫瑰花誓言。

资料来源：刘淑莲，牛彦秀. 公司理财［M］. 大连：东北财经大学出版社，2011.

【案例启示】 当年价值 3 个金路易的一束玫瑰花，在经历了若干年之后其价值发生了怎样的变化呢？学习了本章的内容之后，答案自然就会揭开。

货币的时间价值和风险价值是现代公司理财的两个基本观念，是公司理财中不可忽视的重要因素。任何企业的财务活动离开了资金的时间价值因素，就无法正确计算不同时期的财务收支，也无法正确评价企业盈亏。货币的时间价值原理正确地揭示了不同时点上资金之间的换算关系，是财务决策的基本依据。企业的理财活动几乎都是在风险和不确定情况下进行的，离开了风险因素，就无法正确评价企业报酬的高低。准确理解风险和报酬的关系，对于科学地进行财务决策具有十分重要的意义。

本章您将了解到：

- 货币的时间价值（现值和终值）
- 风险的价值观念
- 资本资产定价模型解析

第一节 货币的时间价值

如果一个人从现在开始每年存 1.4 万元，如果他每年所存下来的钱都投资到股票或房地产，因而获得每年 20%的投资回报率，那么 40 年后，按照财务学计算年金的方式，财富会成长为 1.0281 亿元。

——李嘉诚

一、货币时间价值的含义

现实生活中，人们经常发出这样的感慨："现在的钱真不值钱啊！想当年 1 块钱能买好多东西呢！"为什么会出现相同的货币资金在不同的时点上具有不相等的购买能力呢？这是商品经济的一种必然现象，要回答这一问题就需要了解货币时间价值的概念。

10年或许时间太长了，其实就年初的1元钱和年终的1元钱来说，其购买能力或者说经济效用已经发生了变化。我们把钱存入银行能够获得利息，假如年初将1元钱存入银行，银行存款利率为10%，那么到年终的时候就能够获得1.1元钱，我们可以将这一行为看做是一个投资行为，年初1元钱的投资，投资回报率为10%，年终获得了0.1元的投资回报，这一投资行为让资金在一年后增加了0.1元，这就是货币的时间价值。

货币的时间价值，是指资金在周转使用的过程中，由于时间因素而形成的差额价值。有人将货币的时间价值原理当做是理财的"第一原则"，因为它贯穿于公司理财的全过程。在现实生活中一般用相对数来表示货币的时间价值，例如前述的10%，我们可以说货币的时间价值为10%，它是货币的增加值占投入值的比例。我们通常会选择银行存贷款的利率或者国债的利率来表示货币的时间价值，因为在无通货膨胀的情况下，这两者可以作为货币的无风险报酬率，选择几年期的利率则应该视具体情况而定。

货币时间价值原理的运用非常广泛，如人们在投资房地产时，如果一处房产现价为100万元，持有5年之后出售，由于物价上涨（通货膨胀等原因）和房产本身的升值可以获得150万元的出售收入，获利为50万元。如果不考虑货币的时间价值和通货膨胀等问题，那么或许持有这一房产至5年之后出售更加有利。如果考虑货币的时间价值，假定我们现在将这一房产出售获得100万元并将这100万元投资于其他项目，而这一项目可以带来的年回报率为10%，那么5年之后我们可以获得的收入为：

$$100\times(1+10\%)^5=100\times1.1^5=100\times1.6105=161.05\text{ 万元}$$

显然投资于这一项目5年的利润为61.05万元，比持有房产5年要多出11.05万元的利润，因此，如果有年回报率为10%的项目，那么现在出售房产并投资于这一项目更加有利。

由于单位货币在不同的时间点上具有不相等的价值，因此，不同时间点的货币不能够直接进行比较。如果要比较不同时间点上的货币，则应该将它们换算到同一时间点上。通常可以用复利和年金来计算货币的现值和终值。

二、复利终值和现值

（一）单利和复利

单利是指按照规定的利率只对本金计息的方法，每一年产生的利息并不纳入计息范围。单利的终值计算比较简单，计算公式如下：

$F=P\times(1+i\times n)$

其中，F 表示终值（n 期后的本利和）；P 表示本金（现值）；i 表示每期利率；n 表示期数。

复利是指不仅本金计算利息，而且利息也要计算利息，即每隔一定时期计算一次利息，并将利息并入本金作为下一期计算利息的基数，就是通常所说的“利滚利”。

（二）复利终值

复利终值是指一定数量的资金按照复利方式计算的在若干时间之后的价值。通俗地说，就是一定的本金按照复利方式计算的在若干时间之后的本金和利息之和。

如将 100 元存入银行，年利率为 9%，那么：

第一年年末的终值为：$F_1=100+100\times9\%=100\times(1+9\%)^1$

第二年年末的终值为：$F_2=F_1+F_1\times9\%=F_1\times(1+9\%)=100\times(1+9\%)^2$

第三年年末的终值为：$F_3=F_2+F_2\times9\%=F_2\times(1+9\%)=100\times(1+9\%)^3$

可以推出第 n 年年末的终值为：$F_n=F_{n-1}+F_{n-1}\times9\%=100\times(1+9\%)^n$

复利终值的计算公式为：$F=P\times(1+i)^n$

其中，F 表示终值；P 表示现值；i 表示利率或者报酬率；n 表示期数。$(1+i)^n$ 被称为是复利终值系数，可以写成（F/P，i，n），含义是利率为 i 的 n 期复利终值系数，该系数可以通过查询复利终值系数表获得。

【案例 2–1】

用复利计算本利和

假设银行存款的年利率为 8%，现在存入2000 元钱，采取复利计息方式，那么 10 年之后的本利和是多少？

$F_{10} = 2000 \times (F/P, 8\%, 10) = 2000 \times 2.1589 = 4317.8$ 元

10 年之后的本利和为 4317.87 元。

（三）复利现值

复利现值是与复利终值相对应的一个概念，它是指若干时间之后一定数量的资金按照复利方式计算出的现在的价值，通俗地讲就是为了获取未来一定数量的资金现在所需要投入的资金数量。计算现值的过程也叫做贴现，即计算未来现金流量的现在的价值（现值）。

由复利终值计算公式 $F = P \times (1+i)^n$ 可以推导出复利现值的计算：

$$P = \frac{F}{(1+i)^n} = F \times (1+i)^{-n}$$

其中，$(1+i)^{-n}$ 称为复利现值系数，可以写成（P/F, i, n），这一系数可以通过复利现值系数表得到。

【案例 2–2】

复利计算现值

按照复利计算，如果想在 10 年之后获得2000 元，假设银行利率为 9%，那么现在应该存入多少钱？

$$P = \frac{F}{(1+i)^n} = F \times (1+i)^{-n} = F \times (P/F, i, n) = 2000 \times 0.4224 = 844.8$$

也就是说，在利率为 9%的情况下，现在应该存入 844.8 元钱才能在 10 年之后获得 2000 元的本利和。

（四）名义利率与实际利率

前面所讲的都是以一年作为复利的计息期，而现实生活中，也经常出现按照半年、季度、月为计息单位的情况。在这种情况下，我们把所给出的年利率称为名义利率，而把相当于一年复利一次的利率称为实际利率。

如本金 2000 元，年利率 10%，如果每年计息一次，一年后本利和为：

$F=2000\times(1+10\%)=2200$ 元；如果每季度计息一次的话，那么一年后的本利和：$F=2000\times(1+\frac{10\%}{4})^4=2207.626$ 元

因此，当利率在一年内复利多次时，实际利率一定会大于名义利率。

三、年金终值和现值

年金是指等金额、等时间间隔的一系列现金收支，例如每月 2000 元的分期付款房贷、发放养老金、分期付款赊购、每年按直线法计提的某固定资产的折旧等。

【拓展阅读】

你知道什么是企业年金吗？

企业年金，即企业补充养老保险，是指企业及其雇员在依法参加基本养老保险的基础上，依据国家政策和本企业经济状况建立的、旨在提高雇员退休后生活水平、对国家基本养老保险进行重要补充的一种养老保险形式。

我国的城镇职工养老保险体系（由基本养老保险、企业年金和个人储蓄性养老保险三个部分组成）正在完善。企业年金被称为城镇职工养老保险体系的“三个支柱”的重要组成部分之一。

企业年金源自于自由市场经济比较发达的国家，是一种属于企业雇主自

愿建立的员工福利计划。其实质是以延期支付方式存在的职工劳动报酬的一部分或者是职工分享企业利润的一部分。

资料来源：http://baike.baidu.com/view/90463.html.

按照收付的时间和方式不同，年金可以分为普通年金、预付年金、递延年金和永续年金。下面就分别介绍这四种不同的年金。

（一）普通年金

普通年金是各期期末等额收付的年金，如图 2–1 所示。

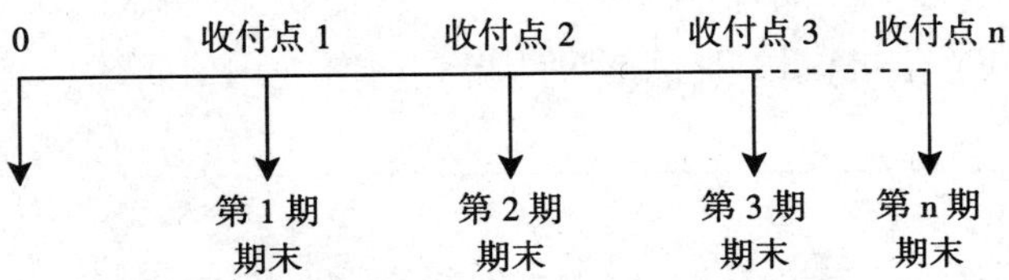

图 2–1　普通年金的收付形式

1. 普通年金终值

普通年金终值是指最后一次收付时的本利和，假设每年年末向银行存入 1 元钱，年利率为 10%，持续时间为 5 年，那么 1 元年金 5 年末的终值为：

$$F=(1+10\%)^0+(1+10\%)^1+(1+10\%)^2+(1+10\%)^3+(1+10\%)^4=6.1051\text{ 元}$$

仔细观察可以看出普通年金的计算是有规律的，假设普通年金每期的收付金额为 A，利率为 i，期数为 n，终值为 F，普通年金按复利方式的计算公式为：

$$F=A(1+i)^0+A(1+i)^1+A(1+i)^2+A(1+i)^3+\cdots+A(1+i)^{n-1}$$

$$=A\frac{(1+i)^n-1}{i}=A(F/A,i,n)$$

其中，$\frac{(1+i)^n-1}{i}$记作（F/A,i,n），称为普通年金终值系数，可以通过查询普通年金终值系数表得到。

【案例 2-3】

小李的存款回报

小李每年年末向银行存入 1 万元，持续 6 年，假设银行的存款年利率为 10%，以复利计算利息，6 年之后小李一共能够从银行取得多少款项？

$F=10000\times(F/A,10\%,6)=77156$ 元

2. 普通年金现值

普通年金现值是指为在每期期末取得相等金额的款项，现在需要投入的金额。它是一定时期内每期期末收付款项的复利现值之和，如图 2-2 所示。

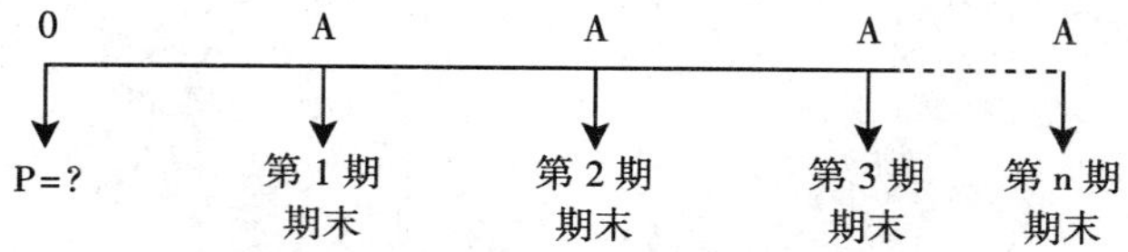

图 2-2　普通年金现值的现金流量

假设普通年金的现值为 P，每年期末收付的资金为 A，利率为 i，期数为 n，则普通年金的计算现值公式为：

$$P=A(1+i)^{-1}+A(1+i)^{-2}+A(1+i)^{-3}+\cdots+A(1+i)^{-n}=A\frac{1-(1+i)^{-n}}{i}=A(P/A,i,n)$$

其中，$\frac{1-(1+i)^{-n}}{i}$ 记作 A(P/A, i, n)，称为普通年金现值系数，可以通过查询普通年金现值系数表得到。

（二）预付年金

预付年金是各期期初收付的年金，如图 2-3 所示。

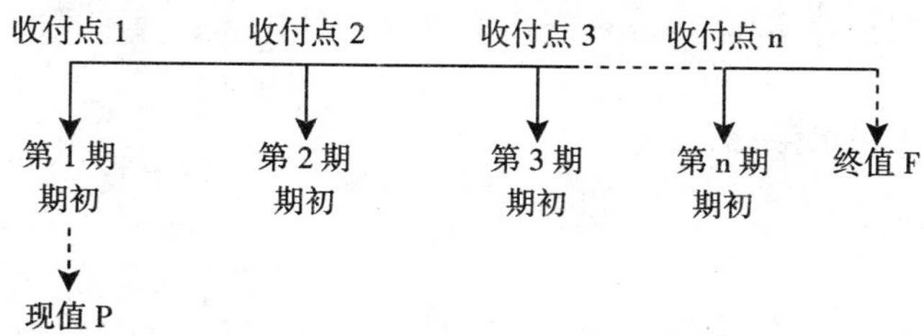

图 2-3　预付年金的收付形式以及现值和终值的计算时点

可以看出，预付年金与普通年金的付款期数相同，只是付款时间不同，预付年金终值比普通年金终值多计算一期利息。同理，预付年金现值比普通年金现值少折算一期利息。因此，我们可以借助于普通年金终值和现值的计算公式来计算预付年金终值和现值。即：

预付年金的终值 = 普通年金终值 × $(1+i)$

预付年金的现值 = 普通年金现值 × $(1+i)^{-1}$

（三）递延年金

递延年金是指第一次收付款发生时间不在第一期期末也不是在第一期期初，而是在第二期或者第二期以后才开始发生的一系列等额收付款项。它是普通年金的特殊形式，凡不是从第一期开始的普通年金都是递延年金。我们用 m 表示没有发生收付的期数（递延期），用 n 表示发生收付的期数。

1. 递延年金终值

递延年金终值计算与普通年金终值计算类似。我们通过下面这样例子来看递延年金终值的计算。

【案例 2–4】

递延年金终值的计算示例

小王因公司经营急需资金向银行借入一笔款项，双方约定前三年不用还本付息，从第 4 年年末开始还本付息，并且每年需要支付 2 万元，第 7 年年末全部付清，如图 2–4 所示，假设银行利率为 10%，那么这笔借款偿还额在第 7 年年末的终值是多少？

普通年金的计算公式为 $F = A\frac{(1+i)^n-1}{i}$。在本案例中，A=2，i=10%，n = 4，则：

$$F = A\ (F/A, i, n) = 2\times(F/A, 10\%, 4) = 2\times 4.641 = 9.282\text{ 万元}$$

由此可知，递延年金终值的计算方法与普通年金终值的计算方法是一样的，其终值的大小与递延期限无关。

资料来源：唐现杰，陈长红. 财务管理［M］. 北京：科学出版社，2007.

2. 递延年金现值

递延年金现值的计算方法有两种：

方法一：首先将 n 期收付的款项折现到递延期 m 的期末，可以利用普通年金现值的计算公式得到，得到 n 期收付款项在第 m 期期末的现值，然后再将这一现值折现到第一期期初，如图 2–4 所示。

方法二：假设在全部期间都进行收付，然后用全部期间年金的现值减去递延期收付的年金现值。

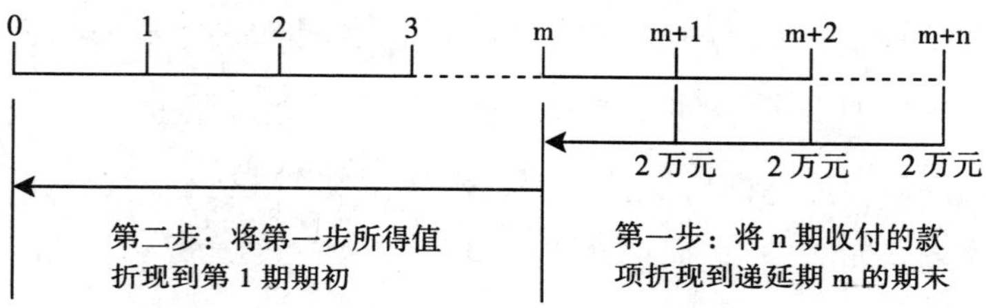

图 2–4　第一种计算递延年金的方法

【案例 2–5】

递延年金现值的计算示例

小王向银行借入一笔款项，约定前 3 年不用还本付息，从第 4 年年末开始还本付息（m=3），每年需要支付 2 万元，第 7 年年末全部付清（n=4）假设银行利率为 10%，那么这笔借款偿还额的现值是多少？

用方法一计算：

第一步：将支付的款项折现到第 3 期期末

$P_3 = A(P/A, 10\%, 4) = 2 \times 3.1699 = 6.3398$ 万元

第二步：将这一折现值再次折现到第一期期初

$$P_0 = \frac{P_3}{(1+i)^m} = 6.3398 \times (1+10\%)^{-3} = 4.7631 \text{ 万元}$$

用方法二计算：

第一步：计算（m+n）期的年金现值

P_{m+n}=A (P/A, 10%, m+n) =2×(P/A, 10%, 7) =2×4.8684=9.7368 万元

第二步：计算递延期 m 的年金现值

P_m=A (P/A, 10%, m) =2×(P/A, 10%, 3) =2×2.4869=4.9738 万元

第三步：计算递延年金的现值

$P=P_{m+n}-P_m=9.7368-4.9768=4.7630$ 万元

两种方法相差 0.0001 万元是因为第一种方法四舍五入的原因。

资料来源：唐现杰，孙长红. 财务管理［M］. 北京：科学出版社，2007.

（四）永续年金

永续年金是指无限期等额收付的年金，具有代表性的是现实中通过存款获得的利息，由于没有停止收付的时间，因此永续年金没有终值，只有现值，其现值计算公式可以利用普通年金的现值计算公式推出。

普通年金的现值计算公式为：$P=A\frac{1-(1+i)^{-n}}{i}$

当 n→∞ 时，$(1+i)^{-n}\to 0$，故永续年金现值 $P=\frac{A}{i}$。

【案例 2–6】

永续年金的计算示例

某学校拟设立一项永久性的助学金，每年发放金额为 10 万元，假设利率保持 10%不变，那么现在应该向银行存入多少现金？

$P=\frac{A}{i}=\frac{10}{10\%}=100$ 万元

（五）不等额现金流终值和现值的计算

年金是每期等额的一系列收付，您可能要问了：现实生活中往往会遇到大量不等额收付的现金流，遇到这种情况，我们怎样计算终值和现值呢？其实很简单，既然各期现金流不相同，那么我们在计算终值的时候就将每期的终值分别计

算出来，然后加总。同理，现值的计算方法是将每一次的收付都折现到第 1 期期初，然后加总。

第二节　风险价值观念

一分风险，一分收益。

——佚名

货币时间价值是在无风险和通货膨胀情况下的社会平均资金报酬率。但是，在企业经营和财务活动中，风险是无时无处不在的，它对企业经营成果和财务状况有着深远的影响。风险是一个重要的概念，任何一项决策都有风险，企业财务活动过程中同样充斥着各种各样的风险，因此，有人将其称为理财的“第二原则”。树立风险报酬观念，是公司理财的一项重要价值观念。在公司理财领域，认识风险是为了更好地了解风险与收益的关系，科学地为风险定价。

一、风险的概念和分类

（一）风险的含义

传统的观念认为“风险是给企业带来损失的可能性”，随着人们对风险概念的深入理解，发现风险不仅可能会给企业带来损失，也可能给企业带来机遇。因此，对风险更加科学的定义是：风险一般是指事件未来结果的不确定性。由于客观事物的复杂性和多变性以及人类认识能力的限制，人类认识未知事物总是不充分的，这就使得风险具有客观性和不可避免性。

（二）风险的分类

从不同的角度，可以将风险分为不同的类型：

1. 按照风险能否通过组合等手段进行分散，可以分为系统风险和非系统风险

（1）系统风险。系统风险又被称为不可分散风险或市场风险，顾名思义，它是指影响所有公司和资产的风险，对于投资者来说这种风险是无法消除的。例如，经济衰退、通货膨胀、国家财政税收和货币政策转变、战争的爆发、各地区法律法规的变动、世界能源状况的变动等。所有的公司都会受到系统风险的影响，只是有的公司受到的影响大一些，而另一些公司受到的影响较小。

（2）非系统风险。非系统风险又可称为可分散风险或公司特有风险，它往往是由公司个体行为或事件所导致的，如公司劳资纠纷引起的罢工、项目的失败、法律纠纷、市场份额下降、产品质量问题引发的危机等。因此，非系统风险可以通过多元化投资来分散，如购买多家公司的股票，当某些公司的股票价格下跌的时候，另一些公司的股票价格上升，从而降低了风险。

其实要理解这两种风险并不难。如一辆动车上乘坐了各种各样的人物，有企业家，有普通工人，有赶去外地实习的大学生，有几个月大的婴儿，他们有着各自的生活和烦恼，也面临着自己人生中的各种风险。他们可以通过自身的各种选择对这些风险进行规避，这些风险就称之为非系统性风险。但是旅途中是否会遇到雷电，列车是否能够安全抵达，这种风险关系到列车上的每一位乘客的人身安全，但个体乘客却束手无策，这就是系统性风险。

2. 从企业本身看，风险可划分为经营风险和财务风险

（1）经营风险。经营风险又可称为商业风险，这种风险往往是由生产经营过程中的不确定性造成的。由于企业的生产、销售和供应都面临着各种不确定性，这些不确定性都会给企业的收益带来风险，因此经营风险是客观存在的。经营风险既有内部原因引起的，也有外部原因造成的，例如，由市场供求状况改变而导致的市场销售价格的波动；产销量的变化；变动成本的不确定，如工人薪酬的波动和原材料价格的不稳定等；固定成本的改变，如技术革新导致的设备更新改造的可能性；消费者偏好的变化；组织结构不合理；竞争状况的变化使得企业的市场地位被削弱；市场营销失误等。

（2）财务风险。财务风险又称筹资风险，是指举债给企业带来的风险。债务

筹资是企业重要的资金来源，企业所负担的债务利率和还款期限是事先约定的，到期需要还本付息，这并不会因为企业的经营状况而改变。

二、单项资产的风险和收益计量

（一）单项资产的风险计量

1. 概率

概率是用来表示随机事件发生的可能性大小的数值，随机事件是指在相同条件下可能发生也可能不发生的事件，概率一般用 P_i 表示，它必须满足以下两个条件：

（1）随机事件的概率是介于 0~1 的一个数，即 $0 \leqslant P_i \leqslant 1$，概率越大表示这一事件发生的可能性越大。

（2）同一事件的所有概率之和等于 1。

【案例 2-7】

某公司的经济形势预期

某企业现拥有两个投资项目 A 和 B，A 项目是投资于一个处于生命周期为成熟期的企业，如果企业变革成功能够获得较好的回报，不成功也能够获得小额的回报。B 项目是投资于一个处于生命周期为导入期的企业，如果经济形势和预期的一样好，那么可以获得高额的回报，如果经济形势出现衰退，则很可能亏本。假设经济形势只有三种情况：繁荣、正常和衰退，这三种情况出现的概率以及 A、B 项目对应的报酬率如表 2-1 所示。

表 2-1　经济形势预期和 A、B 项目相应的报酬率

单位：%

经济形势	概率	A 项目对应的预期报酬率	B 项目对应的预期报酬率
繁荣	0.2	30	20
正常	0.6	10	10
衰退	0.2	–5	5
合计	1.0		

从中可以看出，经济繁荣出现的概率是0.2，如果出现这一经济形势，那么B项目能够获得30%的报酬率，而A项目只能获得20%的报酬率，根据假设，B项目获得30%报酬率的概率为0.2。

资料来源：孙福明. 企业理财学［M］. 北京：清华大学出版社，2008.

2. 期望值

随机变量的各个取值，以相应的概率作为权数计算的加权平均数，叫做随机变量的期望值，其计算公式为：

$$\overline{K}=\sum_{i=1}^{n}P_iK_i$$

其中，$\overline{K}$ 为期望值；P_i 为第 i 种结果出现的概率；K_i 为第 i 种结果出现时的预期报酬率；n 为随机变量数目。

在案例 2-7 中，项目 A 的期望值为：$\overline{K}_A=0.2\times20\%+0.6\times10\%+0.2\times5\%=11\%$；项目 B 的期望值为：$\overline{K}_B=0.2\times30\%+0.6\times10\%+0.2\times(-5\%)=11\%$。

3. 方差、标准差和标准差离差

案例 2-7 中，虽然项目 A 和 B 的期望值相同，但是 B 的离散程度明显比 A 要大，B 的预期报酬率在-5%~30%波动，而 A 预期报酬率在 5%~20%波动，通常波动范围小的风险更小，为了衡量这种波动性，需要计算方差和标准差。

（1）方差和标准差。

方差的计算公式为：

$$\sigma^2=\sum_{i=1}^{n}(K_i-\overline{K})^2\cdot P_i$$

标准差的计算公式为：

$$\sigma=\sqrt{\sigma^2}$$

其中，P_i 为第 i 种结果出现的概率；$\overline{K}$ 为期望值；K_i 为第 i 种结果出现时的预期报酬率；n 为变量数目。

在案例 2-7 中，A、B 的标准差分别为：

σ_A=4.899%；σ_B=11.136%。项目 B 的标准差比 A 的要大，因此风险也更大。

（2）标准差离差。如果两个项目出现这种情况：项目 A 的期望值比 B 的要大，而项目 B 的标准差比 A 的要小，又如何进行两项目风险的比较呢？此时就需要用到标准差离差来衡量风险的大小，标准差离差率越小，风险越小。

标准差离差＝标准差/期望值

（二）单项资产的风险与收益

以上的结论只能用于评价项目的风险水平，还没有将风险与收益联系起来，如果要决定是否对某个项目进行投资，还需要计算出项目的风险报酬率，要得到这一概率就需要将风险评价和收益联系起来，这一过程需要引入风险报酬系数这一概念。风险报酬系数是将标准差离差转化为风险报酬率的一种系数，这一系数是主观确定的，公司可以自己确定这一系数，如可以根据以往的经验和资料来确定，也可以组织专家来确定，也可以参照咨询公司的数据，通常风险偏好型公司的这一系数要大于风险厌恶型公司。引入风险报酬系数之后，其就可以计算出风险报酬率用于单项资产的投资决策，其计算公式如下：

$R_r = b \cdot V$

其中，R_r 表示风险报酬率；b 表示风险报酬系数；V 表示标准差离差。

在此基础上加上无风险报酬率就可以得到项目的投资回报率：

$R = R_f + R_r$

其中，R_f 表示无风险报酬率；R_r 表示风险报酬率。无风险报酬率一般用短期政府债券的报酬率。

三、投资组合的收益与风险

投资组合的预期报酬率是投资组合中各种投资项目的期望报酬率的加权平均数。而投资组合的风险不仅取决于各个投资项目的风险，还取决于组合中各项目的相互关系。

投资组合的风险受两方面的影响：第一是组合中各资产的相互关系，相关系数越小，组合的风险越小，因此投资于不同行业比投资于同一行业的风险要小；第二是组合中的投资项目的种类，种类越多，风险就越容易分散，投资组合的风险就越小。一句话，投资组合有助于风险的降低！因此，不要把所有的鸡蛋放在同一个篮子里。

在分散风险的问题上，不妨向兔子学习一下。动物中，兔子应该算是弱者，因为天上的老鹰、地下的野兽随时都有可能把它们变成一道美味。兔子为了生存，通常会在觅食的区域内挖好多个洞穴，一旦遭遇敌人，它们就可以就近藏到一个洞穴里，从而免于不幸，这也是通常所说的“狡兔三窟”。

巴菲特曾经说过：投资多样化是避免无知的一种策略。我们在理财的过程中，也应该选择多种投资渠道和投资项目，从而最大限度地化解投资风险，提高投资收益。

第三节　资本资产定价模型

天下没有免费的午餐，根本就不存在“无风险高回报”的事情。

——佚名

在研究风险和收益的关系中，我们需要了解一个非常重要的模型——资本资产定价模型。该模型由诺贝尔经济学获得者威廉·夏普于 1964 年提出，这一模型的提出使人们首次能够对风险进行定价，对风险进行量化。

一、资本资产定价模型公式

资本资产定价模型描述的是风险与收益之间的关系，用公式表示为：

$$\overline{R} = R_F + \beta \cdot (R_M - R_F)$$

其中，$\bar{R}$ 表示某种股票或者某个证券组合的必要收益率；R_F 表示无风险收益率（通常用政府债券的收益率表示，如国库券）；β 表示该股票或者证券组合的风险系数；R_M 表示市场的平均收益率；表示风险溢价，$(R_M - R_F)$ 即由于超过无风险收益而被投资者所要求的额外收益。

这一模型建立在诸多假设的基础上，归结起来其核心就是假定每个投资者都是相同的，他们有着相同的风险偏好、相同的投资行为，等等。这些假设显然与现实不符，但是资本资产定价模型简单明了，因此得到了广泛应用。

二、系统风险的衡量——β 系数

在资本资产定价模型中，β 系数用来度量一项资产的系统风险，它表示一种证券或投资组合对总体市场的波动性。简单来说，就是 β 系数能够让我们知道特定的资产相对于市场组合而言的系统风险是多少，某项资产收益率随市场组合收益变动而变动的幅度是多大。如一只股票的 β=1，说明这只股票的价格和市场的价格波动性是一致的。如果这只股票的 β=1.5，则意味着当市场上升 10%时，该股票价格上升 15%；而当市场下降 10%时，股票价格也会下降 15%。

如果是资产组合的 β 系数，那么它的大小不仅取决于各项资产的 β 系数，各项资产占总投资的比重也会影响投资组合的 β 系数，如案例 2-8 所示：

【案例 2-8】

投资组合计算示例

小王买入 A、B、C 三种股票作为投资组合，三种股票的系数和占总投资的比重如表 2-2 所示。

表 2-2　A、B、C 三种股票多 β 系数及占总投资的比重

股票	β 系数	比重（%）
A	2	50
B	1.5	25
C	0.2	25

→

股票	β 系数	比重（%）
A	2	60
B	1.5	20
C	0.2	20

如果是左边的组合，则 $\beta_{组合}=2\times50\%+1.5\times25\%+0.2\times25\%=1.425$

如果是右边的组合，则 $\beta_{组合}=2\times60\%+1.5\times20\%+0.2\times20\%=1.54$

由此可以看出，各资产所占的比重不同就会导致系数大小不一样，系数不同，投资组合的风险程度也不同，本例中右边组合的风险系数越大，投资成功时所获收益也会越大；相反，投资失败时损失也会越大。

资料来源：胡海峰. 公司理财［M］. 北京：首都经济贸易大学出版社，2008.

三、证券市场线

将资本资产定价模型 $\overline{R}=R_F+\beta\cdot(R_M-R_F)$ 绘入二维坐标图中可以得出证券市场线，它反映的是证券的期望收益率与β 系数之间的关系，如图 2-5 所示。

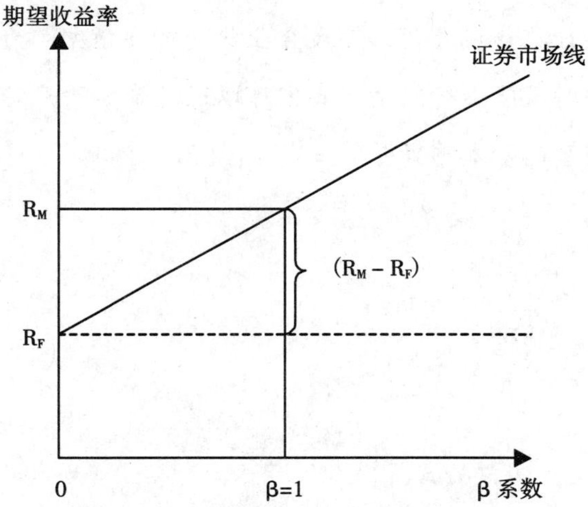

图 2-5　证券市场线

β 系数越大，投资者所要求的（或者说所期望的）收益率就越高。

若 β=1，证券或者证券组合的风险与市场组合的风险相等，则期望的收益率与市场组合的收益率相等；

若 β>1，证券或者证券组合的风险大于市场组合的风险，则期望的收益率高于市场组合的收益率；

若 $\beta<1$，证券或者证券组合的风险小于市场组合的风险，则期望的收益率低于市场组合的收益率。

在证券市场线图形中，斜率是（$R_M - R_F$），可以看出，投资者所期望的收益率不仅取决于市场风险，而且还受到无风险收益 R_F 的影响，市场风险补偿程度（$R_M - R_F$）也会影响投资者的期望收益率。

本章小结

公司在理财的过程中，必须树立货币时间观念和风险价值观念。本章的内容告诉我们，资金在使用的过程中会随着时间的推移而增值。因此，在理财活动中应该考虑货币的时间价值，从而对筹资、投资等方案作出更加科学合理的决策。现实中，由于各种难以预料或无法控制的因素存在，企业的实际收益可能与预计收益相背离，导致企业蒙受经济损失，为了降低损失发生的可能性，就要对风险进行衡量，我们可以通过资本资产定价模型来对风险进行定价，该模型的基本形式是 $R = R_F + \beta(R_M - R_F)$。

第三章　筹资管理概述

开篇案例

中美两国买房理念的差异

大家可能都听过这样一个故事：一位美国老太太和一位中国老太太在聊天，中国老太太说："到今年，我终于攒够了买房的钱。"而美国老太太说："到今年，我终于把买房的贷款还完了。"虽然到今年一个是存够了买房的钱，一个是把买房的贷款还清了，看似结果一样，但是过程却大相径庭。同样是为了买房子，中国老太太从年轻时候开始就努力加班加点地工作，省吃俭用存钱，就为了今天能够拥有一套属于自己的房子，辛苦一辈子到老了存够钱了，却没有多少时间可以好好享受生活；而美国老太太却想方设法地向银行贷款，用借来的钱买宽敞的房子，提前实现自己的梦想，一边享受生活，一边再努力工作还银行贷款。

【案例启示】 这个经典的故事含义丰富，引人深思。从企业理财的角度看，这个故事也具有启发意义。任何一个企业都需要资金，然而资金从何而来呢？可以说，企业筹资是一个十分复杂而又重要的问题，管理者必须谨慎决策。

本章您将了解到：

- 企业筹资管理的主要内容
- 资金需求量预测的方法简介
- 筹资渠道与筹资方式介绍

第一节　企业筹资概述

企业家应该把银行的钱、他人的钱为自己所用，否则他就是不懂得理财。善于融资的人自己不必有钱就可以经营自己的企业。

——马克斯·韦尔

古人尚且知道借鸡生蛋，作为当今企业的经营管理者就更应该明白其中的道理。当然，公司理财中所讲的筹资并不完全等同于“借鸡生蛋”，因为“借鸡生蛋”是用别人的钱为自己谋利，而筹资既包括企业的自有资金，也包括借债。

筹资是公司理财的核心内容之一，是企业根据生产经营和其他方面的需要，通过融资渠道和其他金融市场，结合适宜的融资方式经济有效地筹集资金的财务活动，是一个在资金的需求和供给驱使下形成的过程。企业向资金供给者提供一个获利的前景，并且承诺以某种方式给予资金供给者一定的回报。

企业向社会提供一定的商品就需要购置相应的设备等，因此需要筹集资金，一部分资金来源于企业盈利的留存，但通常情况下留存不足以满足销售的增长对资金的需求，所以需要寻找外部资金的支持。如何有效地寻找外部资金的支持，这就需要对融资进行科学有效的管理，确定适当的融资额度并选择适当的融资方式，并维持一个合理的资本结构。

概括起来，筹资管理的主要内容有以下四个方面：

一、明确具体的财务目标

无论是将股东利益最大化作为企业的目标，还是将企业价值最大化作为企业的目标，财务目标都是其中的关键部分，因此必须要明确企业的财务目标。筹资管理源于明确的财务目标，这一目标统筹着融资、投资和资本营运。

企业的财务目标会受到企业当期的经济环境、法律环境、税收环境和金融环境等外部环境的影响，同时也会受到企业领导者、股东、债权人等因素的影响，在确定财务目标时一定要充分考虑企业内部和外部的各项财务关系，从而保证在协调有效的基础上实现这一目标。

财务目标与筹资管理的关系是显而易见的。一方面，财务目标指导着企业的融资，决定着企业所需要的融资额，并且一定程度上决定着融资方式。另一方面，融资也会影响企业的财务目标，因为有时候并不是所需要的融资额都能够获得，如果不能够完全获得，那么就只好依据实际能够获得的融资额来安排企业的销售增长幅度，进而确定财务目标，否则企业制订的方案就可能因为筹集不到足够的资金而失去可行性。

二、预测企业的资金需求量

企业的财务部门必须结合企业具体的经营方针、发展阶段和投资规模，运用科学合理的预测方法，正确地预测企业在某一时期的资金需求量。资金不足或资金筹集过剩都不利于企业的正常发展。如果筹集不到足够的资金，那么就没有足够的存货和设备来生产足够的产品，这就容易导致顾客和市场的丧失，盈利机会随即消失，市场地位也会受到影响。如果对未来的预期过于乐观，筹集的资金过量，购买大量的存货和设备来进行生产，那么就会导致设备过剩和产品积压，使周转率下降，进而使权益净利率下降并影响公司的股价。因此，在进行资金预测过程中，必须掌握正确的预测数据，采用科学的预测方法。如果发生预测错误，可能会直接导致企业财务失控，进而导致企业投资和经营失败。

【案例 3-1】

创业板超募资金竟无用武之地

正当各地民企被融资问题困扰得苦不堪言时，创业板上市公司却“遭受着钱太多不知道怎么花”的“烦恼”。根据10家创业板公司披露的年报显示，其IPO超募的巨额资金都成为银行的长期存款，沉睡于银行中。例如，汤臣倍健2011年报中显示的应收利息余额为2374.78万元，较2010年末增加1289.08%，主要原因就是“公司定期存款产生的应收未到期存款利息”。

经验显示，能在创业板上市的公司，都是相当的“不差钱”。从2009年9月25日开始，创业板第一批28家上市公司拟募集资金70.77亿元，实际募集资金154.78亿元，超额募集资金84.01亿元，平均超额募集比例高达118.7%，其中超募比例最低的大禹节水也超额募集了47.61%。此后这种超募现象并未得到有效的遏制。资料显示，2011年上半年创业板共计209家上市公司IPO融资金额高达1618亿元，而其中超募资金就达到1002亿元。虽然截至2011年的4月底，已有315.6亿元的超募资金被安排使用，但仍有近七成的超募资金沉睡于银行。

平安证券首席策略研究员王韧分析，目前的超募资金存在闲置严重、目标模糊的问题，而且从整体上看，创业板公司对于超募资金的使用缺乏明确的规划，甚至部分创业板公司可能因超募而走向“破坏性成长”的歧途。

深圳挺浩投资董事长康浩平就创业板公司超募资金问题在微博中感叹道：如果将这些超募资金使用到需要资金的小企业中，我国还会增加1000家上市公司。

资料来源：http://it.chinabyte.com/42/12269542.shtml.

三、选择合理的融资渠道和方式

融资渠道是指企业取得资金的来源，融资方式是指企业取得资金的具体形式。来源于同一渠道的资金可以是通过不同的融资方式获得的，同样，同一融资方式也可以选择不同的融资渠道，融资渠道与融资方式二者的结合可产生多种可供选择的融资组合，因此有必要对二者的特点加以分析研究，以确保融资组合的合理。

四、确保资本结构的合理性

资本结构就是指企业负债资金和权益资金的比例关系。不同的融资方式会带来不同的资金成本，并且要承担不同的财务风险，因此，企业在将不同的融资渠道和方式进行组合时，必须充分考虑企业实际的经营能力和市场竞争力，适度负债，寻找最佳资本结构。

第二节　资金需求量预测

真正有能力的创业者总是期望根据企业发展的实际需要确定融资规模，而不倾向于一次性吸收过多的外部资本。在企业处于发展初期的时候，尤其如是。

——户才和

融资基于企业对资金的需求，对资金的需求量预测是确定融资规模、融资渠道、融资方式和资本结构的重要依据，因此在制订融资计划之前，必须要采用一定的方法来确定企业未来对资金的需求量。只有在需求的基础上才能筹集到适量的资金，避免过度融资或者融资不足的问题。此外，对企业资金需求量的预测是企业财务计划的编制基础，其主要方法包括定性预测法、因素分析法、销售百分比法、资金习性法等。

一、定性预测法

定性预测法是一种依靠经验和主观判断对企业资金需求量进行预测的方法。当企业缺乏完备和准确的历史资料时，可以借助于有一定理论知识和综合判断能力的专家以及专业人员对资金需求量做出预计。

（一） 常用的方法

进行定性预测常用的方法包括个人经验法、专家会议法、德尔菲法和主观概率法等。

个人经验法也称为个人评估法，是指预测人员凭借其积累的经验和所掌握的情况对资金的需求量做出直观判断；专家会议法是指邀请有关专家，采取会议的形式讨论确定企业的资金需求量，但是通过这种会议得到的意见往往取决于权威专家的意见；德尔菲法是管理过程中经常使用的定性预测法，它通过反复几轮征询专家的意见，最终获取相对一致的结果；主观概率法是一种“专家意见+个人判断”的预测方法，当专家对资金需求量做出不同的预测时，分析人员就对各种意见的概率做出判断，然后计算出预测结果，这种方法在一定程度上提高了预测的准确性。

（二）方法评价

由于受主观性的影响，定性预测方法的有效性主要依赖于预测者的选择，熟悉企业财务环境的外部财务专家、企业的领导者通常是预测者的主要人选，他们丰富的经验和专业知识能够提升预测的准确性。

在信息相对缺乏的情况下，定性预测有时候也不失为一种好的方法，但其准确性和科学性一直都受到怀疑，缺乏必要的客观依据，预测结果往往作为定量预测的参考或者补充，因此，定性预测一般需要和定量预测相结合来提升预测的准确性。下面我们就介绍资金需求量的定量预测方法。

二、因素分析法

（一）基本假设

因素分析法假设公司所需要的资金主要受到两个因素的影响：①随着销售的增长，公司固定资产投入增加，这就导致公司对长期资本的需求增加；②资金周转的越快，公司所需要的资金就越少，相反则越多。

在上述假设的基础上，利用上期资本平均占有量进行调整就能够预测出资金的需求量。调整的过程是首先剔除上期资本平均占有量中的呆滞积压等不合理的部分，然后根据销售增减情况和资金周转情况进行调整。

（二）基本计算公式

资金需求额 =（上期资本平均占用量 − 不合理占用量）×（1 ± 预测年度销售增减的百分比）×（1 ± 预测年度资金周转变动的百分比）

其中，预测年度销售增加用“+”，减少用“−”，资本周转加快用“−”，减慢则用“+”。

（三）方法评价

因素分析法易于理解、计算简便，但值得注意的是：资本周转率的计算应该与所预测的资金种类相对应，例如要预测流动资金的话，应该计算流动资金周转率；如果计算的是总的资金需求量，则应该计算总资产的周转率变动百分比。因素分析法是一种粗略的资金需求预测方法，准确性不高，因此一般不单独作为资金需求预测的依据，而是将其作为其他方法的补充。

如某企业 2010 年度总资本的平均占用量为 3500 万元，其中不合理部分占 3%，预计 2011 年销售将增加 5.6%，总资产周转率将加快 3%，预测其资金需求量。

资金需求额 =（3500 − 3500 × 3%）×（1 + 5.6%）×（1 − 3%）= 3477.5664 万元

三、销售百分比法

（一）基本假设

销售百分比法是根据销售收入与资产负债表和利润表有关项目之间的比例关系，预测未来一定销售额下融资需求量的方法。销售百分比是基于两个基本的假设：①资产、负债和费用与销售收入之间有稳定的百分比关系（销售百分比），在销售预测的基础上能够预测出资产、负债和费用，进而预测出融资需求；②预测期的销售额已经由营销部门通过一定的方法预测完成。

（二）销售百分比法的步骤

销售百分比预测方法的步骤如图 3–1 所示，我们将通过一个具体的案例来分析这一过程。

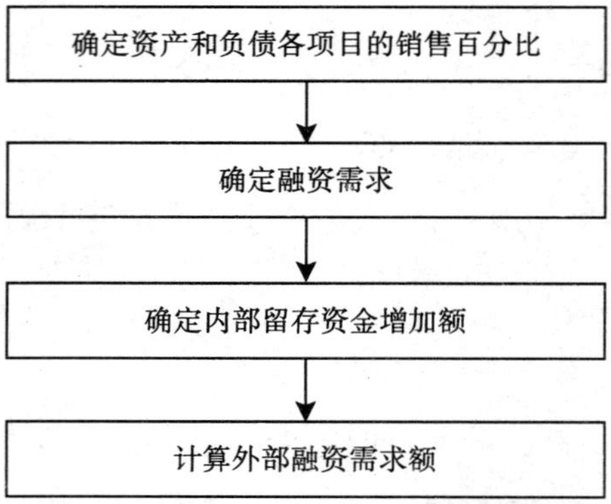

图 3–1　利用销售百分比法预测资金需求的步骤

【案例 3–2】

利用销售百分比预测资金需求示例

某企业 2007 年的销售额为 3000 万元，销售净利率为 10%，股利支付率为 60%。2007 年 12 月 31 日资产负债表如表 3–1 所示。预计 2008 年销售额为 4000 万元。预测外部融资需求额。

表 3–1　2007 年资产负债表

单位：万元

资　产		负债及所有者权益	
货币资金	150	短期借款	150
应收票据	150	应付票据	150
应收账款	300	应付账款	150
存货	600	长期借款	700
长期股权投资	400	实收资本	700
固定资产	1300	资本公积	350
无形资产	100	留存收益	800
资产合计	3000	负债及所有者权益合计	3000

第一步：根据2007年度的经营情况确定资产与负债各项目的销售百分比

首先划分对销售增长敏感性的资产和负债项目，以及对销售增长不敏感的资产和负债项目，因为不敏感的项目对资金的需求并不会随销售收入的增长而增加，因此不需要计算其销售百分比。各项目的销售百分比以及相对应的2008年预测值如表3–2所示。

表3–2　销售百分比的确定及各项目的预测值

	2007.12.31情况（万元）	销售百分比（%）	2008年预测值（万元）
资产			
货币资金	150	5	200
应收票据	150	5	200
应收账款	300	10	400
存货	600	20	800
长期股权投资	400	非敏感性资产	400
固定资产	1300	非敏感性资产	1300
无形资产	100	非敏感性资产	100
资产合计	3000	40	3400
负债及所有者权益			
短期借款	150	5	200
应付票据	150	5	200
应付账款	150	5	200
长期借款	700	非敏感性资产	700
负债合计	1150	15	1300
净经营资产总计	1850	25	25

第二步：确定融资需求

筹资总需求 = 2008年净经营资产预测值 − 2007年净经营资产合计

= 2100 − 1850 = 2500万元

第三步：确定内部留存收益

内部留存收益 = 预测销售额 × 销售净利率 × (1 − 股利支付率)

= 4000 × 10% × (1 − 60%)

= 160万元

第四步：计算外部融资需求额

外部融资需求额 = 筹资总需求 - 内部留存收益 = 250 - 160 = 90 万元

资料来源：孙福明. 企业理财学［M］. 北京：清华大学出版社，2008.

（三）方法评价

销售百分比法是一种预测资金需要量的常用方法，它需要借助于资产负债表以及相关的预测数据进行计算，该方法易于理解，计算过程也比较简单，但是如果企业不能准确地预测销售额，那么使用这种方法得到的资金需求量准确性就会大大降低。因此，在使用这一方法时，财务人员应该通过对历史数据的审核并结合相关的销售预测资料，尽可能提高预测销售额的准确性。

四、资金习性预测法

所谓资金习性，指的是资金的变动同产销量变动之间的依存关系。按照资金与产销量之间是否存在依存关系，我们可以将资金最终划分为两大类：变动资金和不变资金。

变动资金主要包括原材料占用的资金、应收账款、最低储备外的存货和现金等，它们会随着产销量的变动发生同方向变化，而且这种变动往往存在一定的比例关系；不变资金则完全相反，比如存货的安全库存、固定资产、现金的安全持有量等，它们往往是固定的，不会随着产销量的变动发生必然的变动。

（一）计算步骤

资金习性预测法就是利用资金和产销量之间的这种关系建立起数学模型，从而根据相应的数据预测资金需求量。这里我们主要介绍线性回归分析法，其数学模型如下：

$Y = a + bX$

其中，Y 表示资金需要量；a 表示不变资金；b 表示单位产销量所需要的变动资金，它们可通过历史数据获得；X 表示产销数量。

从公式可知，只要求出 a 和 b，并且知道预测期的产销量情况，就可以得到资金需求量情况。a 和 b 可以利用回归方程得出。

【案例 3-3】

资金需求量的计算示例

某企业 2006~2010 年的产销量和资金占用情况如表 3-3 所示，假设 2011 年的产销量为 350 万件，利用资金习性预测法预测 2011 年的资金需求量。

表 3-3 某企业 2006~2010 年的产销量和资金占用情况

年度	产销量 X（万件）	资金占用（万元）
2006	200	1100
2007	240	1300
2008	160	1400
2009	280	1500
2010	300	1600

$b=\frac{1600-1100}{300-200}=5$，$a=1600-5\times300=100$，由此得出：$Y=100+5X$，将 $X=350$ 代入公式中得 $Y_{2011}=100+5\times350=1850$ 万元

即该公司 2011 年的资金需求量为 1850 万元。

（二）方法评价

从计算的过程中可以看出，资金习性预测法考虑了资金需要量与产销业务量之间的变动关系，是一种比较准确的预测方法。需要注意的一点是，资金习性预测法所预测的是在一定的产销情况下总资金的占用需求。

第三节　筹资渠道与方式

有人说，融资等于骗钱。我思考了一下，觉得说服自己叫融资，没有说服自己叫骗钱。我觉得只要把真实的自己介绍出去就可以了。

——陈沛

一、筹资渠道

筹资渠道是指企业取得资金的来源。目前，主要的融资渠道有以下几种：

（一）国家财政资金

国家财政资金是国有企业的主要筹资渠道。现在的国有企业的资金来源大部分是过去国家以财政拨款的方式投资形成的。国家财政资金基础坚固，是大中型企业生产经营活动的可靠保证，也是今后国有企业筹资的重要渠道。

（二）银行信贷资金

企业所需要的资金主要来源于股权融资和债券融资，其中债券融资的很大一部分是从银行贷款，银行成为企业所需资金非常重要的来源。我国的银行分为商业银行和政策性银行，商业银行主要是通过吸收存款并向企业发放贷款来获利，其目的是通过对公和对私信贷获取盈利；政策性银行则为特定企业提供政策性信贷，特别是国家扶持的行业和企业。

（三）非银行金融机构信贷资金

非银行金融机构主要有信托公司、租赁公司、保险公司、证券公司、公司集团的财务公司等，这些机构不仅直接对外提供资金，而且还提供各种融资服务，例如证券公司承销证券服务。通常，非银行金融机构所提供的信贷资金规模比银行的要小，但是却更加灵活，形式也更加多样，服务范围更加广泛。

（四）其他企业的资金

企业在生产经营过程中可能会出现一些闲置的资金，为了保证资金的充分利用，企业很可能用这部分闲置的资金对外进行投资，这就成为其他企业重要的资金来源渠道。很多企业之间也会进行资金的互借使用，如关系非常紧密的企业之间，如果一方出现问题会导致另一方陷入困境，则另一方可能给其提供资金让其渡过难关。

（五）民间资金

游离于银行以及其他非银行金融机构之外的居民和企业职工的资金也是企业获得资金的一种来源。居民和企业职工可能用这部分钱进行投资，否则这部分钱就成为“压在床板底下的钱”，只能等着不断地贬值。

（六）企业内部留存资金

企业内部的留存资金主要是指企业提取的公积金和未分配利润，这种资金不需要经过筹资的过程，而是在经营活动中必然形成的，也被称为“自然融资”。

（七）境外资金

由外商向我国企业投入的境外资金主要是指外国投资者，以及我国香港、澳门、台湾地区的投资者投入的资金，这是引进外资以及外商投资企业的主要资金来源。

二、筹资方式

筹资方式是指企业取得资金的具体形式，也就是企业通过哪些手段取得资本。目前，我国企业主要的筹资方式包括吸收直接投资、银行借款、发行股票、发行债券、留存收益、商业信用和租赁等（将在第四章详细介绍各种筹资方式）。

筹资方式与筹资渠道既有联系又有区别。同一渠道有不同的方式，同一方式可以来源于不同的渠道，正确地区分两者并确定合适的融资渠道和融资方式组合是企业筹资成功的重要前提条件。筹资方式与筹资渠道的对应关系如表 3-4 所示。

表 3-4 筹资方式与筹资渠道的对应关系

筹资渠道＼筹资方式	吸收直接投资	发行股票	留存收益	银行借款	发行债券	商业信用	租赁
国家财政资金	√	√					
银行信贷资金				√			
非银行金融机构资金	√	√		√	√		√
其他企业资金	√	√			√	√	√
民间资金	√	√			√		
企业内部资金	√		√				
境外资金	√	√		√	√	√	√

资料来源：吴伟容. 财务管理［M］. 北京：电子工业出版社，2010.

【拓展阅读】

初创公司的融资艺术

在 PE 市场工作的高哲铭经常和一些初创公司与成长型公司打交道。这些公司面临的主要问题就是如何能够及时、有效地募集到大量资金，并能通过投资协议长期获得收益。作为一个风险投资者，他将 20 多年的经验分享给了大家：

第一，就是尽量去募集更多的资金；

第二，就是要记住天使、PE 等投资公司都喜欢投资"梦想"，当然这个梦想不是幻想，而是或能解决现实问题，或能创造一个美好的未来；

第三，就是要有足够的证据向潜在投资者证明公司是能够获得成功的，这些证据可以是公司的产品、管理层的领导力等；

第四，就是要尽量通过更多的渠道融资，并与合作伙伴建立良好的关系，能够随时调整公司的计划安排；

第五，就是要记住你不只是单纯地在募集资金，而是在寻求"合伙人"，因此要向你的新合伙人勾勒出你们合作的蓝图，并且要考虑清楚这个蓝图能否实现公司的利益最大化。

1999年，高哲铭第一次结识shopping.com网站时，正值PE在寻找一家商业模式易于理解的网络公司，而当时的shopping.com网站也在寻找一个全球的投资伙伴，就这样大家彼此见面、交谈，并进行了评估。在进行了相关调查后，英飞尼迪集团（Infinity Group）决定投资500万美元购买shopping.com的优先股。

shopping.com向PE展示了一个宏大的“梦想”——引领国际价格比较网络。在企业的执行层面，他们展示了一个很吸引人的网络覆盖。同时，shopping.com给人的感觉是价值定位清晰，经营管理令人满意，而且管理层积极主动，在工作的执行方面也有很好的声誉。

shopping.com对未来有着清晰的规划。他们希望能够筹集到比现实中所需要的更多的资金，于是通过精心安排再次募集了1亿美元。他们一直坚持未来是无法预知的，所以需要募集更多的资金以备日后的不时之需。而这一决定也确实拯救整个公司：就在高科技泡沫破灭后，网络公司不再像以前那么吸引投资者，而就是该公司当年所多募集到的资金在这个危难之际帮了公司的大忙，在这个关键时刻，他们不需要再花时间去募集资金，只要将注意力集中在企业的发展上就够了。

资料来源：高哲铭. 初创公司的融资艺术［J］. 中国企业家，2011(14).

本章小结

筹资活动是公司理财的重要内容。只有科学、合理地筹集资金，才能降低筹资成本，减少企业的财务风险。要进行筹资首先要知道企业需要多少资金，对资金的预测是本章的重点，企业可以通过定性预测法与定量预测法相结合的方法提高预测的准确性。在确定了资金需求量之后，企业就要选择筹资的渠道，目前，我国的筹资渠道主要包括国家财政资金、银行信贷资金、非银行金融机构资金、其他企业资金、民间资金、企业内部资金、境外资金等。

第四章 筹资决策

开篇案例

南方家具公司筹资决策

为进一步扩大生产规模，南方家具公司需要在2011年10月末筹集资金1150万元，其中350万元可以通过提高公司流动资金的利用效果和内部留存收益解决，剩余的800万元则需要从外部筹集。

起初，公司管理部门倾向于以发行股票的方式筹集剩余的800万元，因为南方家具公司普通股每股高达33元，扣除发行费用后，每股净价仍为31元。但是，投资银行却以举债筹资可以降低资本成本为由建议公司通过借款的方式（年利率7%，期限10年）筹集资金。

目前，南方家具公司有长期借款80万元，其中有10万元在一年内将到期，约定的年利率为5.5%，每年必须分两期偿还本金10万元，而且借款合约还规定南方家具公司至少要保持225万元的流动资金。

公司2004年以每股5元公开发行普通股170000股。目前，该公司发行在外的普通股共计600000股，其中高级职员和董事会成员持有20%左右。其股利政策保持不变，每年股利为每股0.4元。

该公司应该采取哪种融资方式呢？

资料来源：http://wenku.baidu.com/view/885d31205901020207409ca5.html.

【案例启示】 企业在筹资时需要考虑很多因素，其中筹资渠道是企业在做筹资决策时最重要的事项。另外，每个筹资渠道都各有利弊，没有完美的筹资方式。因此南方家具公司在做这种决策时就必须兼顾公司的内外处境，谨慎地选择最合适公司目前状况的融资方式。

融资方式是指可供企业在筹措资金时选用的具体筹资方法。融资管理的重要内容是如何针对客观存在的融资渠道，选择合理的融资方式进行筹资，降低融资成本，提高融资效益。目前，我国企业融资方式主要有以下几种：吸收直接投资（企业通过协议等形式吸收投资者直接投入资金的筹资方式）、发行股票、留存收益融资、发行债券、银行借款、商业信用、融资租赁筹资等。

本章我们将这些具体的融资方式分为三大类，即权益性融资、负债性融资和混合性融资（见图 4–1），并分别介绍各种融资方式的特点及优缺点。

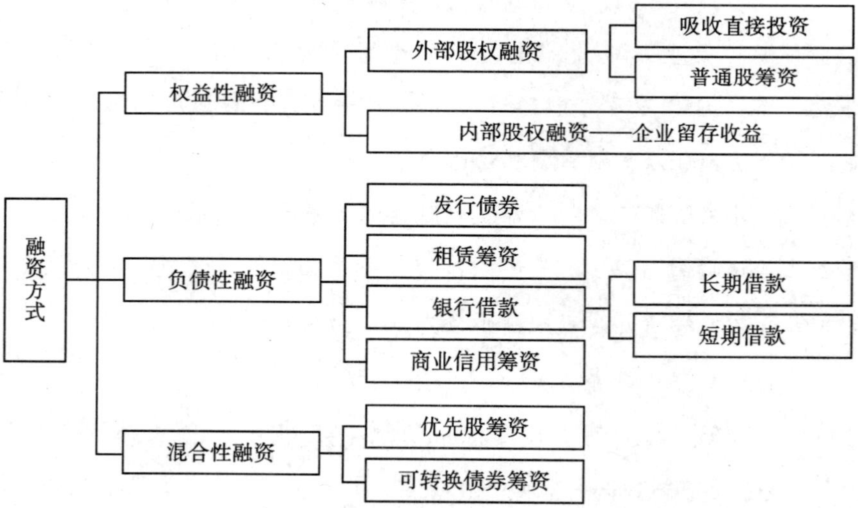

图 4–1　企业的融资方式

本章您将了解到：

- 股票筹资方式的详细介绍
- 债务资本筹资方式介绍
- 混合资本投资的两种方法介绍

第一节　权益资本筹资

借钱不一定是坏事，一个不会借钱的人一定不是投资理财的高手。只要通过借钱能赚更多的钱，不管付出多少利息都是对的，否则就是错的。

——段绍译

权益资本也称股权资本，是企业依法筹集并长期拥有、自主调配运用的资本来源。其主要内容包括投资者投入的资本金和留存收益，在数量上反映了投资者投入的全部资本。权益资本筹资是指通过吸收直接投资、发行股票、留存收益等方式筹集资金。

一、吸收直接投资

吸收直接投资是指（以下简称吸收投资）企业按照“共同投资、共同经营、共担风险、共享利润”的原则直接吸收国家、法人、个人投入资金的一种筹资方式。

（一）吸收直接投资的种类及出资方式

1. 吸收国家投资

国家投资是指有权代表国家投资的部门或机构以国有资产向企业的投资。吸收国家投资的特点在于，产权归属国家，在资金的使用和运作方面受到国家的约束较大。

2. 吸收法人投资

法人投资指法人单位以其依法可以支配的资产投入企业形成的资本。法人投资是以参与企业利润分配为目的，出资方式灵活多样。

3. 吸收个人投资

个人投资是指社会个人或企业内部职工以个人合法财产投入企业形成个人资本。通常来说，个人投资参与的人数较多，但是每人投资的数额较少。

4. 吸收外商投资

外商指港澳台地区和外国投资者对企业进行的投资，形成外商资本金。随着我国改革开放的不断推进，吸收外商投资已经成为企业重要的融资方式。

企业在采用吸收直接投资方式筹集资金的时候，投资者可以用现金、厂房、机器设备、材料物资、无形资产等向企业投资。

（二）吸收直接投资的优缺点

1. 吸收直接投资的优点

（1）有利于尽快形成经营规模，直接获得所需的先进设备和技术，增强企业实力。

（2）与其他融资方式相比，吸收直接投资不需要经过审批等中间环节，因此该融资方式较为简便，只需投资双方协商一致即可。

（3）有利于降低财务风险。因为吸收直接投资是根据企业经营状况的好坏，向投资者进行回报，不存在固定的财务负担，因此财务风险较小。

2. 吸收直接投资的缺点

（1）资本成本较高。因为向投资者支付的报酬是根据其出资数额及企业利润计算的，这种报酬是不能像债务利息那样在税前扣除的，因此资金成本相对较高。

（2）容易分散企业的控制权。采用吸收直接投资，投资者一般都会要求获得与投资数量相适应的经营管理权，因此当有新的直接投资者加入的时候，企业原有投资者的控制权就会被削弱和分散。

二、发行普通股

股票筹资是一种不用还本的筹资方式。通过发行普通股进行筹资是企业的一项重要资金来源。股票是股份有限公司发给出资者的、表示出资者按其持有的股份享有权益和承担义务的书面凭证，拥有股票的出资者就成为股份有限公司的股东。股份有限公司采取的是有限责任制，股东按其出资额享有各项权利，同时以其出资额为限对公司承担有限责任。

股票所代表的是股东的权益，是一种有价证券，可以在市场上进行转让、出售、流通、馈赠或者作为抵押品，从本质上看，股票的转让就是股东权利和义务的转让。

（一）股票的种类

1. 按股东权益的不同，可分为普通股与优先股

普通股是公司发行的代表股东享有平等的权利、义务，不加特别限制且股利不固定的股票，它是公司最基本的股票。普通股股东具有以下权利：

（1）剩余收益请求权和剩余财产清偿权。

（2）监督和决策权，如股东大会拥有决定董事人选的权利，股东大会还决定公司的利润分配方案，拥有决定增发新股与否的权利，股东大会还对公司的合并或者分立等重大事项拥有决定权。

（3）优先认购新股的权利。

（4）依法转让股票的权利。

优先股是具有一定优先权的股票，优先权主要表现在两个方面：一是优先于普通股股东获得股息的权利；二是优先于普通股股东的剩余财产请求权。

2. 按票面是否标明金额，可分为有面额股票和无面额股票

有面额股票在票面上标明了每股金额，所有票面金额的加总即为公司的注册资本金，超过部分则为资本公积。有面额股票有两个优点：一是可通过计算间接地反映股东所持公司股份的多少；二是有利于会计核算。但是，有面额股票的缺点是它容易使人们将票面面额误认为是股票的价值。

无面额股票的票面没有标明金额，只注明所占公司股本总额的比例或股份数。当前我国的公司法不承认无面额股票，公司法规定企业发行股票时必须在其票面上载明股票的面额，并且实际发行的价格不得低于票面面额。

3. 按票面是否记名，可分为记名股票和无记名股票

记名股票是指在股票票面记载股东的姓名或者名称的股票，同时，还要将股东姓名或名称记入公司的股东名册，记名股票的转让、继承要办理过户手续，可以挂失，安全性比较好。

无记名股票则是在股票票面不记载股东的姓名或名称的股票，公司只记载股票数量、编号及发行日期。无记名股票的转让、继承无须办理过户手续，无法挂失，安全性比较差。

我国公司法规定：向发起人、国家授权投资机构、法人发行的股票，应当为记名股票；对社会公众发行的股票，可以为记名股票，也可以为无记名股票。

4. 按投资主体的不同，可分为国家股、法人股、个人股等

国家股是有权代表国家投资的部门或机构以国有资产向企业投资而形成的股份。

法人股是企业法人依法以其可支配的财产向企业投资而形成的股份，或具有法人资格的事业单位和社会团体以国家允许用于经营的资产向企业投资而形成的股份。

个人股是社会个人或公司内部职工以个人合法财产投入企业而形成的股份。

5. 按照发行对象和上市地区不同，可分为A股、B股、H股、N股和S股

A股是以人民币标明票面面额并且以人民币作为交易和认购的媒介、供中国大陆居民或法人购买的股票，在深交所和上交所上市。

B股、H股、N股和S股以人民币标明票面面额，但以外币作为交易和认购的煤价、供外国和我国港澳台投资者买卖的股票。其中，B股在上交所上市，H股在港交所上市，N股在纽交所上市，S股在新加坡上市。

6. 按照股票发行的先后顺序，可分为始发股和增发股

顾名思义，始发股是公司成立时发行的股份，增发股则是企业扩充资本时所发行的股票，两者在发行条件、发行价格等方面又会有所不同，但是股东的权利并不会因此而有差别。

（二）股票的发行

1. 股票发行的目的

（1）设立发行。就是在设立股份公司或经改组、变更而成立股份公司时，为募集资本而进行的股票发行。

（2）股票增发。股份公司成立以后，在其存续期间为增加资本而发行股票。

2. 股票发行的方式

股票的发行方式有两种：一是公开间接发行；二是不公开直接发行。

（1）公开间接发行。“公开”是指向社会公众发行，“间接”是指发行需要通过中介机构，通常是依法设立的证券经营机构。我国股份有限公司采取募集设立方式发行股票时应该采取公开间接发行的方式发行。所谓募集设立是指发起人认购公司的拟发行股份的一部分，其余股份向社会公众或者特定对象募集而设立有限公司的一种设立方式，相对应的是发起设立，它是指发起人认购全部拟发行股份的一种设立有限公司的方式。

采用公开间接发行的方式发行股票的优点表现在：首先，发行的对象多，容易募集到足够的资金；其次，所发行的股票的流通性强，变现能力强；最后，公开发行有助于提升企业的知名度和美誉度。但是公开募集的手续繁杂，发行成本比较高。

（2）不公开直接发行。“不公开”是指不向公众发行，亦称“私募”，只向特定的少数对象发行，“直接”是指企业发行不经过中介机构，发起设立时可以采取这一发行方式。不公开直接发行股票具有较好的灵活性，发行成本也比公开间接发行要低，但是它的发行对象少，流通性不强，变现能力也不如公开间接发行。

3. 股票发行时的销售方式

股票的销售方式，有自销和委托销售两种，股份有限公司向社会公众公开发行股票的，必须要采取委托销售的方式进行股票销售。

（1）自销，是指股票发行公司自己销售股票。如果采取自销的方式，虽然销售的成本比较低并能控制销售过程，但股份有限公司需要承担所有的发行风险，并且融资时间长。公司的实力、知名度等是影响销售效果的重要因素。

（2）委托销售，是指将股票的销售事宜外包给证券经营机构，这是一种更加普遍和受欢迎的股票销售方式，委托销售分为证券包销和证券代销。

1）证券包销，是指证券公司将发行人的证券按照协议全部购入或者在承销期结束时将售后剩余证券全部自行购入的承销方式。这种销售方式能够保证企业到期募集到足够的资金，证券销售结果的好坏并不会影响到公司募集的资金。但是这种方法的成本比较高，原因是证券经营机构往往会以较低的价格购入公司的股票然后再以高价出售从而赚取利润，这会导致股份公司发行时损失部分溢价。

2）证券代销，是指证券公司代发行人发售证券，在承销期结束时，将未售出的证券全部退还给发行人的承销方式，股份有限公司需要承担发行的风险。

此外，根据公司法规定，向不特定对象发行的证券票面总值超过人民币5000万元的，应当由承销团承销。承销团应当由主承销商和参与承销的证券公司组成。证券的代销、包销期限最长不得超过90日。股票发行采用代销方式的，代销期限届满、向投资者出售的股票数量未达到拟公开发行股票数量70%的，为发行失败。发行人应当按照发行价并加算银行同期存款利息返还给股票认购人。

4. 股票的发行价格

股票发行的价格通常有等价、时价和中间价三种。

（1）等价，也叫平价发行，是指按照股票票面面值确定发行价格的方式，平价发行的优点是易于推销，缺点是无法获得发行溢价。

（2）时价，也叫市价，即以公司原发行的同类股票的目前市场价格作为增发新股的价格，溢价部分归公司所有，并计入资本公积金，我国法律规定只能平价或者溢价发行，不能折价发行。

（3）中间价，即选择票面面值和市场价格之间的一个值作为发行价格。

（三）股票上市

1. 股票上市的条件

我国公司法规定，股份有限公司申请股票上市，必须符合下列条件：

（1）股票经国务院证券监督管理机构核准已向社会公开发行，不允许公司设立时直接申请上市。

（2）公司股本总额不少于人民币5000万元。

（3）开业时间在3年以上，最近3年连续盈利；属于国有企业依法改建而设立股份有限公司的，或者在公司法实施后新组建成立、其主要发起人为国有大中型企业的股份有限公司，可连续计算。

（4）持有股票面值1000元以上的股东不少于1000人，向社会公开发行的股份达股份总额的25%以上；公司股本总额超过4亿元人民币的，其向社会公开发行股份的比例为15%以上。

（5）公司最近3年无重大违法行为，财务会计报告无虚假记载。

（6）国务院规定的其他条件。

2. 股票上市的暂停与终止

股票上市公司有下列情形之一的，由国务院证券管理部门决定暂停其股票上市：

（1）公司股本总额、股权分布等发生变化，不再具备上市条件，如果在限期内未能消除的，则终止其股票上市。

（2）公司不按照规定公开其财务状况，或者对财务会计报告作虚假记载，可能误导投资者，如果后果严重的，则终止其股票上市。

（3）公司有重大违法行为，后果严重的，则终止其股票上市。

（4）公司最近3年连续亏损，如果在限期内未能消除，则终止其股票上市。

另外，公司解散或者被宣告破产的，由国务院证券管理部门决定终止其股票上市。

（四）普通股筹资的优缺点

1. 普通股筹资的优点

（1）普通股筹资具有永久性。普通股没有到期日，所筹集的资金也不需要归还，这能够保证公司的最低资本以及资本的持续性和稳定性，对公司的稳定和持续发展有重要的意义。同时，不需要支付固定的利息，可以降低公司的筹资风险。

（2）普通股筹资没有固定的股利支付义务。公司经营比较好时可以增加对股东的股利支付额；当公司面临经营困境或者快速发展而需大量资金时，企业可以少发甚至不发股利。

（3）没有使用约束。在所筹资金的使用上，通过普通股筹资的资金的使用更加灵活，不会受到出资者的直接干预，而债券等融资方式会受到出资者设定的多种限制，如限制资金的用途和使用范围等。

（4）能够增加公司的信誉举债能力。普通股所筹集的资金代表的是公司的资产，资产越多，公司的信誉就越好，能够为债权人提供的保障就越多，公司的举债能力就越强。

2. 普通股筹资的缺点

（1）资本成本比较高。较高的资本成本主要源于以下几个方面：第一，普通股的风险较大，风险与收益是对等的，较高的风险使得投资者要求较高的回报率，这就增加了普通股的资本成本；第二，相对于债券来说，普通股的股息不具有抵税的作用，企业需要从税后利润中进行股息的支付，而债息可以在税前扣除，具有税盾的作用；第三，普通股的发行成本较高，这也提升了普通股的资本成本。一般情况下，资本成本由高到低的排序是：普通股、优先股、债券、长期借款。

（2）新股发行会增加新股东，稀释原有股权，分散公司的经营控制权，同时还会降低每股收益，从而导致股价下跌，有时下跌幅度过大会导致公司面临困境。

（3）股票公开上市的公司需要向外界披露大量的信息，有时会导致商业秘密的外泄，同时也会增加公司信息披露的成本。此外，公开上市之后的公司更加容易被其他公司收购，增加被收购的风险。

【案例 4–1】

恒大地产集团的筹资之路

1. 恒大地产集团（以下简称恒大）的发展历程

第一阶段（1996~2004 年）：以“规模取胜”。

1996年，根据企业"规模取胜"的发展战略，恒大确立了"小面积、低价格"的发展模式。"规模取胜"战略是基于当时对市场规模、目标市场及其中一般消费者的购买能力、自身的财务资源等因素的评估而制定的。

第二阶段（2004~2006年）：过渡至"规模+品牌"战略模式。

从2004年开始，中国房地产市场逐渐走向成熟并且竞争日趋激烈，恒大也随之进行了变革，将"规模取胜"的发展战略转变为"规模+品牌"的发展战略，在注重规模的同时更加关注品牌的建设。在规模上，恒大开始跨越广东进军其他战略性城市；在品牌建设上，加强项目管理的规范化，并开始在全国范围内实施标准化运营，在人力资源、土地储备、资本水平和品牌四个方面进行了不懈的努力。

第三阶段（2007~2009年）：透过标准化运营模式在全国推行"规模+品牌"发展，拓宽国际视野。

从2007年起，恒大继续专注于"规模+品牌"的战略，同时，进一步利用标准化运营模式，推进自身在全国的发展。

恒大地产已战略性地入驻沈阳、上海、武汉、南京、重庆、成都等20多个主要城市，拥有近50个项目，其规模与品牌也已取得了实质性的跨越。恒大地产以其一流的管理团队和成功的发展模式，取得了令人瞩目的超常规发展，成为中国房地产企业迈向国际化的典范。

第四阶段：成功上市（2009年11月5日）。

2009年11月5日，恒大地产（03333）以每股3.5港元的发行价在香港联交所主板挂牌上市。

2. 恒大的曲折IPO之路

（1）上市梦起。恒大的上市路，起源于中国楼市的"黄金十年"。

自1998年国家取消福利分房后，经济学家和开发商都一致认为国内房地产业将迎来快速发展的"黄金十年"。于是，各路资金争相涌入，恒大便是其中之一。自此恒大开始了上市之梦。

1996年，恒大开发了首个项目——金碧花园，获取了第一桶金。2000年，不甘人后的许家印在广州站稳了脚跟，便萌生了进入资本市场的冲动，并选择了国内“借壳”的路径。

2002年8月，恒大受让琼能源4186万股法人股，成为琼能源第一大股东后，将其更名为恒大地产，同时，许家印将旗下广州花都绿景地产90%的股权注入恒大地产。此时一线城市的房价正不断上扬，二三线城市的楼市也逐步加温。于是，自2004年开始，恒大打着“二次创业”的旗号，派出了数队人马奔赴全国各地看地买地，而此时，许家印的扩张战略只剩下资本这一关口需要打通。

2006年8月，恒大将持有的绿景地产股份以7000余万元的低价“贱卖”给了广州天誉地产。并从当年年底开始，陆续以发行债券的方式，向知名银行募集到了5亿美元。

2007年，中国楼市迎来了罕见的疯涨局面，形势大好，而恒大的海外融资也变得越发迫切。截至2007年底，恒大通过出售股份、借助担保人获取境内外贷款和抵押项目等数次融资后共获得了约18亿美元的资金，于是恒大开始了疯狂的圈地之旅。2007年恒大的土地储备较2006年暴增了9倍，土地面积高达4580万平方米，总楼盘面积约1630万平方米，总建筑面积约3070万平方米。这一惊人的土地储备量，是当时房企老大万科的近两倍，仅次于刚刚在香港上市的“巨无霸”碧桂园，地位顿时升至内地房企的“老二”。

（2）全速奔跑。诱使恒大如此大规模融资买地的动力，一是房价的一路狂飙，二是来自赴港上市的诱惑。

在过去的几十年中，香港基金分析师是以NAV（净资产估值法）来衡量地产公司市值的，而在这种评价体系下，土地的储备规模越大得分就会越高。2007年碧桂园正是以天量土地储备而受到追捧才得以上市的。而想要超常规发展的恒大显然倾向于做第二个“碧桂园”。在销售上，恒大同碧桂园的销售手法一样，在2001~2005年，始终坚持“开盘必特价，特价必升值”的策略。而能够始终采取这种策略，一方面源自恒大的“紧密型集团化管理模式”，另一方面也来自恒大高举高打的大手笔营销手段。

许家印这个“北佬”不但喜欢搞数十个项目同时开盘的噱头，还特别善于打

“名人牌”。2007年8月，恒大因聘任郎平担任恒大女排教练，获得了国内外200多家媒体免费为其的广告宣传，自此恒大开始了疯狂的明星牌。恒大“御景半岛”开盘时，许家印甚至请到成龙和范冰冰两位重量级明星助阵，让娱乐版面都涉及楼盘开盘的新闻。更有意思的是，正因为明星牌的策略使得许家印结识了英皇主席杨受成，而正是杨受成将新世界集团创办人郑裕彤引荐给了许家印，而这位有着“鲨胆彤”之称的郑裕彤正是恒大熬过低谷并成功上市的关键人物。

（3）风向突变。2008年3月12日，恒大公布了招股说明书，发售约29.61亿股份，招股价每股3.5~5.6港元之间，计划募资103.6亿~165.76亿港元。按计划，恒大将于3月28日在H股正式挂牌。但让所有人都始料未及的是，迅猛上涨的房价突然开始遇冷，房产降价之风从珠三角刮起席卷了全国。而对于恒大，问题还远不止这一点，次贷危机的临近，银行收紧银根，资本市场一片风声鹤唳。2007年的恒大的疯狂扩张已经让使得公司的资金链紧绷，当时的招股书也明确显示，恒大融资的主要目的是清还债务。

不仅如此，让恒大规模膨胀数十倍的融资、入股、还款和股权抵押全部都是以上市为解除条件。也就是说，如果恒大不能如期上市，将很有可能陷入资金链断裂的危机。此时，正当大多数地产公司退出土地“招拍挂”之际，恒大仍以近乎豪赌的方式以41亿天价迎娶广州“新地王”员村地块，试图为此次上市赢得更大的资本。

（4）断腕自救。天不遂人愿，尽管许家印使尽浑身解数，恒大最终还是没能按计划上市，3月20日，恒大无奈宣布中止上市计划。

此时，楼市以万科降价为标志，迅速进入低迷状态。恒大计划中的120亿~150亿元的融资中断，使得4580万平方米的巨额土地储备立刻从宝贝变成了负担。

直至当年9月，恒大都是靠两三个项目的销售额苦撑20多个项目的建设，资金缺口高达100多亿元。而其间又恰逢“5·12”大地震，对于恒大来说，当时捐2000万元比现在拿出10个亿还要困难。

中止上市后仅仅一周，号称豪宅的广州御景半岛就以7折促销。据恒大内部员工坦承，当时部分楼盘甚至低于成本价出售。不过这种倾销式的促销手段也确实让恒大回笼了20多亿现金，使得当年销售额实现了100亿元。不仅如此，许家印在暂停上市后的3个月，几乎每周都要和郑裕彤吃一两次饭，不过这饭总算吃出了结果。2008年6月，郑裕彤以1.5亿美元入股恒大，随后美林、德银证券等投资者也将合计5.06亿美元注入恒大，如此才挽救了恒大。

让许家印深感欣慰的是，在上市失败的最低潮时期，集团900多名中层骨干中，没有一个辞职的，这也可以看出他的个人魅力和凝聚力。

3. 涅槃梦圆

危机算是暂时渡过，但恒大并未就此停步。截至2009年前三季度，恒大共卖掉了460多万平方米的房子，并取得了231亿元预售收入，以此锁定了2009年全部的收入和2010年收入的五成。而促使恒大如此积极的还是上市。

在2009年恒大的招股书中披露：若恒大不能在2009年10月上市，许家印的控股权很可能丧失。因为许家印从郑裕彤等投资者手中融资的5.06亿美元救命钱代价并不止12.58%股权。根据协议，许家印必须确保公司实现最低回报率100%。如若没能达到要求，许家印就要转让等值股份直至达到要求，而这份协议在2009年10月就将到期。

不过，就在这样一个微妙的时刻，楼市开始复苏，这不但拯救了许家印，也重新激活了他的上市梦。此时，股市持续4个月上涨，这让恒大及其投资者重燃了希望。2009年6月，许家印决定重启上市。7月，许家印借广州超五星级酒店开业之机，正式宣布重启上市计划。8月便向港交所递交了上市申请。

2009年11月5日，恒大在历经了上市险途“九九八十一难”之后，终于取得真经，修成正果，以每股3.5港元的发行价在香港联交所主板挂牌上市，股票代码为3333，公开发售16.1亿股，集资额近60亿港元。

资料来源：南都周刊、北京青年报、21世纪经济报道、恒大地产集团有限公司招股说明书.

三、留存收益融资

（一）留存收益的含义

留存收益是指企业从历年实现的税后利润中提取或形成的留存于企业内部的积累，主要包括盈余公积和未分配利润。盈余公积是有指定用途的留内净利润，未分配利润则是指企业的税后利润并未全部分配给股东，而是保留一部分再投入生产过程中去的这一部分净利润。

（二）留存收益融资的优缺点

1. 留存收益融资的优点

（1）无税务成本。留存收益筹集的资金是企业内部积累所形成的资金，因此无须缴纳税费。

（2）保持企业的举债能力。留存收益本质上是股东权益的一部分，可以作为对外举债的基础。先利用这部分资金筹资，减少了企业对外部资金的需求，当企业再需要向外部筹资的时候，也不会因为债务水平过高而受到限制。

（3）不影响企业的控制权。采用留存收益筹资时，不会出现原股东的控制权被分散或是债权人对企业施加限制性条件等问题。

2. 留存收益融资的缺点

（1）数量的限制。因为一些股东可能希望公司较多地发放股利，因此留存收益的数量就会受到某些股东的限制。另外，企业必须经过一定时期的积累才可能拥有一定数量的留存收益。

（2）如果股利支付过少、留存收益较多的话，可能会影响日后的外部筹资。因为投资者往往偏好于股利支付率较高的公司，因此，留存收益过多不利于公司外部筹资水平。

第二节　债务资本筹资

向社会借钱——债券筹资。

——佚名

债务资本是企业向银行、其他金融机构、其他企业单位等吸收的资本。债务资本筹资的方式主要有银行借款、发行债券、融资租赁、商业信用等。

一、长期借款

长期借款是企业向银行等金融机构借入的、期限在一年以上的各种借款，主要用于购建固定资产和满足长期资金占用的需要。长期借款通常可以分期还本付息，这对于债权人和债务人都是有利的，因此，通过长期借款筹资是企业重要的筹资方式之一。

（一）长期借款的分类

1. 按提供贷款的机构不同，分为政策性银行贷款、商业性银行贷款和其他金融机构贷款

政策性银行贷款是指执行国家政策性贷款业务的银行提供的贷款，通常为长期贷款，如国家开发银行、中国进出口银行。商业性银行贷款是指由各商业银行向工商企业提供的贷款，这类贷款主要是为满足企业生产经营的资金需要，且以营利为目的。此外，信托公司、保险公司、企业财务公司等也向企业提供贷款，但是这些机构都会设置比较高的信用门槛，贷款的限制条款也可能较多，而且贷款的利率也稍微高一些。

2. 按是否提供担保，可分为抵押借款和信用借款

抵押借款的抵押品可以是不动产、机器设备等实物资产，也可以是股票、债券等有价证券。如果企业到期不能还本付息，银行有权处置抵押品以保证其贷出资金的安全。

信用借款则是凭借贷款企业的信用或其保证人的信用而发放的贷款。它通常由借款企业出具签字文书，借贷双方严格执行借款合同，信守约定。目前围绕提升中小企业信用而形成的供应链金融成为一种新的金融产品，原理是中小企业进入大型企业的供应链中，大企业无形中为中小企业提升了信用，银行借助这种机制提高中小企业的信用额度，从而帮助中小企业完成融资。

3. 按借款的用途分类，可分为基本建设借款、专项借款和流动资金借款

基本建设借款是指企业因为新建、改建、扩建等基本建设项目需要资金而向银行借入的款项。凡是具有法人资格，在经济上实行独立核算，能承担经济责任，并有偿还能力的国有和集体企业、股份制企业以及国家批准的建设单位，若具备一定条件，均可向银行申请基本建设借款。这种款项一般数额较大，期限较长。

专项借款是指企业因为专门用途而向银行借入的款项，包括更新改造借款、大修理借款、技术开发借款、出口专项借款、进口设备外汇借款和人民币借款等，另外还包括由人民银行发放的主要用于国务院确定的老少边穷地区加快经济发展、增强经济实力的重点建设项目的贷款。

流动资金借款是指企业因为流动资金的需要而向银行借入的款项，包括临时借款、结算借款、生产周转借款等。

（二）长期借款协议的保护性条款

长期借款的期限长，因此风险比较大，为了保证能够收回贷款，银行通常会提出一些保护贷款安全偿还的条款，这些条款写进贷款协议中就形成了长期借款协议的保护性条款。它主要包括一般保护性条款、例行性保护条款以及特殊性保护条款。

1. 一般保护性条款的四项限制条款

（1）对企业资本的流动性要求。要求企业保持一定的运营资金净额或者流动

比例以保证企业资金的流动性及其偿债能力，例如，要求企业保持最低运营资金净额和最低的流动比例。

（2）红利和股票再购买的现金限制。这一条款旨在限制现金用于业务以外的其他用途，防止现金外流，以维持企业的偿债能力。最常用的方法是将红利和股票再购买的现金限制规定为净利润的一定比率。

（3）对资本支出规模进行限制。为了保持借款企业资金的流动性，防止企业日后变卖固定资产来偿还贷款，银行通常会对企业资本支出的规模进行限制。

（4）限制企业的再举债行为，设置这一限制条款旨在防止其他贷款人取得对企业资产的优先求偿权，保证所贷出款项的安全性。

2. 例行性保护条款

例行性保护条款主要是一些常规条例，如：

（1）借款企业必须定期向银行提交财务报表，以评定企业的还款能力，并且作为发放剩余款项的重要参考依据。

（2）不准在正常情况下出售较多资产，以保持企业正常的生产经营能力。

（3）不得为其他单位或个人提供担保。

（4）限制租赁固定资产规模，以防止巨额的租金支付，保证企业的偿债能力。

（5）禁止应收账款和应收票据贴现，以减少或有负债。

（6）及时清偿到期债务（特别是短期债务）和及时缴纳税费。

3. 特殊性保护条款

特殊性保护条款是针对某些特殊情况而出现在部分借款合同中的，主要包括：

（1）贷款专款专用。

（2）不准企业投资于短期内不能收回资金的项目。

（3）限制企业高级职员的薪金和奖金总额。

（4）要求企业主要领导人在合同有效期间担任领导职务。

（5）要求企业主要领导人购买人身保险等。

（三）长期借款的偿还

贷款本金的偿还方式通常分为两种：一种是到期一次性偿还；另一种是定期

或不定期地偿还相等或不等金额的款项，并在借款到期时还清全部本金。从还款的方式上看，第一种能够让企业在借款期内使用全部外借资金，但企业的到期还款压力也很大，企业需要提前做好还款计划与准备；第二种则是将企业的还款和用款紧密结合在一起，企业在借款期内可以边用边还，还款压力较小，但所能使用的借款额不完整，而且实际利率大于名义利率。所以，企业选择哪一种偿还方式，主要取决于所借款项使用后新增的利润及现金流入的特点。

（四）长期借款的优劣分析

1. 长期借款筹资的优点

（1）筹资速度快。长期借款需要办理的手续相对于股票债券而言较为简单，具有程序简便、迅速快捷的特点。对企业来说，与一家银行或为数不多的金融机构打交道要比同一大批债券持有者打交道方便得多。

（2）借款弹性较大。企业在借款时可以直接与银行交涉，所以有关条件可以通过谈判确定；并且企业在用款期间如果财务状况发生了变动，也可以与银行协商。因此，长期借款融资对企业具有较大的灵活性。而债券融资面对的是广大社会投资者，协商改善融资条件的可能性很小。

（3）税务成本低。由于企业利用长期借款进行融资，其利息可以在企业缴纳所得税前列支，所以可以减少企业的税负负担。因此，选择长期借款筹资要比选择股票融资的成本低，而且与债券融资相比，长期借款筹资的借款利率一般低于债券利率，此外，借款融资的融资费用也较少。

（4）易于企业保守财务秘密。通过向银行借款，可以避免企业的财务信息向公众公开，因此有利于保护企业的财务秘密。

2. 长期借款筹资的缺点

（1）筹资风险比较大。借款具有还本付息的固定义务，企业偿债压力大，筹资风险较高。另外，企业有时会因过多借款而不能偿付。

（2）使用限制多。银行对借款的使用附加了很多约束性条款，限制了企业自主调配与运用资金的功能。

（3）融资数量有限。一般不如股票、债券那样可以一次筹集到大笔资金。

二、短期借款

短期借款指企业向银行和其他非银行金融机构借入的期限在 1 年以内的借款。

（一）短期借款的种类

短期借款的分类方法有很多：根据企业借款的用途可分为周转借款、临时借款、结算借款等；根据本金偿还方式可分为利随本清法借款和分期偿还借款；根据利息的支付方式分为收款法借款、贴现法借款和加息法借款；根据是否存在抵押担保，又可分为抵押借款、信用借款等。企业在获得借款前，一般会根据银行的信用条件、自身筹资需要以及还款能力等因素灵活选择。

（二）借款的信用条件

银行为了规避风险，保证自己的收益，一般在发放短期借款时会借鉴行业惯例提出一些信用条件，主要有以下几方面：

1. 信贷限额

信贷限额是借款企业能获得的无担保贷款的最高数额。信贷额度一般以 1 年为期限，有时也可能更短。企业在信贷期限内可随时向银行申请获得信贷额度内的借款，但银行并没有必须提供全额贷款的义务。银行可根据企业信誉情况随时调整对其的信贷政策。也就是说，如果银行认为企业信誉恶化，信贷风险过大，可拒绝其借款请求而不用承担任何法律责任。

2. 周转信贷协定

周转信贷协定是银行向企业做出的一种信贷承诺，这一协定允许企业在某一时期随时可获得在某一额度内的短期借款。在这种借款中，对于企业已获得的借款，银行按照事先约定的利率收取利息，而对于贷款限额中未使用的资金，银行也要收取费用，这一费用被称为承诺费。

这种协定的有效期通常超过 1 年，使它具备了长期借款的特征，但由于实际操作中，银行可能是几个月发放一次，所以每笔借款实际也属于短期借款。

3. 补偿性余额

银行在发放贷款时，可能会要求借款企业必须按照信贷额度或实际借用金额的相应比例（一般为10%~20%）留存在银行中，它主要是为了降低银行的信贷风险，补偿其可能性的损失，所以这笔必须保留在借款银行中的存款被称为补偿性余额。这个信用条件实际增加了企业的资金成本，即实际利率高于借款的名义利率。

如某企业向银行借款700万元，利率为10%，如果银行要求30%的补偿性余额，那么该企业只有借入1000万元才能够获得700万元资金的使用权，那么实际的借款利率为：

$$\text{实际借款利率}=\frac{\text{利息}}{\text{企业实际能够利用的借款额}}=\frac{1000\times10\%}{1000(1-30\%)}\approx14.286\%$$

4. 借款抵押

在面对财务风险较大或信誉评估较困难的企业贷款时，银行往往会要求其提供抵押担保，从而将自己的信贷风险降低。一般短期借款可接受的抵押品以变现能力较强的流动资产为主，包括应收票据、有价证券、存货等。银行接受抵押品后，根据其价值（如票面价值）的30%~90%决定贷款额度，这一比例的高低取决于银行对抵押品变现能力、银行的风险偏好以及企业的信用等因素。一般来说，抵押贷款的利率高于信用贷款，因为对银行而言，获得抵押贷款的企业往往并不是信誉好的客户，对其提供借款是一种风险较高的投资，故应当获得较高的投资回报。另外，抵押贷款的管理相对麻烦，其手续费也自然收取得高一些。获得抵押贷款的企业除了资金成本较高外，还在被抵押财产的使用和未来继续借款的能力上都受到很大的限制。

5. 偿还方式

根据偿还方式划分，企业可选择到期一次性偿还或分期等额偿还。一般来说，企业可能更愿意选择前者，因为后者会提高借款的资金成本率，而银行更倾向于希望企业选择后者，因为到期一次性偿还的方式会使企业在到期日面临巨大的支付压力，这无疑会增加银行的风险。

6. 其他承诺

企业在获得借款时还可能要对银行做出以下承诺：定期提供财务报表，让银行随时掌握企业的财务状况；保持企业的某些财务水平，如流动资产的比率，以保证有足够的付现能力等。如果企业不能履行之前的承诺，银行可以此为由拒绝继续借款甚至要求其提前偿还贷款。

（三）企业对提供借款机构的选择

如今金融市场的发展使得企业在选择借款提供方时，已不再局限于银行，许多日益增多的非银行金融机构也能开展信贷业务。这就需要企业必须做出最有利于自身的选择。

一般来说，选择借款机构时可参考的标准很多，重要的应当是能满足自身的资金需求。在这一前提下，企业还需要充分考虑借款成本、条件，以及借款机构的政策、专业化程度以及经营状况等。

【拓展阅读】

融资时如何与银行打交道

当今企业要融资就要经常与银行等金融机构打交道，那么在这个过程中要如何取信于银行呢？

第一是性格。经理人的性格是决定银行与公司合作与否的关键。尽管银行更关注公司的财务状况，但他们更关心企业的经理人，因为他们的钱是借给经理人来经营运作的。

第二是资本。银行不希望自己是企业唯一的投资人，而是希望能够成为众多的投资人之一。这就要求经理人冒一定的风险，而银行正是想借此看看你对公司是否有足够的信心。

第三是能力。这种能力指的就是经理人借款能力，包括以往的借贷记录和经济基础。公司刚刚建立时，借款能力是很有限的，这时就要从与银行建立良好关系开始培养自己的借款能力。

第四是条件。银行除了关心企业的经营状况和发展潜力外，还会关注企业所在地以及所处行业的经济现状和商业条件。经济状况也是构成信用条件的一部分，因为经济低迷时期要比高涨时期更难以获得贷款。

第五是抵押。银行并不是一个冒险家，他们要求企业提供一定的抵押品来保证贷款的偿还。日后当公司的现金流量足够偿还贷款时，就可以与银行交涉收回抵押品。

企业在与银行往来时，需要谨记以下五大准则：

第一，千万不要撒谎，你可以不将公司的一切情况都告诉银行，但你告诉银行的必须都是真实的。

第二，公司的年终结算最迟必须在经营年度后第 3 个月内交给银行。

第三，必须在银行从其他途径得知企业在经营中出现新问题之前主动向银行汇报企业的情况。

第四，换位思考，将自己想象成银行，如果你知道企业存在现在的问题，那么你会怎样评价公司的经营状况？

第五，千万不要轻易向银行做出承诺，因为一旦你无法兑现承诺，银行就会认为你缺乏远见和判断力。

资料来源：http://www.mie168.com/manage/2005-05/36454.htm.

三、发行公司债券

公司债券是公司依照法定程序发行的、约定在一定期限还本付息的有价证券。发行债券是公司筹集债务资本的主要方式。按照我国公司法和国际惯例，股份有限公司和有限责任公司发行的债券称为公司债券，习惯上又称公司债。公司发行债券通常是为其大型投资项目一次性筹集到大笔长期资本。本节所指的债券是指长期公司债券，发行这种债券的目的是获得长期资金。

（一）公司债券的类型

按照不同的分类标准，公司债券主要包括以下几类：

1. 按照债券记名与否，可分为记名公司债券和不记名公司债券

记名公司债券是指将债券持有人的姓名记载于债券票面上的债券，无记名债券的票面上则没有记载债券持有人的姓名。相比较之下，记名公司债券的转让手续复杂得多，可以通过背书方式或者法律法规规定的其他方式转让，转让后由公司将受让人的姓名记载于公司债券存根簿。

不记名公司债券则可以在证券市场上交易，债券持有人将该债券交付给受让人后即发生转让的效力。在安全性上，由于不记名公司债券不可以挂失，因此，记名公司债券的安全性要更高一些。

2. 按有无特定的财产担保，可分为抵押债券和信用债券

抵押债券是指发行公司以特定的财产作为抵押品而发行的债券，如果发行公司到期不能够偿还债券，债权人有权处理抵押品以回收全部或者部分投资。用于抵押的资产有多种，如动产、不动产、金融资产等都可以作为抵押品。

信用债券是一种无须抵押品或者担保人就能发行的债券，公司凭借自身的信誉和信用来发行债券。这种债券的风险要比抵押债券高，因此投资者所要求的回报率也相对高些，公司如果破产清算，信用债券的债权人只能作为一般债权人参与剩余财产的分配。

3. 按能否转换为公司股票，可分为可转换债券和不可转换债券

可转换债券是指根据发行契约允许持券人按预定的条件、时间和转换率将持有的债券转换为公司普通股的债券。不可转换债券则是指不能够转换为公司股票的债券。对于可转换债券，债权人通常具有转换或者不转换的决定权，我国公司法规定只有股份有限公司中的上市公司才能够发行可转换债券。

4. 按照是否上市交易，可分为上市债券和非上市债券

上市债券是指能够在证券交易所上市交易的债券；反之，则为非上市债券。上市债券的变现能力强、价值高，但上市的门槛高，费用也比较昂贵。

5. 按照利率的不同，可分为固定利率债券和浮动利率债券

固定利率债券在发行时就规定了债券的利率，企业以年金的形式支付利息。浮动利率债券则没有规定不变的利率，会定期调整债券的利率，但通常会规定债券利率的上限和下限。

6. 按照偿还方式的不同，可分为一次偿还债券和分期偿还债券

发行公司于债券到期日一次集中偿还本金的，称为一次偿还债券；一次发行而分期、分批偿还的债券则为分期偿还债券。

7. 按照是否参与公司盈余分配，可分为参与分配债券和不参与分配债券

参与分配的债券不仅能够定期获得利息并且到期收到公司支付的本金，而且还有权参与公司盈余的分配，分配的方式和比例会事先约定。反之，则为不参与分配债券。

（二）债券的发行

1. 债券的发行条件

我国证券法规定公开发行公司债券，应当符合下列条件：

（1）股份有限公司的净资产不低于人民币 3000 万元，有限责任公司的净资产不低于人民币 6000 万元。

（2）累计债券总额不超过公司净资产的 40%。

（3）最近 3 年平均可分配利润足以支付公司债券一年的利息。

（4）筹集的资金投向符合国家产业政策。

（5）债券的利率不超过国务院限定的利率水平。

（6）国务院规定的其他条件。

此外，公开发行公司债券筹集的资金，必须用于核准的用途，不得用于弥补亏损和非生产性支出。

证券法规定有下列情形之一的，不得再次公开发行公司债券：

（1）前一次公开发行的公司债券尚未募足。

（2）对已公开发行的公司债券或者其他债务有违约或者延迟支付本息的事实，仍处于继续状态。

（3）改变公开发行公司债券所募资金的用途。

（4）违反债券上市规定的。

2. 债券的发行价格

（1）债券发行价格的分类。发行债券的难点之一是对债券进行定价，即确定债券的发行价格，它是投资者购买债券时实际支付的价格。在发行债券之前，公司必须要确定债券的发行价格。债券的发行价格可以分为溢价发行、平价发行和折价发行三种。

溢价发行：发行价格>票面面额

平价发行：发行价格=票面面额

折价发行：发行价格<票面面额

（2）影响债券发行价格的因素。公司债券发行价格的高低取决于四个因素：

1）债券的票面面额。债券的票面面额是决定债券发行价格的最根本的因素，通常票面面额越大，债券的发行价格就越高。票面面额和发行价格是有区别的，票面面额表示债券到期时需要偿还的本金金额数，属于债券未来的价格，而发行价格是现在的价格。如果不考虑债券的利息，那么发行价格应该低于债券的票面面额，否则购买者就无利可图了。

2）债券的票面利率。债券的票面利率是债券的名义利率，在发行之前就已经确定并且载明于债券票面上。通常债券的发行价格和债券的利率成正比，即债券利率越高，发行价格也越高。

3）市场利率。由于债券利率在发行之前就已经确定，因此，债券利率和市场利率之间往往会出现不一致的情况，公司会根据市场利率和债券利率的对比来确定债券的发行价格。通常，市场利率与发行价格成反比，市场利率越高，发行价格越低；市场利率越低，发行价格越高。

4）债券的期限越长，债权人所要承担的风险就越大，其要求的收益率相应就会越高，债券的发行价格也就有可能越低；反之，则可能越高。

（三）债券筹资的优点和缺点

与其他长期负债融资方式相比，发行债券的突出优点在于筹资对象广、市场大。但是，这种筹资方式成本高、风险大、限制条件多。具体来说，其优缺点如下。

1. 债券筹资的优点

(1) 较低的资金成本。相对于股票筹资来说，通过发行债券筹集资金的成本较低，因为债券的利息按规定是在税前支付，发行公司享受了抵税的优惠，所以公司实际上所负担的债券成本要低于股票成本。

(2) 可有效发挥财务杠杆作用。无论发行公司的盈利有多少，债券持有人一般只会收取固定的利息。除此之外，更多的收益企业就可用于分配给股东或留存公司经营，从而增加股东和公司的财富。当公司的报酬率大于债券的利率时，可以增加自有资金的利润率，因此可以发挥财务杠杆的作用。

(3) 有利于保障股东对公司的控制权。债券持有人无权参与公司的经营决策，也不享受公司税后净利的分配，因此，发行债券筹资既可以使公司获得生产经营所需要的资金，又不会分散股东对公司的控制权。

(4) 有利于调整资本结构。公司在进行发行种类决策时，如果选择可转换债券则便于公司主动调整其资本结构。

2. 债券筹资的缺点

(1) 偿债压力大。在到期日，企业必须要还本付息，在经营过程中也需要按期付息，即使在企业经营状况不良的情况下也要承担这一义务，这会给企业带来较大的偿债负担，容易使公司陷入财务困境。如果不能够按期还本付息，企业还可能面临破产倒闭的风险。

(2) 限制条件较多。发行债券的限制条件一般要比长期借款、优先股、短期借款以及租赁融资的限制条件多且更加严格，这会影响到企业未来的融资能力，抵押债券还会影响企业的生产经营活动。

(3) 筹资数量有限。公司利用债券筹资一般有额度的限制。很多国家对此都作了限定。我国公司法中就明确规定，发行公司流通在外的债券累计总额不得超过公司净资产的 40%。

四、租赁融资

“借鸡下蛋，卖蛋买鸡”形象地反映了租赁这种重要的融资方式。租赁是出租人以收取租金为条件，在契约或合同规定的期限内，将资产租给承租人使用的一种经济行为。租赁是以“融物”的形式达到“融资”的目的，融资与融物浑然一体，成为融资与融物相结合的一种信用活动。按租赁业务的性质，租赁分为经营租赁、融资租赁和资本租赁三种。

（一）经营租赁

1. 经营租赁的含义

经营租赁是指以取得资产的短期使用权为目的的租赁形式。出租人向承租人让渡短期的使用权并以此取得一定的租金收入。从时间上看，它是一种短期租赁，出租人要承担设备的维护责任，并且承租人通常可以在中途单方面解除租赁合约，但往往要支付一定的违约金。由于是由出租人负责设备的维护并且承担设备过时的危险，因此，经营租赁的成本往往比较高。

2. 经营租赁的特点

经营租赁主要有以下几个特点：

（1）租赁公司必须具备能对设备进行必要的维修、保养、保管的专业技术人才，以便及时地对设备进行技术处理，保障其使用价值的发挥。

（2）经营租赁的设备具有通用性。设备的应用面广，易于找到接租的用户。

（3）租赁公司承担设备过时的风险。

（4）经营租赁的租金较高。由于出租人要承担设备过时的风险，还要承担不续租、不留购、无人承租及承租人中途解约的风险，因此相应的租金也高于融资租赁。

（5）设备的选择完全由出租人根据需要进行。经营租赁的设备不是针对某一个用户选定的，而是出租人根据自己对市场的调查、判断和经验进行的，尽可能带有通用性、先进性。

（6）租赁期一般较短，而且可以通过提前通知而中途解约。出租人需经过反复租赁多次，才能收回全部投资。

（7）经营租赁只涉及出租人、承租人两方。

（二）融资租赁

1. 融资租赁的含义

融资租赁是指出租人根据承租人对租赁资产的要求购入租赁资产，提供给承租人使用并收取租金的租赁形式。融资租赁具有明显的长期性，通常接近资产的寿命年限，租赁费用、利息费用、手续费用之和往往要大于资产的购置成本，承租人要负责租赁资产的维护并且承担设备过时的风险，在租赁期间不能够单方面解除合约，租赁更加稳定。租赁期满时，双方协商或者按照事先约定的办法处置租赁资产，通常的做法有三种：一是退还给出租人；二是继续租赁；三是承租人将其购入。

2. 融资租赁的特点

（1）融资租赁的期限较长。一般为3~5年，几乎与设备的经济寿命相当，而大型设备的租期则长达20年，并且在租赁期内，双方均不能单方面终止合同。

（2）租金具有完全支付性。由于融资租赁的期限相当于设备的经济寿命，因此在一个较长的不间断的租赁期内，承租人所支付的租金总额要相当于出租人的全部或大部分投资支出和投资收益，即出租方在一次租赁期内可收回全部投资。

（3）出租人拥有租赁资产的所有权，但承租人承担了与租赁资产有关的全部风险及租赁资产产生的全部收益。承租方拥有使用权，同时承担租赁资产的维护、维修、保养等费用。

（4）承租人对设备及供货人的选定，是其自己的权利，不依赖于出租人的判断和决定。出租人不得干涉承租人对设备及供货人的选择，除国家有特殊规定的设备外，出租人可以向承租人推荐厂家及设备，但是最终的决定权还是属于承租人。

（5）租赁期结束时，承租人将租赁资产退还给出租人，或者继续租赁，但承租人有廉价购买租赁资产的优先权。

【拓展阅读】

经营租赁和融资租赁的区别

类型 区别	经营租赁	融资租赁
时间	短期	长期，通常为租赁资产寿命年限一半以上
资产的维护	出租人负责资产的维护（毛租赁）	承租人负责设备的维护（净租赁）
租赁的稳定性	中途可单方面解除合约，但要支付赔偿	中途不得解除租赁合约
资产过时风险	出租人承担	承租人承担
租赁程序	简单，随时可以提出租赁请求	复杂，需要正式申请
租赁时资产的处理	归还出租人	归还、续租或者承租人购入

（三）资本租赁

由于租赁资本化的趋势，资本租赁就应运而生。一般把符合下述任何一个条件的租赁方式称为资本租赁。

（1）资产的所有权在租赁到期后转移给承租人。

（2）在租赁合同中规定了承租人有廉价购买所租赁资产的选择权。

（3）资本的租赁期等于或超过了资产预计经济寿命的75%。

（4）承租人在租赁开始时支付的最低租赁额现值等于或大于租赁资产公允价值的90%。

事实上，资本租赁是将大部分的经济利益和经营风险都转移给了承租人。

（四）租赁筹资的优缺点

1. 租赁筹资的优点

（1）筹资速度相对较快，并且能够迅速获得所需资产。融资租赁是集"融资"与"融物"于一身，往往比借款购置设备更迅速，可使企业尽快形成生产经营能力。

（2）租赁融资限制条件相对较少。企业在运用股票、长期借款等方式筹资时都会受到不同程度的条件限制，而相比之下，租赁融资的资格条件限制却相对较少。

（3）可降低设备陈旧过时的风险。科学技术的进步导致设备过时的风险很大，如果企业获得设备的方式是通过经营租赁，显然可适当规避这方面的风险，多数租赁协议都规定由出租人承担设备陈旧过时的风险。

（4）到期还本负担轻。与多数借款并一次性还本付息相比，采取租赁筹资的企业在债务关系结束时承受的付现压力相对较小，因为大量的负债通过多次支付的租金得到偿还，这种方式虽然资金成本较高，但多次支付的方式对于财务基础较弱的公司而言，显然具有分散偿还压力的好处。

（5）税收负担轻。承租人的租金费用也通常能够在税前扣除，因此能够享受税收上的好处。

（6）能够保障原有股东的控制权，由于出租人不参与公司的经营，因此不会稀释原有股东的控制权，也不会导致外部力量干预企业的经营决策。

（7）维护及维修成本降低，可减轻企业的资金负担。

2. 租赁融资的缺点

（1）融资成本较高。一般来说，租金总额通常要高于设备价值的 30%，且融资租赁的内含利率要高于借款融资和债券融资的利息率；同时，当企业处于财务困境时，固定租金的支付也将构成企业一项沉重的负担。

（2）若承租人不享有设备残值，也是一种机会损失。

（3）当利率下降时，租赁的利息仍然按照原先合同规定的利率来计算，市场利率的下降导致租赁的实际成本上升。

五、商业信用筹资

商业信用是指商品交易中以延期付款或预收货款进行购销活动而形成的企业之间的自然借贷关系。即在商品交易中，由于货币与商品在时间和空间上的分离而形成的企业之间的直接信用行为，属于自然融资。在当今社会，商品经济高度发达，竞争日趋激烈，商业信用得到了广泛的发展，并成为企业普遍运用的短期筹资手段。

1. 信用的类型

商业信用的主要形式有应付账款、应付票据、预收货款等。

（1）应付账款，是企业最典型、最常用的一种商业信用形式，是指在采购商品物资时先收到商品物资，货款延期到双方约定的时间支付。卖方为了尽快收回贷款，往往在交易时规定信用条件，即规定信用期限、现金折扣比率及折扣期。一般可表示为“2/10，1/20，n/30”等形式。通常，应付账款信用可按信用条件分为折扣信用、免费信用和展期信用。

折扣信用是企业在卖方规定的折扣期内付款，可以享受折扣。如上所示的信用条件，2/10 表示若企业在 10 天之内付款，可得到 2%的折扣。

免费信用是企业在折扣期外、信用期内付款而获得的信用。若企业在 20 天至 30 天之间付款则为免费信用。

展期信用是企业在规定的信用期满后推迟付款强制取得的信用。该方式常常会损害企业的商业信誉，对日后交易带来不利影响。

若卖方在交易时提供了现金折扣，企业应尽可能获取此折扣，因为丧失现金折扣的机会成本通常很高。其成本计算公式为：

放弃现金折扣成本=现金折扣率×360/[(1-现金折扣率)×(信用期-折扣期)]

（2）应付票据，是企业在采购商品物资时，以商业汇票作为结算手段以推迟付款而获得的一种商业信用。商业汇票是交易双方根据购销合同的规定在进行延期付款的商品交易时，由出票人开出的反映购销双方债权债务关系的票据。商业汇票开出之后，须由承兑人承兑，并交给持票人，当票据到期时，付款人应无条件支付票款本息。根据承兑人的不同，商业汇票可分为商业承兑汇票和银行承兑汇票两种。

商业承兑汇票是指交易双方约定，由销货企业或购货企业签发，但须经购货企业承兑的商业汇票。销货企业需要在商业承兑汇票提示的付款期限内通过开户银行委托收款，或者直接向付款人提示付款。如果企业所拥有的商业承兑汇票到期，购货企业的开户银行就要凭票将票款划给销货企业或贴现银行，但如果商业承兑汇票到期时，付款人的存款不足以支付票款金额，那么开户银行就会将汇票退还给销货企业，银行是不负责付款的，而是购销双方自行解决。

银行承兑汇票是指由承兑申请人开出，由银行承兑的商业汇票。承兑申请人必须在承兑银行开立结算账户，承兑银行经审查同意后进行承兑，并向承兑申请人收取相当于票面金额一定比例的手续费，并且购货企业需要在银行承兑汇票到期前，将票款足额存入其开户银行，以备由承兑银行在汇票到期日或到期日之后的见票日支付票款。但如果购货企业在汇票到期日并没有向其开户银行交足额的票款，那么承兑银行也需要凭票向持票人无条件支付款项，同时银行对购货企业还未支付的汇票金额要按一定的比例收取处罚利息。

由此可见，银行承兑汇票与商业承兑汇票还是存在一定区别的，商业承兑汇票是购销企业之间的一种直接信用关系，而银行承兑汇票则具有一定银行信用的性质。

对于购货企业来说，应付票据是一种短期筹资方式。这种筹资方式是由商品交易而产生的，具有方便、灵活的特点。但是，通常利用商业汇票所筹资本的使用期限较短，如我国有关法律规定，商业汇票的付款期限由交易双方商定，但最长不得超过 6 个月。商业汇票可以是无息票据，也可以是带息票据。在采用无息商业汇票时，购货企业等于得到一笔无息贷款，不需承担资本成本。与应付账款相比，商业汇票等于是付款人给收款人出具的一个书面承诺，因此，其信用会更好一些，如果付款人在汇票到期时未能支付票款，对其信誉会产生严重的损害。

（3）预收货款，是指卖方按合同或协议的规定，在交付商品之前向买方预收部分或全部货款的信用方式。通常买方对于紧俏商品乐意采用这种结算方式办理货款结算；对于生产周期长、售价高的商品，生产者也经常要向订货者分次预收货款，以缓和本企业经营收支不平的矛盾。预收账款是流动负债的一种，但却是一种特殊的负债，不需要实际对外支付，只需用商品或者劳务来偿还，因此是被企业广泛采用的一种融资形式。

此外，企业在生产经营活动中往往还形成一些应付费用，如应付工资、应交税金、应付利息、应付水电费等。这些费用项目的发生受益在先、支付在后，支付期晚于发生期，因此它们也属于“自然筹资”的范围。由于这些应付项目的支付具有时间规定性，其负债额度因而较为稳定，因此，企业习惯上称为“定额负债”或“视同自有资金”。

2. 商业信用筹资的优劣

商业信用筹资的优点主要表现为：

（1）筹资较为方便。商业信用由买方自行控制，买方何时需要，需要多少，都可以在限额内自己决定。

（2）筹资时的限制条件较少。商业信用与其他的筹资方式相比，筹资条件较为宽松，不需要担保或抵押等，企业的选择余地大。

（3）筹资成本较低。多数的商业信用都是由卖方提供的，而且是免费的，所以与其他筹资方式相比，筹资成本相对较低。

但是，企业利用商业信用筹资也存在一些缺点，主要是商业信用筹资的期限通常都较短，企业要在销售方给予的信用期限内支付货款，否则就会给企业带来信誉上的损失。在有现金折扣的情况下，如果企业为了取得现金折扣，必须在折扣期限内支付款项，则筹资的期限会更短。如果放弃现金折扣，则要付出较高的资本成本。

第三节　混合资本筹资

具有双重属性的筹资方式——混合资本筹资。

——佚名

所谓混合资本筹资是指兼有股权和债权筹资双重属性的筹资方式，主要有发行优先股筹资和可转换债券。

一、优先股筹资

（一）优先股

优先股是一种混合债券，它的优先性表现在盈余分配和剩余财产的优先求偿权上。在剩余财产的请求权上，优先股优先于普通股，债券优先于优先股。优先股既有债券的特点，又有股票的特征：一方面，优先股具有固定的股利，这与债券的固定利息相似；另一方面，通过发行优先股所筹集的资金是企业的自有资金，不需要偿还本金，这与股票的性质相类似。

（二）优先股的特点

1. 股利是定额的

不受企业经营状况的影响，优先股票面上标明了优先股的票面面值和股利水平，当公司盈利较高时也只需要支付约定的股利。在股利支付上，优先股优先于普通股，只有支付完当期以及以前未支付的优先股股利后，才能支付普通股股利。

2. 股利不具有抵税的作用

不能在税前扣除，公司只能用税后利润支付优先股股利，这与普通股股利是相同的，相比之下，债券的利息则具有税盾的作用。

3. 股东通常没有表决权

但是当公司没有按期支付优先股股利时，优先股股东通常会有有限的表决权。

4. 发行较困难

在风险上，优先股处于债券和普通股之间；在资本成本上，优先股的成本大于债券，但小于普通股。因此，发行优先股通常是比较困难的。一方面，优先股投资者要求较高的报酬率，资本成本高；另一方面，优先股的股利不具有税盾的作用，投资者需要重复交税，发行企业也不能够在税前扣除优先股股利。

（三）优先股筹资的优缺点

1. 优先股筹资的优点

（1）相对于债券来说，不支付股利也不会导致公司陷入财务危机。优先股的股利可以累加，具有相对灵活的股利支付方式，但累加的股利必须在支付普通股股利之前支付完。

（2）保持普通股的控制权。优先股股东通常没有表决权或者只有有限的表决权，所以发行优先股不会稀释原有股东的控制权。因此，当企业想通过股权融资，又不希望稀释原有股东的控制权时，可以采取优先股筹资。

（3）优先股没有到期日，不需要偿还本金。通过优先股筹集的资金是企业的自有资金，可以长期使用。

2. 优先股筹资的缺点

（1）筹资成本较高。相对于债券来看，优先股的税后筹资成本高于债券，并且优先股的股利不具有税盾作用。

（2）股利可能成为企业的一项重要财务负担。特别是当企业处于下滑时期，有时不得不延期支付优先股股利，这会对企业形象造成消极影响。

（3）融资限制比较多。发行优先股时，通常会对普通股股利支付、举债等造成限制。

二、可转换债券筹资

可转换债券是可转换为公司债券的简称，也称可转债。它是一种可以在特定时间、按特定条件转换为普通股票的特殊企业债券，它兼具股票和债券的特征。

（一）可转换债券的特征

1. 同时具有债券性和股权性

可转换债券的债券性主要体现为定期收取利息和偿还债券本金；其股权性表现在投资者可以在规定的时间内将债券转换为普通股，从而成为公司的股权投资者。

2. 具有期权性

在规定的时间内，可转换债券的持有者既可以按约定的转换价格转换为一定数量的股票，也可以放弃转换权，不进行转换。

3. 具有可赎回性

可转换债券通常会带有赎回条款，在约定的条件下，债券到期之前发行公司能够赎回。

4. 具有回售性

回售性主要体现在可转换债券的持有者向发行公司出售持有债券的行为上。为了使投资者具有安全感，并吸引投资者，发行公司常常会规定，当可转换债券发行公司的股票达到某种恶劣程度时，债券持有人有权按照约定的价格将可转换债券卖给发行公司。

（二）转换价格及其修正

通常在发行可转换债券时，条款中就约定了转换的价格，即债券以什么样的价格转换为普通股，或者说要获得1股股票需要多少的债券金额。《上市公司证券发行管理办法》规定，转股价格应不低于募集说明书公告日前20个交易日该公司股票交易均价和前一交易日的均价。债券的票面面值与转换价格之间的比值就是转换比例，它是指债券票面面值可以转换得到的股票数量。《上市公司证券发行管理办法》规定，上市公司公开发行的可转换债券面值为100元，期限最短为1年，最长为6年。

如果债券持有人实行债转股，则：

$$可获得的股票数量=\frac{债券总额}{转换价格}=可转换债券数量\times转换比例$$

根据公司适用法律的相关规定，发行可转换公司债券后，因配股、增发、送股、派息及其他原因引起上市公司股份变动的，应当同时调整转股价格，募集说明书应当约定转股价格调整的原则及方式。募集说明书约定转股价格向下修正条款的，应当同时约定：

（1）转股价格修正方案须提交公司股东大会表决，且须经出席会议的股东所持表决权的2/3以上同意。股东大会进行表决时，持有公司可转换债券的股东应当回避。

（2）修正后的转股价格不低于前项规定的股东大会召开日前20个交易日该公

司股票交易均价和前 1 交易日的均价。转换价格可以按照以下的公式进行调整：

$$P_{后}=\frac{(P_{前}-D+P'\times n_1)}{1+n_1+n_2}$$

其中，$P_{后}$表示调整后的价格；$P_{前}$表示调整前的价格；D 表示股息；P′表示有偿增资增发新股或配股股价；n_1 表示有偿增资增发新股或配股率；n_2 表示无偿增资（如送股）率。

【案例 4–2】

可转换债券计算示例

某股份有限公司公开发行可转换债券，面值为 100 元，原转换价格为 10 元/股，由于采取配股送股的方式发放股利，即 10 股配 3 股送 3 股，配股的股价为 12 元/股，甲持有该公司 2000 份可转换债券，并决定将其转换为股票，求其可获得的股票数。

$$调整后的转换价格=\frac{(10-0+12\times\frac{3}{10})}{1+\frac{3}{10}+\frac{3}{10}}=8.5\ 元/股$$

$$可获得的股票数量=\frac{债券总额}{转换价格}=\frac{2000\times100}{8.5}\approx23529.42\ 股$$

因此，甲可以获得 23529 股股票，此外该公司还应该支付甲 3.5 元现金：

$2000\times100-23529\times8.5=3.5$ 元

资料来源：周夏飞. 公司理财［M］. 北京：机械工业出版社，2011.

（三）可转换债券筹资的优缺点

1. 可转换债券筹资的优点

（1）有利于降低资本成本。可转换债券的利率通常低于普通债券，所以转换前其资本成本低于普通债券；转换为股票后，又可以节省股票的发行成本，从而降低股票的资本成本。

（2）可转换债券有利于调整企业的资本结构。在转换之前，债券是企业的一项负债，如果企业想通过较少负债以优化资本结构，则可以采取多种措施来刺激债券持有人将债券转换为股票。

（3）有利于筹集更多的资本。可转换债券价格通常高于发行时的股票价格，因此，可转换债券转换后，其筹资额大于当时发行股票的筹资额。另外，也有利于公司股价的稳定。

（4）有利于部分代理问题的解决。股东和债权人之间往往会出现目标上的不一致，出现委托代理问题。股东可能利用债权人的资金投资于高风险的项目，如果项目成功，股东能够获得高额的回报，而债权人只能获得预先设定的利息；如果项目失败，则债权人需要承担部分损失。总的来说，债权人要承担部分的风险而不能够分享高额回报。可转换债券赋予债权人转换为股东的权利，因此能够在一定程度上解决这一代理问题。

2. 可转换债券筹资的缺点

（1）如果公司股票的价格大幅度上涨，则会提高股权融资成本，因为预先确定的转换价格可能远低于转换时的股价。

（2）如果公司股票的价格持续处于低迷状态，可转换债券持有者可能不会转换债券，企业需要继续支付利息，可能加重财务负担。如果有回售条款，则可能出现大量可转换债券持有人集中回售债券的情况，企业此时需要偿付大量的债务，可能出现财务困境。

（3）可转换债券的利率通常比普通股筹资的成本要低，随着债转股的实现，这种相对低利率的好处也随即消失。

【案例 4–3】

A 地产公司融资

2008 年的金融危机爆发给全球的大部分企业都带来了巨大的经济冲击，作为经济发展最为突出的房产业更是面临着前所未有的资金压力，如何有效地解决资金危机，寻求企业的发展成为各大企业面临的首要难题，资金对于房产业来说，更是企业能否在激烈的竞争中获取有利地位的关键。

1. A 地产公司的企业背景及发展状况

A 地产公司一直以来都居于国内房地产行业的领军地位，在其成长过程中也始终保持着良好的经营业绩和发展势头，截至 2009 年 12 月 31 日，A 公司的总资产利润率为 7.50%，净资产报酬率为 16.51%，销售毛利率达 36.82%，在市场中具有较强的获利能力。此外，A 公司的主营业务收入增长率达 48.11%，净利润增长率高达 57.19%，向市场呈现了公司强劲的发展实力。

2. A 地产公司的主要融资方式

（1）银行贷款。银行贷款一直以来都是企业发展过程解决资金缺口的主要方式，A 地产公司也一直将银行贷款作为其经营的主要融资方式，而且公司一直维持着较高的资产负债率，在 2006 年以前，向银行贷款融资条件相对较为宽松，同时 A 公司本身实力也较为雄厚，所以更容易获取银行贷款。2008 年公司开始调整借款结构，实施压缩短期借款，转而加大长期借款数额的政策，年底短期借款数额便下降至 7000 万元，与上年同期相比减少了 54810.92 万元；长期借款由上年同期的 903815 万元增长到 1404846.19 万元。金融危机的到来给我国的房产业和金融业带来了重创，政府部门一面积极地采取财政政策予以扶持，一面鼓励银行等金融机构在风险控制得当的情况下，推进信贷的稳定增长，A 地产公司此时又充分利用了这一有利的经济政策，大规模缩减短期借款，充分实现了借款结构的优化，并在一定程度上缓解了公司偿还短期债务偿的压力。自 2008 年底开始，我国的房产业又呈现出了回暖趋势，A 公司在资金需求量加大的情况下，又适当地增加了短期借款数额。

（2）股权融资。2006 年公司上市以 13.95 元/股的发行价格首次募集资金 20.93 亿元，2007 年公司又再次成功实现增发再融资，募集资金 68.15 亿元。公司良好的盈利状况使得年末资产负债率下降了 7.04%，在一定程度上再次优化了企业的财务结构。2009 年 7 月 6 日，公司又通过向 8 家特定对象非公开发行股票融资到 78.15 亿元。几次的资本募集，使得公司的自有资本在很大程度上得到了扩充，公司的资产负债率也进一步降低。

在新一轮的融资浪潮中，公司再次选择了非公开发行的融资方式。2010 年 3

月公司又在新一轮的融资浪潮中决定非公开发行A股股票进行融资，即非公开发行股票不超过总股本的20%或者7亿股。也就是说，募集资金不超过96亿元，这部分资金主要用于13个地产项目的开发。这一次资金募集有利于降低长期以来较高的资产负债率，降低公司财务风险的同时提高公司的盈利能力，增强投资者的信心。

（3）预收账款。预收账款也一直是A地产公司的主要融资方式之一，并且在负债总额中占有很大比重，如表4-1所示，而使用预收账款这一融资方式在房地产开发企业当中也是较为普遍的。

表4-1　预收账款占负债总额比例

项目 年度	预收账款（亿元）	负债总额（亿元）	预收账款占负债总额比例（%）
2009	298.30	628.69	47.45
2008	97.98	379.59	25.81
2007	109.40	280.60	38.99

从表4-1中我们可以看出，2009年底，A公司的预收账款金额高达298.30亿元人民币，远高于前几年的预收账款总额，占当年负债总额的47.45%，成为企业当年最主要的负债融资手段。这也是因为受到2008年房产寒冬的影响，公司尚未对市场充满信心，当2009年经营业绩大有好转时，众多地产公司也都开始收敛过去激进的销售确认方法。

A公司近年来由于预售楼盘的收入导致预收账款迅速增长，究其原因，主要是我国实施扩大内需的政策，导致众多投资者纷纷涌入房产业，为房产业的发展注入了充足的流动资金，一方面缓解了房产企业的资金压力，另一方面也为企业后期的项目建设提供了强有力的资金支持。

资料来源：http://www.cnki.com.cn/Article/CJFDTotal-CWKL201103024.htm.

本章小结

在上一章中我们概括性地介绍了企业的筹资渠道与方式，本章我们将这些具体的融资方式分为三大类，即权益性融资、负债性融资和混合性融资，并分别介绍了各种具体融资方式的特点及优缺点。企业筹资是为了满足自身生存和发展的需要，但是在制订筹资方案时还应考虑筹资费用以及对企业资本结构的影响。资本结构是关系企业生存发展的重要问题，下一章我们将介绍资本成本以及企业如何确定合理的资本结构。

第五章 资本成本与资本结构

开篇案例

默多克的负债经营之道

报业大王默多克善于用别人的钱来扩张自己的事业，并获得了巨大利益。他旗下的纽斯集团发展到今天已经拥有数百亿美元的资产、数万名员工。这一切都是从1952年默多克负债19万澳元入主纽斯公司开始起家的。默多克对公司的资本结构有着超人的悟性，他善于融资，巧妙地负债经营并不断扩大公司的规模。1989年纽斯集团的债务虽然从1983年的2.37亿美元增加到了70亿美元，但它的资产却增加到了1983年的12倍，高达120亿美元。当然，默多克要承受巨大的债务压力，但是他在经营方面的不断学习和努力，使他为纽斯集团带来了同样巨大的利润。

资料来源：陈兴滨.公司理财［M］.北京：中国人民大学出版社，2008.

【案例启示】资本结构是指企业各种资本的构成及其比例关系。资本结构是企业筹资的核心，涉及企业的长远发展和生死存亡，是公司理财的重要课题。那么，企业应该如何确定合理的资本结构呢？

本章您将了解到：

- 资本成本的定义与计算
- 经营杠杆与财务杠杆原理

- 资本结构理论的三个发展阶段
- 资本结构决策的三种方法

第一节　资本成本

“天下没有免费的午餐”，对于资本而言，同样没有免费的资金。

——弗里德曼

一、资本成本概述

（一）资本成本的含义

资本成本是公司理财中的一个非常重要的概念，它既关系到筹资，即筹集资金的成本——公司的资本成本，也关系到投资，即投资所要求的最低报酬率——投资项目的资本成本。本章所讲的资本成本是指公司募集和使用资金的成本，它是一种机会成本，是投资人对于整体公司所要求的最低报酬率。

资本成本是企业为取得和使用资本而承付的代价，包括资本占用费和资本筹集费。资本占用费是指企业在一定时间里占用筹集来的资本而支付给所有者的报酬，如红利、利息等，这部分费用与企业使用的时间有关，是一项变动费用；资本筹集费是指取得资本而发生的费用，如发行股票和债券所发生的申请、登记、印刷、注册以及向承销机构支付的手续费等与发行有关的费用，这部分费用与使用的时间无关，仅在资本筹集时发生，所以是一项固定费用。

（二）资本成本的作用

资本成本的作用表现在以下几个方面：

1. 资本成本是企业进行筹资决策的基本依据

在多渠道、多筹资方式的条件下，股票、债券、长期贷款等不同资本的数量及其成本的大小会影响企业总的资本成本。因此，企业除考虑各种筹资来源及方式的可适用性、负债比率等因素外，要考虑的另一个重要因素就是资本成本，从而找到使企业筹资成本最低的方案。

2. 资本成本是企业评价投资项目的标准

国际上将资本成本作为投资项目的最低收益率，将它视为是否采用投资项目的依据，以及比较各个投资方案的主要标准。一个投资项目，只有当其投资收益高于其资本成本时，在经济上才合理；否则，该项目则无利可图，甚至亏损。通常利用净现值法和内含报酬率法来评估项目的可行性。如果利用净现值法，则需要确定一个合理的折现率，公司的资本成本是这一折现率的重要参考依据，当投资项目的风险与公司整体的风险相当时，就可以利用公司的资本成本来作为计算投资项目净现值的折现率，如果风险不同，则公司的资本成本可以作为折现率的重要调整基础。

3. 资本成本是考核企业经营业绩的依据

企业使用资本之后的成果就是经营业绩，如果企业的利润率高于其使用的资本的成本率，那么就认为企业的经营活动是有利的；反之，则认为企业的经营业绩不佳，经营活动是不利的。同时，资本成本也反映了企业资本的使用效率。

公司的资本成本也可以用来评估企业的价值，例如，当企业进行合并、收购重组时，需要对企业的价值进行评估，评估的基本方法是未来现金流量折现法，利用这一方法时需要确定一个合适的折现率，公司的资本成本可以当作未来现金流量的折现率。

二、个别资本成本的计算

个别资本成本是指各种长期资金的成本，不涉及短期筹资。如长期借款成本、债券成本和股票成本等。个别资本成本的表示方式有两种：一种是用绝对数表示，也就是资本成本总额，它是资本获得与使用的总费用；另一种是用相对数表示，它是资本的使用费与实际筹得资本（筹资总额扣除筹资费用后的余额）的比率。在实际工作中，一般使用相对数表示，即资本成本率，其表达形式为：

$$资本成本率=\frac{资本使用成本}{筹资总额-筹资费用}=\frac{资本使用成本}{筹资总额\times(1-筹资费用率)}$$

（一）长期借款的资本成本

由于长期借款的利息具有税盾的作用，能够在税前扣除，因此在计算长期借款的资本成本时应该将这部分税收优惠扣除，长期借款的税后资本成本计算公式为：

$$K_l=\frac{I_l(1-T)}{L-F_l} \text{或者} K_l=\frac{I_l(1-T)}{L(1-f_l)}$$

其中，K_l 表示长期借款的资本成本；I_l 表示长期借款的年利息；T 表示企业的所得税税率；L 表示长期借款的总额；F_l 表示长期借款的费用；f_l 表示长期借款的费用率。

【案例 5–1】

长期借款的筹资成本的计算示例

某企业向银行借款 1500 万元，年利率为 8.5%，期限为 10 年，约定每年年末付息一次，到期一次还本。假设借款的费用率为 0.2%，企业适用的所得税税率为 33%，求长期借款的筹资成本。

$$K_l=\frac{I_l(1-T)}{L(1-f_l)}=\frac{1500\times8.5\%\times(1-33\%)}{1500\times(1-0.2\%)}\approx5.71\%$$

资料来源：梁莱歆. 公司理财［M］. 北京：清华大学出版社，2009.

以上的估算方式虽然简单易行，但没有考虑货币的时间价值。如果考虑时间价值，那么长期借款的税前资本成本就应该是使实际借款额与利息、本金的现值总和相等的折现率，即令以下公式成立的折现率：

$$L(1-f_l)=\sum_{t=1}^{n}\frac{I_t}{(1+K)^t}+\frac{P}{(1+K)^n}，K_l=K\times(1-T)$$

其中，I_t 表示第 t 期的借款利息，如果采用年金形式支付的话，那么每一期的利息额都相等；K 表示长期借款的税前资本成本；K_l 表示长期借款的税后资本成本；n 表示长期借款的期限。

在案例 5–1 中，如果考虑货币的时间价值，计算出的长期借款的税后资本成本为 5.72%。

（二）债券的资本成本

债券的资本成本估算与长期借款类似，由于债券的利息能够在税前扣除，即利息具有税盾的作用，因此，债券的税后资本成本估算公式为：

$$K_b=\frac{I_b(1-T)}{B-F_b}\text{或者 }K_b=\frac{I_b(1-T)}{B(1-f_b)}$$

其中，K_b 表示债券的资本成本；I_b 表示债券的年利息；T 表示企业的所得税税率；B 表示债券融资额（而非票面面值总额）；F_b 表示债券的费用；f_b 表示债券的费用率。

【案例 5–2】

债券资本成本的计算示例

某企业发行期限为 10 年的债券，发行总额为 1000 万元，利率为 12%，发行的费用率为 2%，企业的所得税税率为 27%，平价发行，求该债券的资本成本。

$$K_b=\frac{I_b(1-T)}{B(1-f_b)}=\frac{1000\times12\%\times(1-27\%)}{1000\times(1-2\%)}=8.9388\%$$

资料来源：梁莱歆. 公司理财［M］. 北京：清华大学出版社，2009.

如果考虑货币的时间价值，那么债券的税前资本成本就应该是使实际筹资额与利息、债券面值的现值总和相等的折现率，即令以下公式成立的折现率：

$$B(1-f_b)=\sum_{t=1}^{n}\frac{I_b}{(1+K)^t}+\frac{P}{(1+K)^n}\text{，}K_b=K(1-T)$$

其中，K 表示债券的税前资本成本；K_b 表示债券的税后资本成本；P 表示债券票面面值总额；n 表示债券的期限。

此外，公司还可以采用对比法确定债券的资本成本。对比法就是选择与本公司类似的公司的上市债券作为资本成本的估算依据，并在适当调整的基础上估算出本公司的资本成本。“类似”的企业是指处于同一行业、具有相同的商业模式、财务状况相似、经营风险大致相同的企业。

（三）优先股的资本成本

优先股的资本成本包括每年支付给优先股股东的股利和发行费用等。优先股的股利是在税后支付的，因此不具有抵税的作用，其计算结果就是税后资本成本。优先股的资本成本计算公式为：

$$K_p = \frac{D_p}{P_p - F_p} \text{或者 } K_p = \frac{D_p}{P_p(1-f_p)}$$

其中，K_p 表示优先股的资本成本；D_p 表示优先股每年的股利，通常是固定的；P_p 表示优先股筹资总额；F_p 表示优先股筹资的费用；f_p 表示优先股筹资的费用率。

【案例 5-3】

优先股资本成本的计算示例

某公司发行了总额为 1000 万元的优先股，每年的利率为 11%，发行的费用率为 2%，求这些优先股的资本成本。

$$K_p = \frac{D_p}{P_p(1-f_p)} = \frac{1000 \times 12\%}{1000 \times (1-2\%)} = 12.245\%$$

（四）普通股的资本成本

普通股的资本成本估算方法主要有三种——资本资产定价模型、股利增长模型和风险溢价法。

1. 资本资产定价模型

资本资产定价模型的基本表述是：

$$\overline{R} = R_F + \beta(R_M - R_F)$$

根据这一公式，普通股的资本成本可以依照以下的公式计算：

$K_s = R_F + \beta\ (R_M - R_F)$

其中，K_s 表示普通股的资本成本；R_F 表示无风险报酬率（通常用政府债券的收益率，如国库券）；β 表示该普通股的系数；R_M 表示平均风险股票的报酬率。

【案例 5-4】

普通股资本成本的计算示例

A 上市公司的股票 β 系数为 1.25，无风险报酬率为 10.5%，平均风险股票报酬率为 13%，求该公司普通股的资本成本。

$K_s = R_F + \beta\ (R_M - R_F) = 10.5\% + 1.25 \times (13\% - 10.5\%) = 13.625\%$

2. 股利增长模型

普通股的资本成本就是普通股投资的必要报酬率。股利增长模型法是依据股票投资的收益率不断提高的思路计算资本成本，一般假设普通股的股利每年按照固定的比例增长，则：

$$K_s = \frac{D_1}{P_0\,(1-f)} + g$$

其中，K_s 表示普通股的资本成本；D_1 表示预期的年股利额；P_0 表示普通股的现值；f 表示普通股筹资的费用率； g 表示普通股股利的年增长率。

【案例 5-5】

普通股资本成本的计算示例

某公司普通股当前市价为 80 元/股，本年发放股利 1.5 元，股票的年增长率为 10%，发行的费用率为 2%，求该公司普通股的资本成本。

$$K_s = \frac{D_1}{P_0\,(1-f)} + g = \frac{1.5\times(1+10\%)}{80\,(1-2\%)} + 10\% = 12.1046\%$$

3. 风险溢价法

风险溢价法是基于这样的原理来计算普通股的资本成本的：对于投资者来说，普通股的风险要大于债券，因此，投资者会对普通股要求更高的报酬率，这样我们就可以通过在债券的资本成本上加上一定的风险溢价（通常为3%~5%），从而得出普通股的资本成本，即

$$K_s = K_b + R_{\text{风险溢价}}$$

其中，K_s 表示普通股的资本成本；K_b 表示债券的资本成本；$R_{\text{风险溢价}}$表示基于风险差异普通股股东所要求的风险溢价。

如债券的资本成本为9.6%，风险溢价为4.5%，则普通股的资本成本为：

$$K_s = K_b + R_{\text{风险溢价}} = 9.6\% + 4.5\% = 14.1\%$$

从上述介绍中可以看出，在普通股成本的三种计算方法中，三种方法在计算上都比较简单，但是又都存在一定的问题。股利增长模型法存在的限制较多，如公司的股利分配不能为零，股利增长速度必须是固定不变的；资本资产定价模型方法有较多的假设条件限制；风险溢价法需要理财人员有较为丰富的经验。总之，计算普通股成本既需要详细的计算也需要合理的判断，具体采用哪种方法，公司财务人员应该根据公司的实际情况进行选择。

内部留存收益是企业的一项权益资产，是扣除所得税之后留在企业内部的利润，其资本成本的计算方法与普通股的计算方法相同，因此不再赘述。

三、加权平均资本成本

加权平均资本成本是指全部长期资金加权后的总成本。它是企业作为整体的资本成本，表示全部资产的资本成本，其计算公式为：

$$K_W = \sum_{i=1}^{n} W_i K_i，\text{并且} \sum_{i=1}^{n} W_i = 1$$

其中，K_W 表示加权平均资本成本；W_i 表示第 i 种资本占总资本的比重；K_i 表示第 i 种资本的资本成本；n 表示具有不同资本成本的资产的种类。

【案例 5-6】

加权平均资本成本的计算示例

某公司的个别资本成本及其占总资本的比重如表 5-1 所示，求该公司的加权平均资本成本。

表 5-1 某公司个别资本成本及各种资本的比重

单位：%

	长期借款	优先股	长期债券	普通股	内部留存收益
比重	10	10	20	40	20
个别资本成本	8	10	9	12	13

$$K_W=\sum_{i=1}^{n}W_iK_i=10\%\times8\%+10\%\times10\%+20\%\times9\%+40\%\times12\%+20\%\times13\%=11\%$$

即该公司的加权平均资本成本是 11%。

资料来源：李梦玉，代桂霞. 公司理财［M］. 北京：北京大学出版社，2005.

第二节 杠杆原理与风险

杠杆借贷很有诱惑性，但往往会带来麻烦。

——沃伦·巴菲特

“杠杆效应”是指固定成本引起收益和风险同时被放大的现象，分为经营杠杆和财务杠杆。经营杠杆是指由固定性经营成本引起的企业收益和风险同时提高的现象，这些固定性经营成本与生产产品或提供劳务有关。财务杠杆是指由债务利息等固定性融资成本引起的企业收益和风险同时提高的现象。这两种杠杆效应会引起企业利润的波动，从而引起收益和风险同时波动，进而影响公司的价值。

一、经营风险与经营杠杆

（一）经营风险

经营风险是指企业在无负债时未来经营收益或者息税前利润的不确定性，是经营的内在风险。经营风险由多种因素决定，如表 5–2 所示。

表 5–2　影响经营风险的因素

影响经营风险的因素	与经营风险的关系
市场需求的稳定性	正比，需求越稳定，经营风险越小
产品价格的稳定性	正比，产品价格越稳定，经营风险越小
原材料成本的稳定性	正比，原材料成本越稳定，经营风险越小
固定成本比重	正比，固定成本比重越高，经营风险越大
价格调整能力	反比，较高的价格调整能力带来较低的经营风险

（二）经营杠杆

企业的经营风险部分取决于其固定成本占总成本的比重。因为在其他条件不变的情况下，产销量的增加不会改变固定成本总额，但是会降低单位固定成本，从而提高单位利润，使息税前利润的增长率大于产销量的增长率。反之，当产销量降低时会提高其单位固定成本，从而使得息税前利润的下降率大于产销量的下降率。这种由于固定性经营成本的作用而导致息税前利润变动率大于产销量变动率的杠杆效应称为经营杠杆。

（三）经营杠杆系数

经营杠杆系数是反映经营杠杆大小的尺度，衡量的方法是利润的变动比例与销售量（或者销售额）的变动比例关系，即：

$$DOL=\frac{\text{息税前利润变动百分比}}{\text{销售量（或者销售额）变动百分比}}=\frac{\Delta EBIT/EBIT}{\Delta Q/Q}$$

其中，DOL 表示经营杠杆系数；EBIT 表示息税前利润；ΔEBIT 表示息税前利润变动；Q 表示销售量；ΔQ 表示销售量变动。

假定企业的成本、销量、利润保持线性关系，变动成本在销售收入中所占的比重不变，固定成本也保持稳定，则可以推导出以销售量 Q 和销售额 S 表示的计算经营杠杆系数的两个公式：

$$DOL_Q = \frac{Q(P-V)}{Q(P-V)-F} \quad (1)$$

$$DOL_S = \frac{S-VC}{S-VC-F} \quad (2)$$

其中，DOL_Q 表示销售量为 Q 时的经营杠杆系数；DOL_S 表示销售额为 S 时的经营杠杆系数；Q 表示销售量；P 表示单位产品的销售价格；V 表示单位产品的变动成本；F 表示固定成本总额；S 表示销售额；VC 表示变动成本总额。

公式（1）可用于计算单一产品的 DOL，公式（2）既可以计算单一产品的 DOL，也可以计算多种产品的 DOL。

【案例 5–7】

经营杠杆系数的计算示例

某企业的销售量为 500 万件，单位产品的价格为 50 元，单位成品的变动成本为 10 元，固定成本总额为 200 万元，求该企业的经营杠杆系数。

$$DOL_Q = \frac{Q(P-V)}{Q(P-V)-F} = \frac{500(50-10)}{500(50-10)-200} = 1.0101$$

这就是说，当销售量（或者销售额）变动 1 倍时，息税前利润会向着同样的方向变动 1.11 倍。例如销售额下降 1 倍，则息税前利润也会随着下降 1.11 倍，利润的下降幅度被放大了。

如果固定成本变为 300 万元，则：

$$DOL_Q = \frac{Q(P-V)}{Q(P-V)-F} = \frac{500(50-10)}{500(50-10)-300} = 1.0125$$

这说明，在其他条件不变的情况下，固定成本比重越大，经营杠杆系数越大，固定成本的比重影响着经营风险，并且与经营风险成正比。

如果销售量为 300 万件，则：

$$DOL_Q=\frac{Q(P-V)}{Q(P-V)-F}=\frac{300(50-10)}{300(50-10)-300}=1.0256$$

这说明，在其他条件不变的情况下，销售量越大，经营杠杆系数越小，销售量影响着经营风险，并且与经营风险成反比。

总之，经营性固定成本是引起杠杆效应的根源，经营杠杆说明了企业的利润变动幅度与销售量变动幅度之间存在着密切的关系。经营杠杆越大，企业营业利润将随着销售量的增长而更快地增长。但同时，经营杠杆也给企业带来高风险，当企业销售量下降时，企业的利润将随着销售量的下降而更快地下降。

二、财务风险与财务杠杆

公司通过负债方式筹集到的资金成本相对较低，这样做虽然有利于促进公司价值最大化，但却会提高公司的负债，从而增大了公司无法按期还本付息的可能，也就加大了公司的财务风险，在情况严重时，甚至可能导致公司陷入严重的财务困境，甚至是破产。

（一）财务风险

财务风险是指债务筹资导致的企业丧失偿付能力的风险。债务筹资是企业的一项重要资金来源，其缺点之一是要支付固定的利息，无论企业的经营业绩如何都需要定期对债权人支付利息，如果利息等固定性融资成本超过了企业的利润，那么企业就面临着无法偿付债务的危机，持续的这种状况将导致企业陷入财务困境，最终导致财务风险。

影响财务风险的主要因素有：资本供求的变化、利率水平的变动、企业获利能力的变化、企业资本结构的变化，即财务杠杆的利用程度。其中，财务杠杆对财务风险的影响最大。

（二）财务杠杆

在长期资本总额不变的条件下，企业从营业利润中支付的债务利息和优先股股利是不变的，当息税前利润增大或减少时，每一元盈余所负担的债务成本就会相应地减少或增大，扣除所得税后可分配给企业所有者的利润就会增加或减少，从而给企业所有者带来额外的收益或损失。这就是财务杠杆效应，它是指由于一定的固定性融资成本而导致的每股收益随着息税前利润变动而更大程度变动的现象，其根源是固定性融资成本，包括债务的利息和优先股股息。

企业应该巧用财务杠杆，在一定的资本结构下，债务的利息等固定性融资成本不变，那么息税前利润的增加会带来每股收益更大程度的增加，从而增加股东的利益，这就是财务杠杆所带来的利益。如果企业投资于报酬率大于负债利率的项目，那么一部分由负债资本导致的利润转移给了权益资本，这就增加了股东的利益；而投资报酬率小于负债利率时，负债资本所产生的利润就不足以弥补负债的利息，就需要用权益资本来弥补债务的利息，股东的利益受到损失，这就是财务杠杆所带来的风险。

（三）财务杠杆系数

衡量财务杠杆大小的标准是财务杠杆系数，这一系数表示的是每股收益的变动比例与息税前利润变动比例的比值，即：

$$DFL=\frac{\text{每股收益变化的百分比}}{\text{息税前利润变化的百分比}}=\frac{\Delta EPS/EPS}{\Delta EBIT/EBIT}$$

其中，DFL 表示财务杠杆系数；EPS 表示每股收益；ΔEPS 表示每股收益的变动；EBIT 表示息税前利润；ΔEBIT 表示息税前利润变动。

三、总杠杆

总杠杆，又称复合杠杆、联合杠杆，是企业同时运用经营杠杆和财务杠杆而产生的收益，即反映销售量（销售额）变动对每股收益变动的影响程度，即：

$$DTL=\frac{\text{每股收益变化的百分比}}{\text{销售量（或者销售额）变动的百分比}}=\frac{\Delta EPS/EPS}{\Delta Q/Q}=\frac{\Delta EPS/EPS}{\Delta S/S}$$

其中，DTL 表示总杠杆系数。

总杠杆是经营杠杆和财务杠杆综合的结果，因此可以进一步表示为经营杠杆系数和财务杠杆系数的乘积，即 DTL = DOL × DFL。

在总杠杆作用下，当企业经济效益好时，每股收益会大幅度上升；企业经济效益差时，每股收益会大幅度下降。企业总杠杆系数越大，每股收益的波动幅度越大。这种由于总杠杆作用使每股收益大幅度波动而造成的风险，称为企业总风险。在其他因素不变的情况下，总杠杆系数越大，总风险越大；反之亦然。

企业总风险是经营风险和财务风险共同影响的结果。企业可以通过调整经营杠杆和财务杠杆，使得企业保持一个理想的总风险水平。较高的经营风险可以被较低的财务风险抵消，高财务风险也可以被低经营风险所抵消。但是，经营杠杆在实际工作中一般是不能轻易变动的，因为经营杠杆系数取决于其所在的行业及企业规模。所以，企业通常是在确定的经营杠杆下，通过财务杠杆来调节企业的总风险，寻找最优的经营杠杆和财务杠杆组合。

第三节　资本结构理论

一个合理的企业、一个有竞争力的企业首先是内源融资，用自己的钱扩大自己，其次才是向外借债，最次的手段是扩充股权。

——李扬

一、资本结构的含义

资本结构是企业各种资金的构成及其比例关系，一般是指各种长期资金的构成及其比例关系。由于长期资金主要由长期债务资金和权益资金构成，因此，总的来说，资本结构问题就是长期债务资本和权益资本的构成及其比例问题。

资本结构影响着企业的融资成本、市场价值、治理结构等，如何确定最优资本结构一直是财务管理理论和实践中人们非常关注的问题。

二、资本结构理论概述

资本结构理论的发展大致分为三个阶段：早期资本结构理论、现代资本结构理论和资本结构理论的发展。其演进过程如图 5-1 所示：

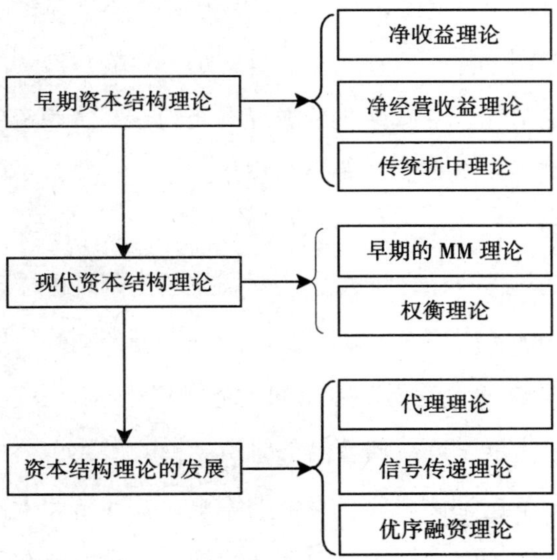

图 5-1　资本结构理论的演进过程

需要指出的是，在资本结构理论发展的三个阶段中，产生了诸多不同的理论观点，上图所列出的只是其中一部分有代表性的理论，本节将主要就这些理论进行论述。

（一）早期资本结构理论

早期的资本结构理论分为净收益理论、净经营收益理论和传统折中理论。

1. 净收益理论

净收益理论认为，债务资本融资可以提高公司的财务杠杆，降低公司的加权平均资本成本，增加企业的总价值。该理论意味着，企业的最优资本结构为企业全部使用债务资本。

这一理论的缺陷是很明显的，事实上也没有哪个公司全部使用债务资本。因为随着财务杠杆的提高，财务风险就会增加。净收益理论过分强调了财务杠杆的积极作用而忽略了其消极影响。

2. 净经营收益理论

净经营收益理论认为，资本结构的改变仅仅改变了公司总风险在不同证券持有者之间的分布，并不能彻底改变公司所有证券持有者必须面临的总风险，引入较低成本的债务资金会增加企业的风险，导致权益资本成本的增加，不论公司财务杠杆如何变化，公司的整体资本成本都是固定不变的。

净经营收益理论实际上否认存在最优资本结构，即认为资本结构与企业价值无关，决定企业价值的只是企业的净经营收益。

3. 传统折中理论

传统折中理论是对净收益理论和净经营收益理论两种极端理论的折中。这种理论观点是：公司的债务融资在一定限度内能够提高公司的价值，超过一定的限度，债务利息和股权成本的提高，会抵消债务融资增加给股东创造的利润增量，从而降低公司价值。也就是说，随着债务融资规模的增大，公司的加权平均资本成本开始时下降，但是这种下降会在某个点停止，并且转为上升。因此，该理论认为企业存在一个最优的资本结构，但关键的是那个转折点在哪里，该理论没有给出具体的数值。

（二）现代资本结构理论

1. 早期的 MM 理论

MM 理论是由美国的莫迪格利安尼（Madigliani）和米勒（Miller）两位教授提出的，该理论最初未考虑所得税的影响，得出的结论是企业的价值与企业的资本结构无关。“MM 理论”是具有划时代意义的现代资本结构理论的开端，其后的许多金融学家在 MM 理论中的若干假设条件的基础上，进一步发展了现代资本结构理论。

（1）无公司所得税的 MM 模型。MM 理论首先是在无公司所得税的前提下开始分析的。在一系列假设条件下，MM 理论得到了关于财务杠杆、资本成本、公司价值之间的关系。在无公司所得税的条件下，企业的价值以及企业的加权平均资本成本都与公司的资本结构无关，所以更多的负债不会增加公司的价值，也不会改变企业的加权平均资本成本。

（2）有公司税的 MM 理论。后来，莫迪格利安尼和米勒对 MM 定理进行了修正，并得出：在考虑所得税的情况下，公司使用的负债越高，其加权平均资本成本就越低，公司价值就越大。

如果按照修正后的 MM 理论，公司最佳资本结构是 100%的负债，这显然与现实不符。后来，一些学者引入市场均衡理论、代理成本等因素，对 MM 理论进一步完善。

2. 权衡理论

由于税盾效应的存在，一开始债务的税收好处会导致公司价值的上升，但是随着债务逐步增加，破产预期也会越来越大，破产成本的增加将产生负面影响，使公司价值上升逐渐趋缓，并最终下降，甚至导致公司破产。企业最佳资本结构是平衡税收节省收益与企业财务亏空成本的结果，这就是权衡理论，如图 5-2 所示。

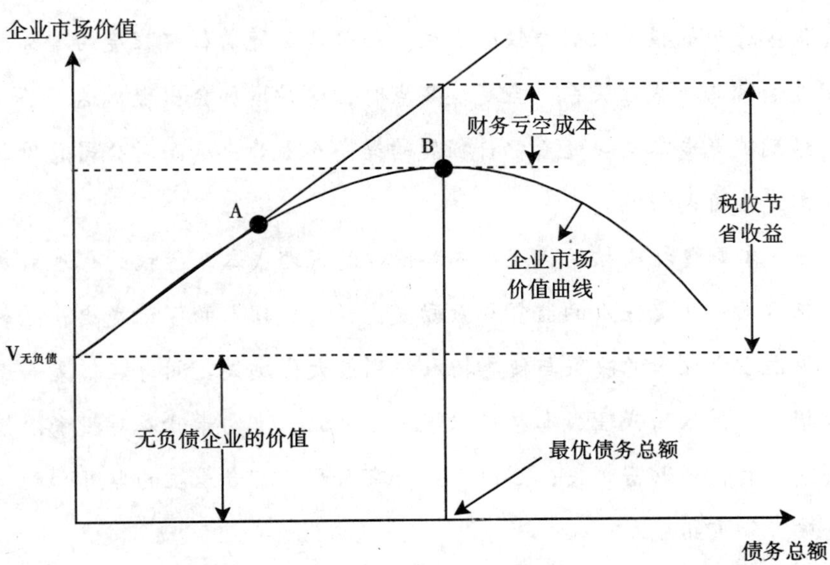

图 5-2　平衡理论模型

随着企业负债比率增加，因税收节省收益，市场价值升高；到 A 点，财务亏空成本发挥作用，但税收节省收益增加大于财务亏空成本增加，市场价值仍上升，企业继续借款；到 B 点，税收节省收益的增加量与财务亏空成本的增加量相等，企业价值最大化；之后，由于财务亏空成本大于举债带来的税收节省收益，企业价值逐渐下降。

【拓展阅读】

你知道财务亏空成本吗？

财务亏空成本包括破产成本和代理成本两部分。破产成本是直接与破产的归档及管理有关的现金支出，包括两部分：一是直接成本，包括支付给律师、会计师、评估师、拍卖行等的费用，实际是由债券持有者承担的，企业破产时，股票收益为零，债券收益部分下降，企业的市场价值急剧跌落；二是间接成本，主要是资产的流失和贬值带来的损失。

当公司破产时，证券持有人整体因破产成本的存在而少受清偿。由于有债务的公司比无债务的公司破产的可能性更大，因而在其他条件相同的情况下，有债务公司的投资吸引力较小。破产的可能会随着杠杆程度的增加而增加，但是通常并非线性关系。当超过某点时，这种增加会出现加速趋势。相应地，预期破产成本也会随着杠杆程度的提高而上升，从而对公司总价值和资本成本产生负面影响。

代理成本则包括股权的代理成本和债权的代理成本。股权的代理成本包括以下三方面：①委托人的监督与激励支出；②代理人的保证支出；③剩余损失——由于代理人的决策与使委托人福利最大化决策之间存在偏差而造成的货币损失。债权的代理成本包括以下三个方面：①由于债券对投资决策的影响而导致的机会财富损失；②由债券持有人和所有者承担的监督和约束支出；③破产和重组成本。

（三）资本结构理论的发展

1. 代理理论

詹森和麦克林（Jensen & Meckling）提出了代理理论。他们认为，股东和管理者之间、债权人和股东之间都存在着代理关系。随着公司债权资本的增加，债权人的监督成本就会上升，债权人会要求更高的报酬率。这导致债务融资成本的提升，债权的代理成本增加。但是，随着债务数量的增加，内部管理者可以随意支配的现金流量就会减少并且受到限制，从而约束了内部管理人员随意支配现金和肆意增加在职消费的行为，这就使得股权代理成本减小。因此，最优的资本结构应该是使总代理成本最小的情况。

2. 信号传递理论

罗斯（Rose）提出了公司资本结构的信号传递理论。这一理论认为，投资者和管理者所掌握的信息是不平等的，管理者拥有完全的信息，而投资者只能通过公司向外输出的信息对公司做出评价。因此，公司的筹资、投资、股利分配等政策实际上都向投资者传递着一种信号，一种对投资者有用的且反映了管理者对公司预期收益、市场价值评价的重要信息。当负债比率上升时，投资者可能会认为这说明管理者对公司未来的发展有充足的信心，因而股价上涨，公司的价值随之增加。

3. 优序融资理论

优序融资理论认为，如果管理层发现了一个非常好的投资机会，他无法将这一消息传递给外部的股东，因为管理层的言论并不会被相信。然而管理层都会致力于向外界宣布找到了一个好项目以提高该公司的股价。由于信息不对称，外部投资者只有在很长时间后才能证实管理层的言论，因此他们会对所有公司的股票赋予一个平均值。管理层明白这个道理，并且在某些特定的条件下，如果这一投资机会使他们不得不发行新股时，他们宁可拒绝接受这一能够获利的投资机会，因为这样做就会以原有股东的利益为代价，把该项目的大部分价值转让给新股东。对于这个问题，公司的解决办法就是保持充分的财务松弛，在出现好的投资项目时可由内部提供资金。因此公司在为有价值的项目寻找资金时，首先会在内部融资，当不得不在外部融资时，它们才会发行有价证券，只有在股票价格被高估时才会发行股票来融资。

基于上述分析，优序融资理论提出公司融资方式的选择顺序应该是：

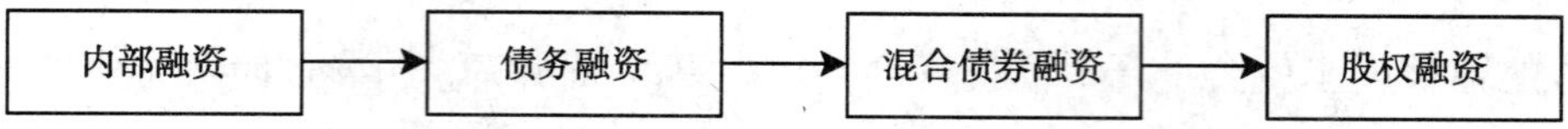

具体地说，融资首先选择内部资金融资，主要是利润再投资；其次是发行新债券，从安全性的债券到有风险的债券；再次若有必要，在发行股票之前先发行可转换证券或优先股股票；最后选择发行股票。

资本结构理论集中揭示了债务融资与公司价值之间的关系，它对企业的经营与发展有一定的指导意义。除了债务本身引起的收益和风险，行业因素、宏观经济环境、金融市场状况、公司管理层等因素都会对资本结构决策产生影响。如何确定最佳的资本结构，需要权衡各方面因素，综合选择。

第四节　资本结构决策

世界上每100家破产倒闭的大企业中，85%是因为企业管理者的决策不慎造成的。

——佚名

由于负债会给公司带来双重影响，适度负债可以使公司获得杠杆利益和税盾效应，进而降低公司的资本成本，但是过度的负债也会给公司带来较大的财务风险。因此，公司必须权衡财务风险和杠杆利益之间的利与弊，以确定最佳的目标资本结构。资本结构决策在筹资决策中处于核心地位。

所谓最佳资本结构就是指在一定条件下，能使公司的加权资本成本最低、公司价值最大的负债比例或资本结构。从理论上讲，最佳资本结构是存在的，但是在现实中，由于公司内部状况与外部环境的复杂与不确定性，寻找最佳资本结构相当困难。事实上，最佳资本结构只是在综合各种影响因素的基础上建立起来的一个目标资本结构。因此最佳资本结构的说法只是相对的，比较恰当的说法是公司的目标资本结构。

资本结构的决策方法主要有三种：资本成本比较法、每股收益无差别点法和公司价值比较法。

一、资本成本比较法

（一）方法介绍

资本成本比较法就是计算出不同方案的加权平均资本成本，然后在多种筹资方案中选择加权平均资本成本最低的一个方案作为最优筹资方案。下面我们用具体的例子对这种方法进行说明。

【案例 5–8】

某公司的筹资方式选择

某公司初始的资本结构如表 5–3 所示。普通股每股面值 1 元，发行价格为 10 元，目前市场价格也为 10 元，今年期望的股利为 1 元/股，预计今后股利的增长幅度为 5%。假设该企业的所得税税率为 30%，并且不存在筹资费用。

表 5–3 公司资本结构

单位：万元

筹资方式	金额
债券（年利率为 10%） 普通股（每股面值 1 元，发行价格 10 元，共 70 万股）	800 700
合计	1500

该公司拟增资 500 万元以扩大生产经营规模，有三个可供选择的增资方案：

甲方案：增发 500 万元的债券，由于负债的增加，投资人风险加大，债券利率只有增加到12%才能顺利发行，预计普通股股利不变，但风险加大使得普通股每股市价降至8.5元。

乙方案：发行债券250万元，年利率为10%，发行股票25万股，每股发行价格为10元，预计普通股股利不变。

请利用资本成本比较法确定筹资方案。

1. 分别计算每种方案的加权平均资本成本。

（1）计算甲方案的加权平均资本成本。

原有的800万元债券在企业资本中的比重$W_{甲b1}$及资本成本$K_{甲b1}$分别是：

$W_{甲b1}=\frac{800}{2000}\times100\%=40\%$，$K_{甲b1}=10\%\times(1-30\%)=7\%$

新增的500万元债券在企业资本中的比重$W_{甲b2}$及资本成本$K_{甲b2}$分别是：

$W_{甲b2}=\frac{500}{2000}\times100\%=25\%$，$K_{甲b2}=12\%\times(1-30\%)=8.4\%$

原有的700万元股票在企业资本中的比重$W_{甲s}$及资本成本$K_{甲s}$分别是：

$W_{甲s}=\frac{700}{2000}\times100\%=35\%$，$K_{甲s}=\frac{10}{85}+5\%\approx16.8\%$（利用股利增长模型计算）

甲方案的加权平均资本$K_{甲方案加权}$成本为：

$K_{甲方案加权}=40\%\times7\%+25\%\times8.4\%+35\%\times16.8\%=10.78\%$

（2）计算乙方案的加权平均资本成本。

债券在企业资本中的比重$W_{乙b}$及其资本成本$K_{乙b}$分别为：

$W_{乙b}=\frac{250+800}{2000}\times100\%=52.5\%$，$K_{乙b}=10\%(1-30\%)=7\%$

股票在企业资本中的比重$W_{乙s}$及其资本成本$K_{乙s}$分别为：

$W_{乙s}=\frac{700+250}{2000}\times100\%=47.5\%$，$K_{乙s}=\frac{1}{10}+5\%=15\%$

乙方案的加权平均资本成本$K_{乙方案加权}$为：

$K_{乙方案加权}=52.5\%\times7\%+47.5\%\times15\%=10.80\%$

2. 对比两种方案的加权平均资本成本选择最小的一个作为最优方案。

$K_{甲方案加权}<K_{乙方案加权}$

由此可知，按照加权平均资本成本看，应该选择方案甲。

资料来源：孙福明，卿松编著.企业理财学［M］. 北京：清华大学出版社，2008.

（二）方法评价

资本成本比较法不考虑筹资的数量及其比例，只是从不同的方案中选择加权平均资本成本最低的一个，也没有考虑到筹资的财务风险，可供选择的方案也是有限的，可能错失最优的筹资方案。

二、每股收益无差别点法——EBIT-EPS 法

（一）方法介绍

这是一种根据各种筹资方式下的每股收益（EPS）的比较来进行资本决策的方法。由于是利用每股收益无差别点来进行决策的，该方法也称无差别点分析法，或者 EBIT－EPS 法。

每股收益的无差别点是指在两种不同的筹资方式下，普通股每股净收益相等时的息税前利润点，它是一个均衡点，在这一点上无论是采用负债融资还是权益融资，每股收益都是相等的。其基本公式为：

$$EPS=\frac{(EBIT-I_1)\times(1-T)-D_1}{N_1}=\frac{(EBIT-I_2)\times(1-T)-D_2}{N_2}$$

其中，EPS 表示每股收益无差别点对应的每股收益；EBIT 表示每股收益无差别点对应的息税前利润；T 表示企业所得税税率；I_n 表示第 n 种筹资方式下的利息额；D_n 表示第 n 种筹资方式下的年股利额；N_n 表示第 n 种筹资方式下的流通在外的普通股股数。

根据每股收益无差别点，可以分析判断在什么样的销售水平下适合采用何种筹资方式。下面我们用具体的例子进行说明。

【案例 5-9】

某公司的筹资方案优选

某公司原有资本 700 万元，其中债务资本 200 万元，利率为 12%，普通股股本 500 万元（50 万股，每股 10 元）。由于业务量的扩大，现需要追加筹资 300 万元，现有两种筹资方案：

方案Ⅰ：按面值增发 30 万股普通股；

方案Ⅱ：以 14%的利率进行长期债务筹资。

假设所得税税率为 33%，如果公司预期息税前利润为 200 万元，那么应该采取哪种筹资方式？

（1）计算每股收益无差别点对应的 EBIT：

$$\frac{(EBIT-200\times12\%)\times(1-33\%)-0}{50+30}=$$

$$\frac{(EBIT-200\times12\%-300\times14\%)\times(1-33\%)-0}{50}\quad EBIT=136\text{（万元）}$$

此时，$EPS=\frac{(136-200\times12\%)\times(1-33\%)-0}{50+30}=0.938$（元/股）

每股无差别点分析图如图 5-3 所示。

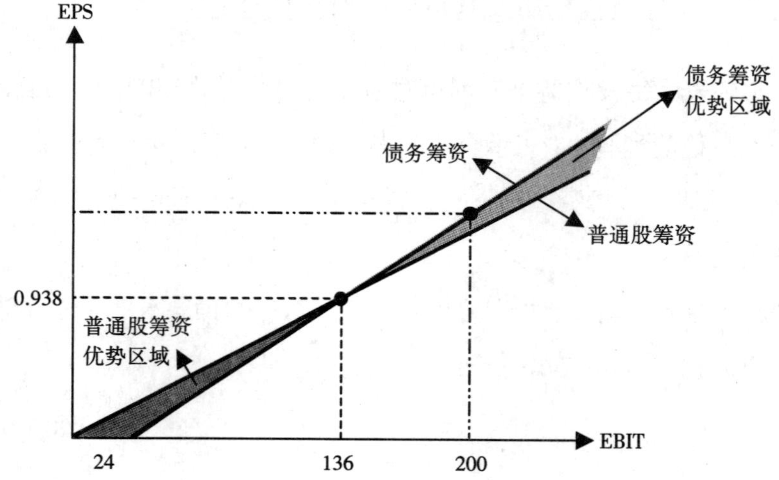

图 5-3　每股收益无差别点分析

（2）如图 5-3 所示，如果企业预期的收益为 200 万元，那么采取债务筹资能够获得更高的每股收益，所以应该采取债务筹资。

资料来源：唐现杰，孙长红.财务管理［M］. 北京：科学出版社，2007.

（二）方法评价

每股收益无差别点法计算简单，也比较容易理解，以每股收益的高低作为决策的依据，预期收益越是大于无差别点对应的息税前利润，按照每股收益无差别点法，采取债务筹资能够带来越高的每股收益。但是，这种方法却忽略了财务风险，并且限制在只有风险不变，每股收益的增加才会导致企业股价的上升。随着企业负债的增加，企业的财务风险加大，投资者要求的报酬率相应地提升，股票价格和企业价值都会在一定程度上下降，如果每股收益的增长不足以弥补由于财务风险增加而导致的报酬率的增加，股价仍然会下降，因此这种方法仍然有一定的局限性。

三、公司价值比较法

（一）方法介绍

公司价值比较法以公司价值大小作为资本结构决策的依据，最大化公司价值的资本结构即为最优资本结构，此时的加权平均资本成本也最低。

利用公司价值比较法进行资本结构决策时，通常将公司的价值定义为股票的价值和债务的价值之和，即 V=S+B

其中，V 表示公司的价值；S 表示股票的市场价值；B 表示债务的市场价值。

为简化计算，进行以下两项假设：①长期借款的价值等于其本金；②长期债券的价值等于其面值，B 的值容易获得，只需要计算股票的价值 S，计算公式如下：

$$S=\frac{(EBIT-I)\times(1-T)-D}{K_S}$$

其中，EBIT 表示息税前利润；I 表示利息额；T 表示公司所得税税率；D 表示优先股股利；K_S 表示权益资本成本。可以利用资本资产定价模型计算权益资本成本：$K_S = R_F + \beta\ (R_M - R_F)$，$R_F$ 表示无风险收益率；β 是公司股票的风险系数；R_M 表示股票市场的平均收益率。

此时，公司的加权平均资本成本为：$K_W = K_d \times \frac{B}{V} \times (1-T) + K_S \times \frac{S}{V}$

其中，K_W 表示加权平均资本成本；B 表示债务的价值；S 表示股票的价值；V 表示公司的价值；T 表示公司所得税税率；K_d 表示长期债务的税前资本成本；K_S 表示权益资本成本。下面我们用具体的例子进行说明。

【案例 5-10】

某公司的融资方式选择

企业的长期资本为普通股。股票的账面价值为 3000 万元，预计未来每年的息税前利润为 600 万元，所得税税率为 25%。目前，该公司认为目前的资本结构不合理，准备通过发行债券回购部分股票的方式对资本结构进行调整，以提高公司的价值，经咨询得知目前的长期债务利率和权益资本成本的情况如表 5-4 所示。

表 5-4 不同债务水平下的债务资本成本和权益资本成本

债券的市场价值 B（万元）	税前债务资本成本 k_d（%）	股票的系数 β	无风险报酬率 R_F(%)	市场组合期望收益率 R_M（%）	权益资本成本 k_s（%）
0	—	1.2	8	12	12.8
300	10	1.3	8	12	13.2
600	10	1.4	8	12	13.6
900	12	1.55	8	12	14.2
1200	14	1.7	8	12	14.8
1500	16	2.1	8	12	16.4

根据表 5-4，可以计算出公司的价值和加权平均资本成本，以发行 300 万元的债券为例：

$$K_S = R_F + \beta(R_M - R_F) = 8\% + 1.3 \times (12\% - 8\%) = 13.2\%$$

$$S = \frac{(EBIT - I) \times (1 - T) - D}{K_S} = \frac{(600 - 300 \times 10\%) \times (1 - 25\%) - 0}{13.2\%} = 3238.64\text{（万元）}$$

$$V = S + B = 3238.64 + 300 = 3538.64\text{（万元）}$$

公司价值和加权平均资本成本计算结果如表 5-5、图 5-4 和图 5-5 所示。

表 5-5　公司价值和加权平均资本成本

公司市场价值 V（万元）①=②+③	债务市场价值 B（万元）②	股票市场价值 S（万元）③	税前债务资本成本 k_d（%）	权益资本成本 k_s（%）	加权平均资本成本 k_w（%）
3515.63	0	3515.63	—	12.8	12.8
3538.64	300	3238.64	10	13.2	12.72
3577.94	600	2977.94	10	13.6	12.58
3498.59	900	2598.59	12	14.2	12.86
3389.19	1200	2189.19	14	14.8	13.28
3146.34	1500	1646.34	16	16.4	14.3

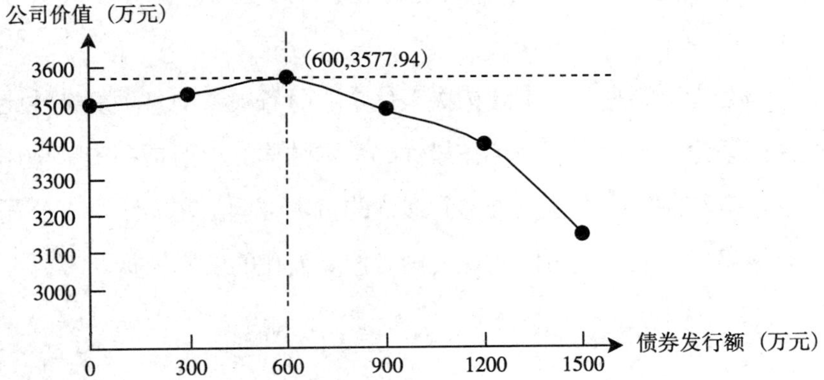

图 5-4　债券发行额与公司价值之间的关系示意图

由表结果可以看出，随着债务筹资的增多，公司的价值首先表现为上升的趋势，加权平均资本成本则表现为下降的趋势；在债券发行额为 600 万元处，公司的价值达到最大，加权平均资本成本达到最小；进一步发行债券将降低公司价值并增加加权平均资本成本。因此，发行 600 万元债券时的资本结构为最佳资本结构。

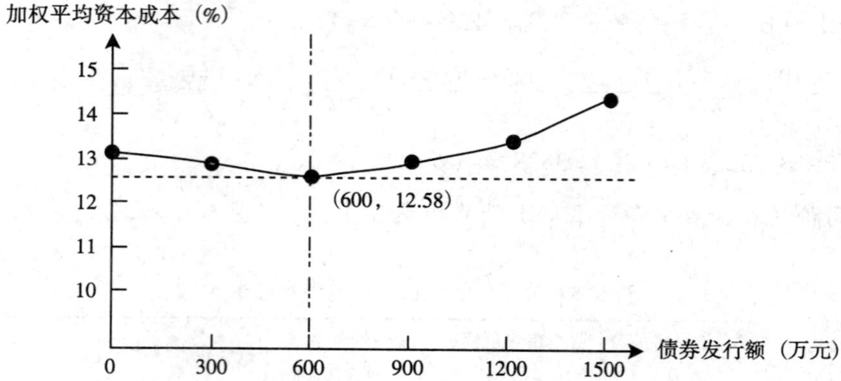

图 5-5　债券发行额与加权平均资本成本之间的关系示意图

资料来源：中国注册会计师协会编. 财务成本管理［M］. 北京：中国财政经济出版社，2010.

（二）方法评价

与前面两种方法相比，公司价值比较法同时考虑了风险因素和资本成本的因素影响，更加客观并符合实际，但是使用这种方法时的测算相对更加复杂和困难。

最后，需要指出的是，资本结构决策是企业财务决策中一项复杂性比较高的工作，虽说从理论上来看企业是存在最优的资本结构的，但是在实际操作中受到多种因素的影响和制约，企业很难达到最优的资本结构。在实践中，公司往往是寻找符合其战略目标的、尽可能实现公司价值最大化的资本结构。

本章小结

资本成本是企业为取得和使用资本而支付的代价，包括资本占用费和资本筹集费。资本成本对于企业理财具有重要作用，主要体现在它是企业筹资管理的主要依据；也是企业投资管理的重要标志；亦可作为评价企业经营业绩的依据。

由于固定成本或固定财务费用的存在会产生杠杆效应，杠杆效应会引起企业利润的波动，从而引起收益和风险的同时波动，进而影响着公司的价值。因此，企业可以通过调整经营杠杆和财务杠杆，使得企业保持一个理想的总风险水平。

资本结构要解决的是，是否应该使用负债资本以及负债资本应占多大的比例。有一些常用的方法，如资本成本比较法、每股收益无差别点法和公司价值比较法等可以帮助我们确定最佳资本结构。

第六章　证券投资决策

开篇案例

中国证券传奇人物——杨百万

被誉为“中国第一股民”的平民金融家杨百万，生于1950年，原为上海铁合金厂职工，他可谓是中国证券市场的最早参与者和见证者。

1988年他首次投身证券交易市场，大量购买已被市场忽略的国库券，并成功赚取了人生的第一桶金。1989年7月，根据国家的宏观调控政策，他将全部身家投入股市，并在两年内资金翻倍。1992年初，杨百万预测股票市场即将要衰落，于是在股票升至最高点时，全部抛售，而就在他将手中的股票抛售完，大盘急跌900多点，使得很多人血本无归、一夜破产，而杨百万却靠着自己的智慧成功地避免了风险，声名鹊起。但他并没有因此而得意忘形，他将闲暇时间全部投入到学习中去，不仅阅读了大量投资方面的书籍，还订阅了大大小小118份的报纸。他说:“我的事业，就是从报纸开始的，它使我掌握了股票操作的技巧和第一手的市场资料。”

1994年，杨百万接受了沈阳财经学院金融学教授的聘请，虽然工资仅有160元，但他觉得，自己有必要把经验分享给有需要的人。作为一个仅有着初中文化水平的人，杨百万通过自己的努力收获了财富和声誉。1998年，中央电视台制作的大型连续剧《改革开放二十年二十人》中，以浓墨重彩报道了他的事迹。

2000年10月，杨百万来到北京大学光华管理学院，面对众多热情学子欢迎和企盼的眼神，他激动地讲述了自己如何从一个下岗工人成为百万富翁的历程，未名湖畔，一夜无眠。虽然他一年到底不停地奔走于北京、烟台、青岛、汕头等地讲学，但他的心里却是无比的快乐——他希望能够将自己的投资心得和经验传播给中国千千万万有需要的人。

资料来源：徐璟，付春，郑小平.财务管理实务［M］. 北京：北京理工大学出版社，2010.

【案例启示】 杨百万的成功离不开他多年的学习和积累，您也想像他一样成功吗？本章的内容就是您成功路上的一块基石！

本章您将了解到：

- 证券投资的种类与目的
- 债券投资的收益与风险抉择
- 股票的估价与投资决策
- 基金投资的优势与策略

第一节　证券投资概述

证券投资成功两大原则：第一条是“永不亏损”，第二条是“永远牢记第一条原则”。

——沃伦·巴菲特

证券投资是复杂而且充满风险的一种投资活动，投资者必须对各种证券的风险、收益进行科学准确的判断，以便在证券投资与交易活动中获取更大的收益。

一、证券投资的含义及特点

（一）证券投资的含义

证券是各类记载并代表一定权利的法律凭证的统称。它代表一定量的财产权利，证明证券持有人有权按期取得一定的利息、股息等收入，它作为一种所有权或债权凭证可以自由转让和买卖。它主要包括股票、债券及其衍生品，如基金、可转换债券等。

证券投资是指投资者购买股票、债券、基金等有价证券，从而获取收益的一种投资行为。

（二）证券投资的特点

证券投资除了具有一般意义上投资的特点外，还具有其自身的一些特征，主要包括以下几个方面：

1. 证券投资是金融投资，而非实业投资

证券买卖的成本低，市场（二级市场）活跃、交易规模大，这使得它的转让过程快捷简便，流动性很强，而实物资产很难找到一个连续的二级市场，变现受到限制。

2. 高风险高收益

相对于实物资产来说，证券资产的价值容易受到人为因素、政治因素和经济因素等的影响，还与证券资产的种类和交易方式有关。由于没有相应的实物做保证，所以其价值不稳定，价格波动比较剧烈，投资风险较大。但是，其投资收益往往也会比较高。

3. 交易成本相对较低

证券交易的速度较快，较简捷而且成本较低，而实物资产的交易过程却是手续繁多，过程复杂，而且还经常需要进行调查、咨询等工作，所以交易成本较高。

4. 证券投资属于间接投资

通常情况下，证券资金的使用者和所有者是分离的。

5. 信息公开

投资者能够通过多种渠道获取相关的信息和资料。

二、证券投资的种类

按照不同的投资对象，可以将证券投资划分为以下几种：

（一）债券投资

债券投资是指投资者通过购买政府债券、公司债券等各类债券，以取得稳定收益的一种投资活动。由于债券投资收益稳定，因此风险较小，收益也比较低。

（二）股票投资

股票投资是指投资者将资金投资购买股票，通过股票的买卖以及被投资公司发放的股利而获取收益的投资行为。与债券投资相比，股票投资的风险较大，但是高风险也带来了较高的收益。

（三）基金投资

基金投资是指投资者通过购买投资基金份额来获取收益的一种投资方式。这种方式可使投资者享受专家服务，有利于分散风险，获得一定的投资收益。

（四）其他投资

除了上述的债券投资、股票投资和基金投资以外，证券投资还包括期货投资、期权投资等。

在各种证券投资中，债券投资、股票投资、基金投资是目前企业最常用的投资方式，因此，我们将在后面的章节中详细介绍这三种投资方式。

三、证券投资的目的

企业进行证券投资的目的主要在于以下几个方面：

（一）充分利用暂时闲置的资金，增加企业收益

在生产经营过程中，企业可以将闲置的现金投资于有价证券，以获取一定的收益。当现金短缺时，可以将持有的证券售出，以收回经营所需的现金。这样，既能调节现金余额，又能增加企业的投资收益。

（二）与筹集长期资金相配合

公司在其成长发展的过程中会不定期地通过发行股票或债券获得所需的长期资金，由于使用资金过程的阶段性，会导致企业存在暂时不用的现金，为了保值和增值，企业可将其用于有价证券的投资，既保证了一定的收益，又由于有价证券变现能力强，企业资金的使用不会受到影响。

（三）满足季节性经营对现金的需求

季节性的经营必然会导致周期性的现金需求，对于现金持有量保持在一定水平的公司而言，必然面对一年内的某些月份可能现金剩余，而另外几个月则会出现现金短缺的情况，企业可利用有价证券作为调节现金持有量的有效手段。

（四）获得对相关企业的控制权

有些企业为了控制其他企业，往往会动用一定资金购买另一家企业的股票，以便获得对这些企业的控制权。

【拓展阅读】

如何避免情绪化陷阱

在投资这个领域，感情用事只会让你的财富荡然无存。我们必须控制好投资情绪，避免情绪化陷阱，提出以下一些避免的方法：

（1）近因效应。永远不要认为今天的结果预示着明天，世界随时在变。

（2）过度自信。没有人可以预测短期市场走向。

（3）厌恶损失。想办法应对风险而不是消除风险，认为自己能够消除风险是个代价高昂的幻想。

（4）禀赋效应。仅仅因为你拥有它或你是其中一分子并不意味着它就更好。

（5）心理账户。记住所有的钱花起来都是一样的，不管它从何而来。已经花掉的钱是沉没成本，不应该影响未来的决策。

资料来源：泰勒·拉里莫尔，梅尔·林道尔，迈克尔·勒伯夫. 越简单，越赚钱 [M]. 北京：中信出版社，2009.

第二节 债券投资

买价决定报酬率的高低，即使是长线投资也是如此。

——沃伦·巴菲特

一、什么是债券

债券是政府、金融机构、企业等向社会借债筹集一定数额的资金时，按照法定程序向投资者发行的一种有价证券，发行者在约定的时间内支付一定比率的利息，并按照约定的条件偿还本金。从本质上来讲，债券就是一种债权债务凭证。

我们可以从以下几个方面来理解债券的含义：

（1）债券的发行者是资金的借入者；

（2）债券的投资者是资金的借出者；

（3）发行者必须在一定的期限内还本付息；

（4）债券表明投资者与发行者之间的债权债务关系，具有法律效力。

二、债券价值的确定

在进行债券投资时，必须对债券的内在价值进行评估，从而将债券的内在价值与其市场价格进行比较，做出正确的投资决策。即当债券的价值大于或是等于市场价格时，该债券才值得购买，否则就会给投资者带来一定的损失。因此，债券价值是债券投资决策时使用的主要指标之一。下面介绍几种常见的债券估价模型：

（一）每年付息、到期一次性还本的债券估价模型（债券一般估价模型）

通常，投资者购买债券能够按债券的票面利率定期获得利息并到期收回本金。因此，债券的价值可以看作是债券持有期间的利息和本金的现值之和。每年付息、到期一次性还本的债券估价模型是一种典型的债券估价模型，其计算公式为：

$$V=\sum_{t=1}^{n}[I/(1+r)^{t}]+M/(1+r)^{n}$$

其中，V 表示债券的价值；I 表示每年支付的债券利息额；M 表示债券面值或到期本金；r 表示市场利率或投资者要求的最低报酬率；n 表示付息期数。

（二）到期一次还本付息且不计复利的债券估价模型

我国有一部分债券属于到期一次还本付息且不计复利的债券，其计算公式为：

$$V=(M+M\times i\times n)/(1+r)^{n}$$

其中，i 为利息率，其他符号含义与前式相同。

（三）贴现发行债券的估价模型

有些债券以贴现方式发行，没有票面利率，到期按面值偿还，这种债券也称零票面利率债券。它以低于面值的价格发行，其估价模型为：$V=M/(1+r)^{n}$，公式中的字母所表示的含义与前式相同。

三、债券的收益率

（一）债券收益的来源及影响因素

债券投资收益的内容包含以下两方面：一是债券的年利息收入；二是资本损益，即债券买入价与卖出价或偿还额之间的差额。衡量债券收益水平的尺度为债券收益率。决定债券收益率的因素主要包括：债券票面利率、期限、面值、持有时间、购买价格和出售价格等。

（二）债券收益率的计算

1. 票面收益率

票面收益率，又称名义收益率或息票率，是印制在债券票面上的固定收益率，通常是年利息收入与债券面值之比。其计算公式为：

票面收益率 = 债券年利息 / 债券面值 × 100%

如果投资者将按照面值发行的债券持有到期，那么所获得的投资收益率就是票面收益率。票面收益率只适合于投资者按票面金额买入债券并持有至到期收回本金的情况。

2. 本期收益率

本期收益率，又称直接收益率或者当前收益率，指债券的年实际利息收入与买入债券的实际价格的比率。其计算公式为：

本期收益率 = 债券年利息 / 债券买入价 × 100%

本期收益率能够衡量投资成本所带来的收益，但是它没有考虑买入价和到期前出售或赎回价格间的差额，也反映不出买入价与持有债券到期按面值偿还本金之间的差额。

3. 持有期收益率

持有期收益率，是指买入债券后持有一段时间，又在债券到期前将其出售而得到的年均收益率。其计算公式为：

$$\text{持有期收益率} = \frac{\text{债券年利息} + \dfrac{\text{债券卖出价} - \text{债券买入价}}{\text{持有年限}}}{\text{债券买入价}} \times 100\%$$

4. 到期收益率

到期收益率，又称最终收益率，是指从购买债券至到期日这一期间内获得的收益率。它是使债券投资的未来现金流入和现金流出相等的贴现率，即该项投资的内含报酬率。其计算公式为：

$$V_0 = \sum_{t=1}^{n} [I/(1+r)^t] + M/(1+r)^n$$

其中，V_0 表示债券的买入价；r 表示到期收益率。

四、债券投资的风险

投资必然会面临一定的风险，债券投资与其他投资一样，在获得未来投资收益的同时，也要承担一定的风险。债券投资要承担的风险主要包括：信用风险、利率风险、流动性风险、通货膨胀风险和汇率风险等。

（一）信用风险

信用风险，是指债券的发行人不能履行合约规定的义务，无法按期支付利息和偿还本金而产生的风险。

不同种类的债券信用风险是不同的。一般而言，政府债券以国家财政为担保，一般是不会违约的，可以看作是无违约风险的债券。金融机构规模较大并且信誉较好，其发行的债券的风险也较小。因此，主要的信用风险是由于发行债券的公司经营状况不佳或是信誉不高带来的风险。投资者在选择债券时，一定要尽可能深入地了解公司的状况，以避免投资损失。

（二）利率风险

利率风险，是指由于市场利率上升引起债券价格下跌，从而使投资者遭受损失的风险。债券的价格随着市场利率的变动而变动。一般来说，市场利率上升，债券市场价格会下跌；市场利率下降，债券市场价格就会上升。不同期限的债券利息率风险也不一样。一般来说，期限越长，利率风险也越大。

（三）流动性风险

流动性风险，是指债券持有人打算出售债券获取现金时，其所持有的债券不能按目前合理的市场价格在短期内出售而形成的风险，又称变现力风险。如果一种债券能够在短时间内以市价大量售出，那么说明这种债券具有很强的流动性，投资于这种债券所承担的流动性风险也就相对较小；反之，则说明流动性较差，投资者会因此遭受损失。一般来说，政府债券以及一些著名的大公司的债券的流动性较强，而不为人们所知的小公司的债券流动性可能相对差一些。

（四）通货膨胀风险

通货膨胀风险又称购买力风险，是指由于受到未来可能存在的通货膨胀的影响，债券的现金收益的实际购买能力下降的风险。在预计通货膨胀比较严重的时期，债券投资者的实际投资收益会受到较大的影响，因为投资于债券只能获得一笔固定的利息收益，但是由于货币贬值，这笔现金收入的购买力会下降。对于购买力风险，可以采用分散投资的方式进行规避，如将一部分资金投资于收益较高的投资品种上，以弥补购买力下降带来的风险。

（五）汇率风险

汇率风险，是指由于外汇汇率的变动而给外币债券的投资者带来的风险。当投资者购买了某种外币债券时，本国货币与该外币的汇率变动会使投资者难以确定未来的本币收入。如果债券到期时该外币贬值，就会使投资者遭受损失。

五、债券的信用评级

债券发行者的偿还能力和信用风险是投资者面临的最大风险。投资者可以参照国际公认的最具权威性的信用评价机构对债券的信用情况做出判断。通常是依据美国的标准普尔公司和穆迪投资服务公司的债券信用等级标准。中国国内的大公国际资金评级公司的信用评级在国际上也逐渐占据一定地位。

以上 3 家机构都是将债券的信用级别划分为 9 个等级，其中标准普尔公司和大公国际的信用等级标准由高到低依次为：AAA 级、AA 级、A 级、BBB 级、BB 级、B 级、CCC 级、CC 级、C 级；穆迪投资服务公司的信用等级从高到低划分为：Aaa 级、Aa 级、A 级、Baa 级、Ba 级、B 级、Caa 级、Ca 级、C 级。

信用等级越高的债券发行者，债券的风险也就越小，对于投资来说投资收益就更加有保障；相反，如果信用等级较低，则表明债券的风险比较大，投资者的收益可能遭受损失。

【拓展阅读】

国际三大评级机构的信用评级标准

表 6-1　标准普尔公司的信用评级标准

等级	主要内容
AAA	最高级，保证偿还本金
AA	高级，还本付息能力强
A	中上级，具备较强的还本付息能力，但是易受到经济变化的影响
BBB	中级，具备一定还本付息能力，但是需要一定保护措施，一旦有变，偿还能力减弱
BB	中下级，有投机性，不能确定将来有保证，对本息的保证是有限的
B	下级，不具备理想投资条件，还本付息保证极小，有投资因素
CCC	信誉不好，可能违约，危及本息安全
CC	高度投机性，经常违约，有明显缺点
C	等级最低，经常违约，根本不能做真正的投资

表 6-2　穆迪投资服务公司的信用评级标准

等级	主要内容
Aaa	信用质量最高，信用风险最低。利息支付有充足保证，本金安全。为还本付息提供保证的因素即使变化，也是可预见的。发行地位稳固
Aa	信用质量很高，有较低的信用风险。本金利息安全。但利润保证不如 Aaa 级债券充足，为还本付息提供保证的因素波动比 Aaa 级债券大
A	投资品质优良。本金利息安全，但有可能在未来某个时候还本付息的能力会下降
Baa	保证程度一般。利息支付和本金安全现在有保证，但在相当长远的一些时间内具有不可靠性。缺乏优良的投资品质
Ba	不能保证将来的良好状况。还本付息的保证有限，一旦经济情况发生变化，还本付息能力将削弱。具有不稳定的特征
B	还本付息，或长期内履行合同中其他条款的保证极小
Caa	有可能违约，或现在就存在危及本息安全的因素
Ca	经常违约，或有其他明显的缺点
C	前途无望，不能用来做真正的投资

表 6-3　大公国际的信用评级标准

等级	主要内容
AAA	企业对其债务能够提供最好的安全保障。尽管某些债务保护因素可能会发生变化，但这些变化带来的影响不会损害对债务相当稳定的保障
AA	企业对其债务能够提供很好的安全保障。它们比 AAA 级企业的级别低，只是因为长期风险稍大
A	企业对其债务能够提供较好的保障。但长期来看有可能存在一些对其产生不利影响的因素
BBB	企业在正常条件下可以提供充足的债务保障。但在不利经营的环境下，该企业对偿付债务的某些保障因素不可靠，而且影响较大
BB	企业对其债务的安全保障不太可靠，它的发展面临较大的不确定性
B	企业对其债务的保障不可靠，该企业目前尚有偿债能力，但长期来看它们偿还债务的能力不足，风险程度较高
CCC	企业对其债务的保障较差，它们存在一些现实的违约因素
CC	企业对其债务保障极差，这样的企业常常违约
C	企业信用最低的一级，这种企业几乎不具备履行偿付责任的能力，往往已经进入强制性债务重组，被监管机关接管或进入破产清算程序

资料来源：http://www.dagongcredit.com/dagongweb/index.php.

六、债券投资决策

在进行债券投资时，投资者应该在价格分析、投资收益率分析等基础上，做进一步综合的经济分析。目前，所采取的主要方法有基本分析和技术分析两大类。

（一）基本分析

基本分析是投资分析人员依据经济学、金融学、投资学等的基本原理，分析债券的价值以及对债券价格产生影响的各种因素，如经济增长、利率水平、通货膨胀、企业财务状况等，从而提出合理的投资建议的一种分析方法。

基本分析又称基本面分析，它主要包括两个方面的内容：

1. 宏观经济形势分析

宏观经济形势分析主要包括对经济增长、经济周期、利率水平、通货膨胀、货币金融政策、财政政策、产业政策等的分析。宏观经济形势能够影响整个证券市场的基本走势，因此，对宏观经济形势的分析，有利于从战略上把握债券投资的方向。

2. 公司分析

在宏观经济形势已经确定的情况下，还需要对发行债券的公司的状况进行分析。公司分析主要包括财务状况分析和经营状况分析。对公司财务状况的分析主要是通过公司定期公布的财务报告进行分析；对经营状况的分析主要是从公司内部管理效率、公司的产品和劳务的销售情况、市场占有率、产品的生命周期、公司的投资计划、未来新的利润增长点、发展前景等方面进行分析。

基本分析是一种比较简单的分析方法，它能够较全面地分析出债券价格的基本走势，但是这种分析方法的预测时间跨度较大，不适合于短线投资，而且预测的精确度不高。

（二）技术分析

技术分析是运用数学和逻辑的方法，通过对证券市场过去和现在的市场行为进行分析，从而对证券市场上债券的未来变化趋势进行预测。技术分析是广泛使用的一种分析方法，是长期以来证券投资者进行证券投资的经验总结。

技术分析对市场的反应比较直接，通过技术分析指导债券买卖获得利益的周期短，但是这种分析方法考虑问题的范围比较狭窄，对长期投资的指导意义并不大。

七、债券投资的优缺点

（一）债券投资的优点

1. 本金较安全

与股票相比，债券投资风险相对较小。

2. 收益较稳定

债券票面都标有固定利息率，而且一般高于同期银行储蓄存款利率，债券发行人有按时向投资者支付利息的法定义务。此外，投资者可以将债券在市场上进行买卖，获得买卖价差收入。因此，在正常情况下投资债券都能获得比较稳定的收益。

3. 流动性较好，变现能力较强

许多债券都具有良好的流动性，尤其是政府及大企业发行的债券一般都可在金融市场上迅速出售。

（二）债券投资的缺点

1. 购买力风险较大

债券的票面利息率在发行时就已经确定，如果投资期间的通货膨胀率比较高，则本金和利息的实际购买力就会下降，从而给投资者造成一定的经济损失。

2. 没有经营管理权

投资者进行债券投资只能获取利息和买卖价差收入，无权参与债券发行单位的经营管理。

【案例 6-1】

债券投资的应用

某公司是一个经济实力非常强的大型家电生产企业。多年来，其产品一直占领着国内外销售市场。但是近年来由于市场竞争的不断激烈，企业的生产经营面临着一些实际困难，经济效益开始出现下滑的迹象。为使企业走出困境，把有限的资金用在刀刃上，公司利用手中多余的 1500 万元资金对外投资，以期获取投资收益。

公司组织专业的投资分析人员针对此次投资计划进行了基本分析和一系列的技术分析，根据分析结果并结合公司的实际情况，做出最终的投资决策：

（1）购买国家发行的 7 年期国债，每年付息一次，且实行浮动利率。第一年利率为 2.63%，以后每年按“当年银行存款利率加利率差 0.38%”计算支付利息。

（2）购买汽车集团发行的 5 年期公司债券，票面利率为 10%，每半年付息一次。

该公司利用债券投资给企业带来的投资收益顺利走出困境。相比较而言，债券投资风险比较小，本金安全性高，收入稳定性强，但其购买力风险较大，且投资者没有经营管理权。所以，在选择债券投资时应该结合企业自身情况，科学、理性地作出决策。

第三节　股票投资

投资股市绝不是为了赚一次钱，而是要持续赚钱。如果想靠一“博”而发财，你大可离开股市，去赌场好了。

——彼得·林奇

股票是证券投资品种中最基本的投资对象，但是由于决定和影响其价格变动的因素异常复杂，因此它也是最复杂的投资工具之一。

一、股票的特点及投资目的

（一）股票的特点

股票是由股份公司向其出资者签发的出资证明或是股份凭证，是投资者借以取得股利的一种有价证券。股票作为投资工具的一种，有其自身的特点，主要表现在以下几个方面：

1. 无到期时间

与债券不同，股票没有到期时间，只要发行股票的公司存续，股票就一直有效。

2. 流通性

股票可以在二级市场上流通，而且越发达的证券市场上，股票的流通性越强。

3. 风险性

股价的波动以及公司经营的失败都会致使股票的投资者受到损失。

4. 投机性

由于股价波动频繁、流通性较强，而且股票的收益和市场价格不确定性大，一些投资者会通过股票价差获利，所以股票的投机性很强。

（二）股票投资的目的

进行股票投资的目的主要包括：

1. 获利

投资者可以通过股利收入以及股票买卖的价差获取一定的收益。

2. 控股

企业可以通过购买某公司的大量股票而取得对该公司的控制权。

二、股票的估价

同债券投资一样，进行股票投资时也需要对股票的价值进行评估，以便将股票的内在价值与股票市价或购买价格进行比较，作为投资参考。股票未来现金流入的现值，称为股票的价值或股票的内在价值。股票的价格不同于股票的价值，由于受社会、政治、经济变化和心理等诸多因素的影响，股票的价格往往背离股票的价值。

（一）几种常见的股票估价模型

1. 股票估价的基本模型

一般情况下，投资者进行股票投资时，不仅希望得到股利收入，更期望在股票价格上涨时出售股票获得资本利得。如果投资者不打算永久地持有该股票，而在一段时间后售出，那么他的未来现金流入就是取得的股利和出售时的股价收入。此时的股票估价模型为：

$$V=\sum_{t=1}^{n}\frac{D_t}{(1+r)^t}+\frac{P_n}{(1+r)^n}$$

其中，V 表示股票的内在价值；D_t 表示第 t 年股利；P_n 表示未来出售时预计的股票价格；r 表示贴现率，一般采用当时的市场利率或投资人要求的收益率；

n 表示预计持有股票的期数。

2. 零增长股票估价模型

零增长股票估价模型假定每年股利稳定不变，且投资人持有期限很长，此时的股票估价模型为：

$$V = D/r$$

其中，V 为股票价值；D 为每年固定不变的股利；r 为投资人要求的必要收益率。

3. 固定增长股票估价模型

如果一个公司的股利不断增长，投资者的投资期限又很长，就难以对股票进行精确的估价，只能计算近似值。

$$V = \frac{D_0(1+g)}{r-g} = \frac{D_1}{r-g}$$

其中，D_0 为初始年份的股利；D_1 为第一年的股利；g 为每年股利比上年的增长率；r 为投资人要求的必要收益率。

（二）市盈率分析

上述股票价值的计算方法中，对未来股利的预计是比较复杂和困难的，一般投资者往往很难办到，市盈率分析能够避免这一问题。

市盈率是股票市价与每股盈利之比，它可以粗略地反映股价的高低。其计算公式为：

市盈率 = 每股市价 / 每股盈利

利用同行业同类股票过去若干年的平均市盈率乘以当前某股票的每股盈利，就可以计算出该股票的价值。其计算公式为：

股票价值 = 行业平均市盈率 × 该股票每股盈利

股票价格 = 该股票市盈率 × 该股票每股盈利

如某公司股票市盈率为 25，每股盈利为 1 元，行业平均市盈率为 20，计算该公司股票的价值和股票价格。

股票价值 = 20 × 1 = 20（元）

股票价格 = 25 × 1 = 25（元）

可知，该股票的价格高于股票的价值，说明该股票被市场高估了。

一般认为，过高或过低的市盈率都不一定是好兆头，对股票市盈率的判断要根据宏观经济情况、证券市场整体情况以及行业与公司的具体情况进行分析。

三、股票投资的收益率

（一）股票投资收益的来源和影响因素

股票投资收益是指投资者从购入股票开始，到出售股票为止的整个持有期间所获得的收益，这种收益由股利收入、股票买卖差价以及其他收益等组成。股票投资收益主要受以下几个因素的影响：公司业绩、股票价格的变化、公司的股利政策以及投资者的经验等。

（二）股票投资收益率的计算

1. 本期股利收益率

当投资者只买进不卖出，且投资于某种普通股时，其收益就是每年的现金股利，其计算公式为：

本期股利收益率＝年现金股利/股票买入价×100%

2. 持有期收益率

投资者购买股票和卖出股票时的价格往往是不同的，这就会产生股票持有期间的资本损益。此时，股票的收益率可以表示为：

$$\text{持有期收益率}=\frac{\text{年现金股利}+\dfrac{\text{股票卖出价}-\text{股票买入价}}{\text{持有期间数}}}{\text{股票买入价}}\times 100\%$$

3. 长期股票投资收益率

长期股票投资收益率的持有期限较长，故要考虑资金时间价值。考虑资金时间价值的股票投资收益率是指使得股票投资的现金流出现值与现金流入现值相等的贴现率。其计算公式为：

$$\text{股票的购买价格 }P=\sum_{t=1}^{n}\frac{D_t}{(1+i)^t}+\frac{F}{(1+i)^t}$$

其中，n 为预计持有股票的期数；D_t 为第 t 年的股利；F 为股票的卖出价。使得上式成立的贴现率 i，就是股票持有期的收益率。

四、股票投资决策

（一）了解国民经济运行情况

由于股票的投资风险较高，因此在决策时首先要了解整个国民经济的运行情况，它是股票投资的宏观大环境，了解国民经济各部门、各地区所处的增长阶段及其发展趋势。作为普通的投资者，我们无法改变环境，就只能去适应环境。正所谓“惹不起”，但是“躲得起”。为了能够获得更大的收益，就必须研究市场的波动规律，懂得什么时候出海捕鱼，什么时候停港靠岸。倘若鲁莽行事，最终只能葬身大海。

（二）要对发行股票的公司进行分析

发行股票的公司才是投资者的真实投资对象，它的经营情况和财务状况对股票价值有着直接的影响。投资者只有充分掌握该公司的资本情况、技术实力、盈利水平、偿债能力、发展潜力等众多信息后，才能对其股价的走势做出正确评价。同时由于股票价格的影响因素众多，还要分析目标股票在市场中的走势，寻找市场价格变动与公司财务状况相关联的特点及变化轨迹，寻找股票交易量和股票价格变动、市场价格变动的对应关系，在此基础上对股票未来的变化趋势进行预测。通过分析，最终我们应该选择的是那些被市场低估了的股票。

投资管理大师查理·埃利斯曾提出这样的问题：如果你能够选择，那么你倾向于哪一个选项？

选项 A：股票大幅上涨，并且在高位运行了很多年。

选项 B：股票大幅下跌，并且在低位运行了很多年。

很多投资者都会选择 A，但是埃利斯指出长期投资者应该倾向于选项 B。他指出：“这就像你买奶牛是为了得到牛奶，买母鸡是为了下蛋一样，我们买股票的主要目的是要得到当期的和未来的收益。所以，当你买奶牛的时候，你当然应该希望奶牛的价格可以低一点，这样你同样数量的投资就可以得到更多的牛奶。”

在股票市场里，没有谁能做到一次都不亏钱。亏钱是再正常不过的事情了，只要这是整个市场下滑导致的结果。因此，当这种情况发生的时候，一定要调整好心态，不要一蹶不振，要战胜心魔，摆正心态。这是你为了未来更长远的高回报而必须付出的代价。有一个充满智慧且非常有名望的人曾经说过这样一句话：一次次亏钱可以磨砺一个投资者的责任心。

（三）评级

此外，实际操作中，在对大的投资环境和上市公司的财务状况等全面分析之后，需要做出对该公司的投资建议，通常是给股票以投资评级（以市场基准指数作为比较标准）和行业投资评级。我国目前投资评级中所使用的市场基准指数主要包括：沪深 300 指数、中标 300 指数、中证 100 指数等。

1. 行业的投资评级

如有的机构以报告日后的 6 个月内，行业相对于市场基准指数（沪深 300 指数）的涨跌为标准，定义如下：

（1）看好：行业超越整体市场表现。

（2）中性：行业与整体市场表现基本持平。

（3）看淡：行业弱于整体市场表现。

2. 股票的投资评级

有的机构以报告日后的 6 个月内，证券相对于市场基准指数（沪深 300 指数）的涨跌幅为标准，定义如下：

（1）买入：相对强于市场表现 20%以上；

（2）增持：相对强于市场表现 5%~20%；

（3）中性：相对市场表现在-5%~5%波动；

（4）减持：相对于市场表现 5%以下。

3. 其他投资评级

还有机构是以报告日后 6~12 个月内，证券相对于市场基准指数的涨跌幅为标准，定义如下：

（1）增持：股票价格在未来 6~12 个月内超越大盘 15%以上；

（2）谨慎增持：股票价格在未来 6~12 个月内超越大盘幅度为 5%~15%；

（3）中性：股票价格在未来 6~12 个月内相对于大盘变动幅度为-5%~5%；

（4）减持：股票价格在未来 6~12 个月内相对大盘下跌 5%以上。

五、股票投资的优缺点

（一）股票投资的优点

1. 投资收益高

虽然普通股的价格变动频繁，但是从长期看，只要选择恰当，一般都会取得较高的投资收益。

2. 购买力风险低

在通货膨胀率较高时，由于普通股的股利不固定，只要股份公司的盈利增加，股利的支付也会随之增加。

3. 拥有控制权

通过收购公司的股票，能够取得对该公司的经营控制权。

（二）股票投资的缺点

1. 投资风险较大

投资者购入股票之后，不能要求将股票退回，只能在证券市场上转让。当公司的经营状况不佳时，或者整体经济形势不景气时，股票的价格就会下跌，使投资者遭受损失。而且，当公司破产时，股东的求偿权位于债权人之后，这样股东可能无法收回全部投资。

2. 股票投资收益不稳定

股票投资的收益主要来自于公司发放的股利和转让股票获得的资本利得，股利的发放依据公司的经营状况而定，公司盈利多，就可能多发放股利，否则就可能少发或不发股利，没有法律上的保证。而转让股票是否能获得资本利得主要取决于股票市场行情、公司的经营状况以及盈利能力等，如果状况不佳则可能导致股市低迷、股价下跌，投资者出售股票不仅得不到资本利得，反而会遭受损失。

3. 股票价格的波动大

由于股票价格受多种因素的影响，所以波动性较大。政治因素、经济因素、投资者心理因素、企业的盈利能力、风险情况等都会影响股票价格。因此，投资者在股票市场上可能获得丰厚的收益，但是血本无归的情况也并不少见。

【案例 6–2】

股票投资分析的应用

1. 投资目标：公司名称/代码：G 华邦（002004）

2. 宏观环境分析

（1）医药行业因其与人类的生活密切相关，是市场永恒的热点之一。

（2）人类从未停止过与各种病毒的斗争，各种新药也是层出不穷。特别是被誉为“21 世纪朝阳产业”的生物医药产业，目前发展迅速，投资价值也日益彰显。

（3）入市对我国的医药行业产生了深远影响，近期影响主要体现在关税降低、药品知识产权保护等方面。虽然仍存在一定的挑战，但在外资直接介入前，国内企业正在不断壮大自己以迎接全球的竞争挑战。

（4）2005 年前三季度的业绩显示，23 户医药行业国有重点企业都实现了利润的稳步增长，实现主营业务利润收入 898.2 亿元，同比增长 13.7%。

3. 公司状况分析

（1）G 华邦（002004）2005 年 11 月 5 日收盘情况。2005 年 5 月 10 日华邦制药以 5.59 元的最低价格，到 2005 年 9 月 23 日已经涨至 9.23 元，最大涨幅 65.11%，涨幅甚至超过同期大盘，并且相对于大盘取得了 42.95%的超额报酬率。

（2）华邦制药是化学制剂类上市公司中少有的研发型企业。该公司践行者稳扎稳打的策略，从小领域做起，目前已在皮肤科用药和结核科用药市场站稳脚跟。其产品也主要销往医院，而且公司对重点医院皮肤科和结核科具有较强的掌控能力。虽然公司产品的市场规模相对较小，但其在研发与营销上同恒瑞医药极其相似。

（3）公司计划通过增加新产品和开拓 OTC 市场进一步提升业绩。目前公司正沿着“以新替旧”、“开发普药”以及“进入新领域”三个方向开发新药。

(4) 公司估值具有很强的吸引力。根据预测，华邦制药 2005 年、2006 年和 2007 年的每股收益分别为 0.4 元、0.49 元和 0.58 元。通过现金流折现估值，其合理价格范围应该在 8 元左右。综合基本面和估值等因素，给予华邦制药“谨慎推荐”的评级。

4. 近期公告

华邦制药从 2004 年 6 月 7 日上市，发行股票募集了 20192.94 万元的权益资金。为了原料药基地技术改造，计划投入 4954.01 万元，同时，为了进行抗肿瘤生化调节剂左亚叶酸钙粉针剂生产线技术改造项目，拟投 2986.56 万元。根据股东大会决议，前一个项目由子公司重庆胜凯科技有限公司实施，这一项目已投入了 3240 万元，但这一项目至今还没取得相关的土地使用许可，而且华邦制药申报的美国 FDA 和欧洲 COS 认证也尚未得到许可。而公司的后一项目——抗肿瘤生化调节剂左亚叶酸钙项目目前实际并没有开始实施。

5. 具体操作

鉴于目前上证指数还在下跌，为了规避大盘下跌为企业带来的系统风险，可以选择分批买入的操作策略，以等待大盘来带动这只股票的上涨。

资料来源：http://djrj.blog.hexun.com/1373324_d.html.

【拓展阅读】

巴菲特股票投资六法则

《巴菲特股票投资策略》一书将巴菲特 50 年的投资经验整理成了以下 6 大原则供后来人参考：

(1) 选股原则。在选股上要选择超级明星企业。也就是我们常说的“擒贼先擒王”。

(2) 估值原则。就是要先算好企业自身的内在价值，就是所谓的长期现金流量折现。

(3) 市场原则。我们常说要做市场的主人，做到心中有数。巴菲特也一直强调：要在别人贪婪时恐惧，在别人恐惧时贪婪。而这需要长时间的修炼。

(4) 买价原则。这一原则与估值原则是紧密相关的，因为企业要事先做好自身的价值评估，这样才能在价格低于价值到一定幅度的时候，抓紧时机迅速出击。不过想要准确判断出企业的内在价值，需要具备专业的知识和技能。

(5) 组合原则。投资既不要“全部鸡蛋放一个篮子”，也不能“有40个妻子，但对任何一个都不能清楚地了解”，企业要集中投资于少数股票，但也不能过于单一。因为到底是集中还是分散，现在也没有定论。

(6) 持有原则。巴菲特说过，他最喜欢持有一只股票的时间是永远，当然这句话带有很强的情绪色彩，但是却体现了巴菲特在投资时的耐力，所以企业要做到长期持有优秀企业的股票。

资料来源：http://www.icesmall.cn/articles/19/2007/09-22/09220954.htm.

第四节　基金投资

我发现当市场不景气时你很明智地购买了基金，在未来某个时候你会很开心。你不是因为听别人说“现在该买进了”才成功的。

——彼得·林奇

基金作为一种投资方式，它不同于其他投资，其最大的优点在于分散投资，集腋成裘，降低风险。因此，作为投资者一定要抽出时间和精力熟悉基金投资的相关知识和操作技巧，只有这样才能做到取长补短，灵活投资基金。

一、什么是基金

我国国务院证券委员会1997年11月14日颁布的《证券投资基金管理暂行办法》对证券投资基金的定义是：证券投资基金简称基金，指一种利益共享、风险共担的集合证券投资方式，即通过发行基金单位，集中投资者的资金，由基金托管人托管，由基金管理人管理和运用资金，从事股票、债券等金融工具投资。

通俗地讲，基金就是将社会上广大投资者手中的资金集中起来，然后将该基金交给专门的基金管理人员，由他们用这些钱进行股票、债券等方面的投资。投资取得的收益或是损失由各个投资者按照出资的比例共同分享或承担。

基金能够极大地促进储蓄资金转化为投资，提高证券市场的活跃和企业的直接融资比例，进一步完善社会保障体系与金融结构。通过我国证券投资基金的发展历程也可以看出，随着基金的不断发展壮大，证券市场也更加健康稳定的发展，而且在国民经济的发展中也变得日益重要。

二、基金的分类

证券投资基金可以按照不同的标准进行分类，具体分类如下：

（一）按照规模变动情况及交易方式不同，可分为封闭式基金和开放式基金

封闭式基金有固定的存续期，其间基金规模固定，不再追加发行新的基金单位，投资人不得请求赎回其持有的股份或受益凭证，但是可以在证券交易所上市交易。

开放式基金没有发行总额和期限的限定，其基金规模不固定，基金单位的买卖具有较强的灵活性，基金的投资者可随时进行交易。

（二）根据法律基础不同，可分为公司型投资基金和契约型投资基金

公司型投资基金是依据公司法组成，并且以营利为目的，投资于证券的投资公司，投资基金本身即为投资公司。

契约型投资基金是依据一定的信托契约组织起来的代理投资行为。由基金管理公司（委托人）根据契约用信托资产进行投资，由基金保管机构（受托人）保管信托财产，投资者享受投资成果。

（三）依据投资对象的不同，可分为股票基金、债券基金、货币市场基金和衍生证券基金等

股票基金以上市交易的股票为主要投资对象，而债券基金则投资于以国债、公司债等固定收益类证券，两种基金的投资对象都是长期证券。而货币市场基金则以短期投资工具作为交易对象。衍生证券基金以期货、期权等风险较高的金融衍生品为主要投资对象。

三、基金投资的优势与风险

（一）基金投资的优势

基金投资的优势主要体现在以下几个方面：

1. 专业化的管理

基金由专业的基金经理进行投资运作，专业化的服务和专家理财能够使投资者在不承担太大风险的情况下，取得较高的投资收益。

2. 多元化的资产分布，风险相对分散

基金公司汇集了大量投资者的资金，因此可以根据不同金融工具的特点，选择多元化的投资渠道，通过投资组合分散风险。

3. 透明度高

开放式基金在每个开放日都会披露基金单位资产净值，定期公布基金投资品种和结构，投资者能够及时了解基金的运作情况。

4. 流动性好

对于开放式基金，投资者可以随时按照基金单位资产净值进行申购或者赎回，申购和赎回将按当天收盘后计算出来的基金净值进行交易。

（二）基金投资的风险

任何投资都有风险，基金投资虽然有其自身的优势，但是仍然存在以下几类风险：

1. 流动性风险

流动性也被称为变现能力，任何一种投资工具都存在流动性风险，即投资者在需要变现时可能会面临不能以适当的价格卖出甚至无法卖出的情况。

2. 申购、赎回价格未知的风险

开放式基金的申购数量、赎回金额以基金交易日的单位基金资产净值加减有关费用来确定。一般投资人进行申购、赎回基金单位时，所参考的单位资产净值是上一个基金交易日的数据，对于基金单位资产净值自上一交易日至交易当日所发生的变化，投资人无法预知，从而导致投资人在申购、赎回时不知道会以什么价格成交，这种风险就是开放式基金的申购、赎回价格未知的风险。

3. 基金的投资风险

基金是一种间接的金融投资产品，投资于股票和债券市场，它的收益情况必然也会受到股票和债券市场的波动影响。但是，各种基金的风险大小可能是不相同的。因此，投资者应该根据自己的风险承受能力，选择合适的基金品种。

4. 机构运作风险

为开放式基金提供服务的一般有多个机构，因此存在诸多风险，主要包括：

（1）系统运作风险，指基金管理人、基金托管人、注册登记机构或代销机构等当事人的运行系统出现问题时，可能会给投资者带来损失的风险。

（2）管理风险，由于基金管理人员的知识、经验、判断、决策以及技能等主观因素的限制，使其对经济形势、证券价格走势的判断可能出现偏差，从而影响了基金的收益水平。

（3）经营风险，指因基金运作各当事人不能履行其义务而给基金投资人带来的资产损失风险。这种风险产生的原因一般是运作当事人经营不善、亏损或破产导致其缺乏履行义务的能力。

5. 汇率风险

外汇市场的汇率变动，会引起银行利率的波动，进而影响市场的投资状况，基金投资者的收益就会受到影响。

四、基金投资的决策

目前，市场上有不同类型的基金，不同的基金有其自身的特点，即便是同类基金中的各种基金也有不同的投资对象。投资者在进行基金投资时应通过多种渠道尽可能全面地了解基金的情况，选择适合的基金进行投资。具体来讲，投资者应该注意以下几点：

1. 基金以往的业绩

基金的回报水平是否具有吸引力，它的过往表现是否具有一贯性。我们不能只看基金的短期表现，而忽视了其中长期表现。

2. 基金管理公司

基金管理公司是否值得信赖，是否具有良好的品牌形象和信誉；基金公司是否拥有比较完整的产品线，从而满足投资者的不同需求；基金公司是否能够提供完善、高质量的服务；基金经理对管理基金是否具备足够的专业知识和投资经验。

3. 基金是否满足投资者的需要

基金的投资目标、投资对象、风险水平是否与投资者的目标相符。我们都知道，高收益总是伴随着高风险。因此，投资者应该根据自己所能承受风险的能力以及对风险的偏好，选择不同类型的基金。

4. 费用水平

基金费用主要分为两部分：有一部分是需要投资人自己承担的费用，也是投资人需要考虑的方面，它包括基金销售过程中的认购费、申购费、赎回费等；还有一部分费用是在基金管理过程中发生的，例如基金管理费、托管费等，这些费用由基金承担。

5. 基金评级公司

投资者购买基金时，借助基金评级公司对基金的评价较为客观，也较为实用。这些基金评级公司从不同角度对基金进行多方位评价，有助于投资人收集有价值的信息。

五、基金购买的主要策略

不同品种的基金，收益与风险都是不同的，投资者应根据自身的情况选择相应的购买策略。这里我们介绍几种主要的策略：分期等额购买策略、固定比例购买策略、定期定额购买策略以及适时进出策略。

（一） 分期等额购买策略

1. 含义

分期等额购买就是每隔一段固定的时间，就以固定不变的资金去购买一定数量的同一种基金。如某公司计划在大阳基金上投资 2000 万元，公司决定采取分期等额投资策略，分期 10 个月，每个月固定投资 200 万元。

2. 策略评价

分期等额的购买策略实际上是分期投资，这在一定程度上避免了在高位一次性套牢的风险，但是它每次都是投资于同一种基金，难以通过投资组合获利。

（二）固定比例购买策略

1. 含义

固定比例购买策略是指公司按照固定的比例投资于各类基金，使其持有的各类基金净值总额达到固定的比例。如果净值变动使证券比例超过原定比例时，就通过买卖各类基金进行调整，最终使各类基金保持原定的比例。如某公司计划投资额为 1000 万元，其中股票基金占 30%、债券基金占 45%、货币市场基金占 25%，公司每半年调整一次投资组合，从而保证各类基金所占的比重始终保持不变。

2. 策略评价

固定比例购买策略实际上是用一种投资对象的增值利润投资于另一种投资对

象，这使得公司能够始终保持较低较平稳的成本状态。但是，对于那些长期持续上涨或是长期持续下跌的基金则不适合采取这种购买策略。

（三）定期定额购买策略

1. 含义

定期定额购买策略没有总的投资计划，它是指每个月或是其他固定时间投资一笔固定数目的资金在基金上。例如，现在有很多中小投资者，尤其是工薪阶层每个月拿出固定的一笔钱投资于基金，以备日后养老或是作为子女的教育储备基金。

2. 策略评价

定期定额购买策略可以使投资者在股市上涨基金净值高的时候获取资本利得，也能够在基金净值低的时候为长期获利创造机会。对于长期投资者以及经验不足的投资者来说，定期定额策略是一种较为理想的选择。

（四）适时进出策略

1. 含义

适时进出购买策略是投资者完全依据市场行情的变化进行基金的买卖。当市场行情看好时，买进基金；当市场行情步入空头之际，立即卖出基金。

2. 策略评价

显然，与之前的几种购买策略相比，适时进出策略的运用对投资者的要求更高，它需要投资者具备丰富的经验，并且能够对市场的走势作出较为准确的预测，还要具有较高的风险承受能力。

【拓展阅读】

基金投资五大“忌”

当前，基金是一种受到众多投资者追捧和青睐的投资理财方式，但却有很多的投资者并不能客观、正确地认识基金这一现代金融投资工具，在实际的操作过程中仍然会发生顾此失彼、一叶障目的情况。为了有效地避免“一着不慎，满盘皆输”的情况发生，投资者有必要了解基金投资过程中的几大“忌律”。

第一忌就是把基金投资等同于股票投资，进行波段操作。

基金作为长期的投资工具，其投资主要是为了分享经济长期增长带来的收益。因为基金是与其他金融工具一起被组合投资的，而在一般情况下，它的净值不会在短时间内有较大波动，所以频繁操作只会增加交易费用，而长线投资才能有机会获取较好的收益。

第二忌就是以基金价格作为决策依据。

在进行基金投资时，不能只看价格的高低，要更关注基金的收益率。例如：

甲、乙两种基金同时成立并运作，一年后，甲基金 3.00 元/份，乙基金 1.50 元/份，以此收益率，再过一年，甲基金将达到 9.00 元/份，而乙基金只能达到 2.25 元/份。如果第一年买了便宜的乙基金，那么一年后的收益就会比甲少很多。而且基金的价格还会受到基金经理管理能力、市场走势、投资者心理等多种因素的影响，所以如果仅以价格作为决策依据，那么做出错误决策的可能性就很大。

第三忌就是不考虑自身实际的风险承受能力。

投资于基金不同于银行储蓄和投资债券，投资基金是获得高收益的可能，但同时也存在着一定的高风险，而且收益率越高，风险就越大。因此，投资者必须权衡多方面因素，根据自己的风险承受能力选择合适的投资产品。

第四忌就是不选择购买渠道。

基金的购买渠道有银行柜台、网上代销、基金公司网上直销、场内交易平台和第三方代销等，每一种渠道都有各自的适用费率。例如，中小银行的费率可低至 6~8 折，基金公司网上直销的一般可低至 4 折，通过银行和券商购买基金，可以购买到大部分的基金产品，而通过基金公司却只能买到其本公司的产品，不过费率会更便宜，并且能够将不同产品进行灵活转换。

第五忌就是只注重开放式基金，而对封闭式基金漠不关心。

封闭式基金与开放式基金相比具有净值和市场价格的双重性。其中，净值是封闭式基金的内在价值，它在证交所交易时，是以其市场价格来交易的，而不是以其净值作为交易价格。

根据封闭式基金的双重性，就有两种不同的盈利模式和操作方法：一种是根据其净值来操作。多数封闭式基金的契约中都规定若基金当年产生收益，那么90%会用来现金分红，而且到期后按净值向投资者进行资金清算或转为开放式基金。另一种则是根据市场需求关系进行投机操作。有时候，封闭式基金的价格会偏离其净值，在熊市中其市场价格会远低于净值，也就是折价率会上升；而在牛市时其价格又会贴近净值甚至高于净值，即折价率下降或溢价交易。如果能够有效利用这种变化就能获得不菲的收益。

有人通过长期的投资经验总结出了一套“长期持有，短期套利”的战术。也就是说，对长期持有看好的封闭式基金，即使在熊市中也要坚定持有；而当封闭式基金因受到市场追捧其市场价格过高偏离其净值时，就需要短期套利抛出，并在其市场价格回落时再重新买回。

资料来源：李保华，贾耀宏. 基金投资五大“忌”[J]. 大众理财，2011(3).

本章小结

随着资本市场的逐渐深化，证券投资管理日益成为公司理财的重要内容之一。投资者将资金用于购买股票、债券、基金、金融衍生工具等有价证券，从而获取收益的一种投资行为都称为证券投资。

债券、股票、基金是目前最常见的投资工具，因此本章重点介绍了这三种金融工具的风险收益特征以及投资决策。但是，任何投资都存在一定的风险，因此投资者在进行投资决策时一定要谨慎选择。

第七章 项目投资决策

开篇案例

如何选择投资方案？

宏成公司自1995年成立以来，一直设法维持着较高的投资回报率。它能如此成功的秘诀就在于适时开发、生产和销售可供不同工业部门使用的创新型产品的经营战略。目前，公司正在考虑生产热固树脂作为电子产品的包装材料。公司的研发小组就此提出了两套方案：一是选择环氧树脂，因其开发成本较低；二是选择合成树脂，虽然它的初始投资成本稍高，但后期的规模经济效益较好。根据这两套方案，公司成立了专案小组，各组负责人也分别提交了他们对现金流量等的预测，并提供了足够的资料和数据作支撑。但因公司的资金有限，两种方案只能选择其一。

为了解决这个困境，公司委派财务助理迈克详细分析两种方案的成本和收益，并向董事会提交最终的分析结果。迈克通过对两种方案中的现金流量进行预测和计算后发现，选择不同的计算方法计算两种方案中的现金流量会得出不一致的结论。净现值高的方案却存在回收期长、内含报酬率低的问题；而回收期短、内含报酬率较高的方案却存在净现值低的问题。

资料来源：http://wenku.baidu.com/view/1f157328bd64783e09122bbd.html.

【案例启示】 企业在日常经营中常常遇到上述的抉择问题。这样的决策对于企业来说显然是十分重要的。但从理论看，企业在进行项目投资决策时有很多方法，每一种方法还可能有不同的计算法则。此外每个企业在做选择时所依据的财务标准不一样。这就需要企业在了解理论上的几种方法后根据企业自身的选择依据来作决定。

本章您将了解到：

- 项目投资的程序与相关概念
- 项目投资的现金流量分析
- 项目投资贴现与非贴现的评价指标简介
- 投资决策的风险分析

第一节　项目投资概述

很多企业不是拿不到钱而死去，而是拿到钱不知道怎么花而死掉。

——周鸿祎

一、项目投资的含义与特点

项目投资，是指企业采用自建或购置形式进行固定资产的再生产，以便为企业的生产经营和发展提供基本物质条件，并通过经营活动获取投资收益的投资行为。与债券、股票等证券投资不同，项目投资是企业直接的、生产性的、对内实物的投资。

项目投资是企业对内部生产经营所需的资产的投资，与其他形式的投资相比，项目投资具有以下几个特点[①]：

① 胡海峰. 公司理财［M］. 北京：首都经济贸易大学出版社，2008.

（一）投资金额大

项目投资，特别是企业战略性的扩大生产能力的投资通常都需要大量的资金，所以其投资数额较大，而且在企业的总资产中也占有相当大的比重。因此，项目投资对企业未来的现金流量和财务状况都将产生深远的影响，在进行项目投资决策的时候，一定要谨慎。

（二）影响时间长

项目投资的投资期以及项目发挥作用的时间都较长，企业可能在几年、十几年甚至几十年后才能收回投资。因此，项目投资会对企业未来的生产经营活动以及长期经济效益产生重大影响。

（三）变现能力差

项目投资通常不会在一年或一个营业周期内变现，即使短期内变现，变现能力也较差。而且长期的项目投资主要是投资于机器、厂房等固定资产，这些资产又很难改变其初始的用途，所以项目一旦完成，想要改变其初始的用途或者将其出售就会比较困难。

（四）投资风险大

由于影响企业投资项目未来收益的因素很多，再加上企业的投资金额也大、变现能力也较差，所以企业的项目投资的风险必然比其他投资的风险大。因此，在进行项目投资时，一定要将风险控制在公司可承受的范围之内。正如海信集团董事长周厚健所说："海信集团的投资中一个重要原则是：即使项目经营前景很好，但过分超出自有资金实力的项目不投入资金。"

二、项目投资的程序

项目投资的程序主要包括以下几个步骤：

（一）项目提出

投资项目的提出是项目投资程序的第一步，它是根据公司的长远发展战略、中长期投资计划以及投资环境的变化，在把握良好投资机会的情况下提出的。投资项目可以由公司的高层管理人员提出，也可以由公司的各级管理部门和相关部门经理提出。

（二）项目评价

投资项目的评价主要涉及以下几项工作：

（1）对提出的投资项目进行适当分类，为分析评价做好准备；

（2）计算有关项目的建设周期，测算有关项目投产后的收入、费用和经济效益，预测有关项目的现金流入和现金流出；

（3）运用各种投资评价指标，对项目的可行性进行分析；

（4）编写详细的项目评价报告。

（三）项目决策

投资项目评价完成后，按照管理权限由公司高层管理人员或相关部门经理依据项目评价报告，进行项目决策。

（四）项目执行

公司一旦确定投资项目后，就要积极筹措资金，进入到项目的执行过程。在投资项目的执行过程中，要对工程的进度、质量、施工成本以及工程核算进行监督和审核，确保工程的质量并按时完成。

（五）项目控制与反馈

在项目执行的过程中，要将实际指标与项目评价报告中的各项指标进行对比，找出差异、分析原因，并将分析结果及时反馈给相关部门或单位，以便采取相应的措施，确保预定目标的实现。另外，当出现新的情况或是投资环境发生重大改变时，要对投资项目重新进行评价，并根据评价结果调整预定目标，严重时也可以考虑终止项目投资，以避免遭受重大损失。

三、项目计算期的几个相关概念

（一）项目计算期

项目计算期是指项目从投资建设开始到最终结束整个过程的全部时间，即该项目的有效持续期间。一个完整的项目计算期包括建设期和生产经营期。其中建设期（记作 C， C≥0）的第 1 年初（记作第 0 年）称为建设起点，建设期的最后一年末（第 C 年）称为投产日；项目计算期的最后一年末（记作第 N 年）称为终结点，从投产日到终结点之间的时间间隔称为生产经营期（记作 P）。项目计算期、建设期和生产经营期之间的关系如图 7-1 所示：

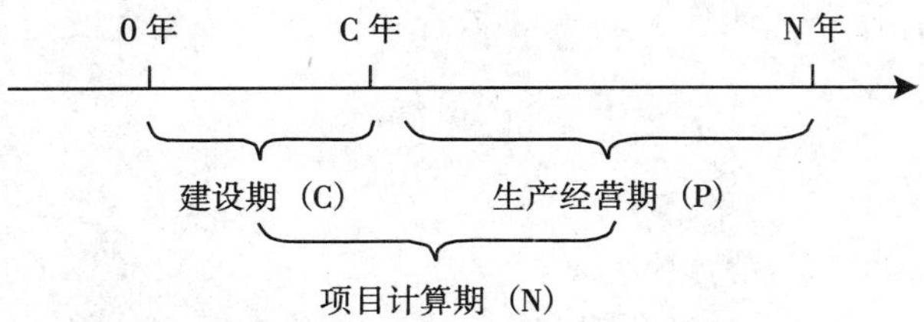

图 7-1　项目计算期的构成

资料来源：梁莱歆. 公司理财［M］. 北京：清华大学出版社，2009.

从图中可以看出，项目计算期=建设期+生产经营期，用公式表示为：

N = C + P

（二）原始总投资额与投资总额

原始总投资额，又称初始投资，是反映项目所需现实资金水平的价值指标。从项目投资的角度看，原始总投资是企业为使项目完全达到设计生产能力、实现正常经营而投入的全部现实资金。

投资总额是一个反映项目总体投资规模的价值指标，它等于原始总投资与建设期资本化利息之和，其中建设期资本化利息是指在建设期发生的与购建项目所需的固定资产、无形资产等长期资产有关的债务利息。用公式表示为：

投资总额 = 原始投资额 + 资本化利息

（三）项目资金投入方式

项目资金的投放方式从时间来划分，包括一次性投入和分次投入两种。一次性投入是指投资行为发生在项目计算期的第一期期初或是期末；分次投入是指投资行为分别发生在建设期的不同时点上，即使投放行为只涉及一个年度但同时在该年的年初和年末发生，也属于分次投入方式。

第二节　项目投资的现金流量

不进行研究的投资，就像打扑克从不看牌一样，必然失败。

——彼得·林奇

一、现金流量及其构成

（一）现金流量的含义

现金流量，也称现金流动量，简称现金流。在项目投资决策中，现金流量是指投资项目在其计算期内各项现金流入量与流出量的统称，它是评价投资方案是否可行的基础数据。因此，要运用有关指标对投资方案进行财务评价，必须正确计算出投资项目各期的现金流量。

（二）现金流量的构成

在项目投资决策中，现金流量包括现金流入量、现金流出量以及净现金流量三种形式。

1. 现金流入量

现金流入量是指投资项目所引起的现金收入的增加额。一般来说，包括营业收入、回收的固定资产余值以及回收的流动资金等。

（1）营业收入，是指在项目投产后，正常情况下各期的生产经营活动中形成的现金流入量。

（2）回收的固定资产余值，是指当投资项目终止时固定资产报废清理或中途转让时收回的固定资产价值。

（3）回收的流动资金，是指在流动资产使用寿命终止时收回的原来公司垫支在流动资产上的价值。

（4）其他现金流入量，是指除去以上三项现金流入量以外的其他现金流入，如营业外净收入等。

2. 现金流出量

现金流出量是指投资项目所引起的现金支出的增加额。一般来说，包括建设投资、垫支的流动资金、经营成本以及各项税款等。

（1）建设投资，是指在建设期内进行的固定资产投资、无形资产投资以及开办费投资等投资的总和。

（2）垫支的流动资金，是指项目投产前后分次或一次投放于生产经营周转的营运资金。

（3）经营成本，也称付现成本，是指在经营期内为保证正常的生产经营而使用货币资金支付的成本费用。与项目相关的某年经营成本等于当年的总成本费用（含期间费用）扣除该年折旧额、无形资产和开办费的摊销额，以及财务费用中的利息支出等项目后的差额。用公式表示为：

某年经营成本=该年的总成本费用（含期间费用）-该年折旧额、无形资产和开办费的摊销额-该年计入财务费用的利息支出

（4）各项税款是指项目投产后依法缴纳的、单独列示的各项税款，如所得税、营业税等。

（5）其他现金流出，是指除上述以外的现金流出，如营业外净支出等。

3. 净现金流量

净现金流量，又称现金净流量，是指在项目计算期内现金流入量与现金流出量之间的差额。用公式可以表示为：

某年净现金流量=该年现金流入量-该年现金流出量

当现金的流入量大于流出量时，净现金流量为正值；反之，净现金流量为负值。因此，通常情况下项目建设期内的净现金流量为负值；经营期内净现金流量为正值。

二、项目投资决策中采用现金流量分析的原因

在项目投资决策中将现金流量作为评价项目经济效益的依据，主要有以下几方面的原因：

（1）以现金流量作为评价依据，充分考虑了货币时间价值。

（2）以现金流量对投资项目进行评价更具客观性。现金流量指标按照收付实现制原则确认，能够客观地反映投资项目的收入和支出情况。

（3）现金的收支情况动态地反映投资资金的流向与回收资金的投入产出关系，能够更加全面、合理地评价投资的效益。

三、现金流量的估算方法

在进行项目投资决策时，依据投资项目所处的不同阶段，需要分别估算每个阶段的现金流量，包括初始现金流量、营业现金流量和终结现金流量。

（一）初始现金流量

初始现金流量是指开始投资时发生的现金流量。一般包括固定资产投资、无形资产投资、流动资金投资、开办费投资和原有固定资产的变价收入等。可见，初始现金流量主要表现为现金流出。

（二）营业现金流量

营业现金流量是指投资项目投入使用后，在其寿命周期内由于生产经营所带来的现金流入量和现金流出量。这种现金流量一般都是按年计算的，主要包括项目投产后增加的税后现金收入和与投资项目相关的以现金支付的各种税后成本费用。营业现金流量的计算方法包括以下三种：

营业现金流量 = 收现销售收入 − 付现成本 − 所得税

营业现金流量 = 净利润 + 折旧

营业现金流量 = (收现销售收入−付现成本) ×（1−所得税税率）+ 折旧 × 所得

税税率

其中，第二种计算公式可以由第一种计算公式推导得到，第三种计算公式可以由第二种计算公式推导得到。

（三）终结现金流量

终结现金流量是指投资项目完成时所发生的现金流量，主要包括：固定资产的残值收入或变价收入、收回垫支的流动资金和停止使用的土地变价收入等。

【案例 7-1】

某公司的现金流量方案选择

某公司计划购买新的设备以扩大生产能力。现在有甲、乙两种方案可供选择，甲方案需要投资 30000 元购买设备，设备使用寿命为 10 年，采用直线法进行折旧，5 年之后设备无残值，这 5 年中每年的销售收入为 16000 元，每年的付现成本为 5000 元；乙方案需要 36000 元购置设备，还需垫支 7000 元流动资金，设备使用年限为 5 年，采用直线法折旧，5 年后的残值收入为 6000 元，5 年中每年的销售收入为 20000 元，付现成本第一年为 4000 元，以后逐年将增加修理工费用 500 元。设公司所得税税率为 25%。请分别计算甲、乙两种方案的现金流量。

1. 两种方案的初始现金流量

甲方案的初始现金流量 = −30000（元）

乙方案的初始现金流量 = −(36000+7000) = −43000（元）

2. 两种方案各年的营业现金流量

甲方案的折旧额 = 30000 ÷ 5 = 6000（元）

乙方案的折旧额 =(36000−6000) ÷ 5 = 6000（元）

甲方案第 1 年至第 4 年的营业现金流量 =(16000−5000) ×（1−25%）+ 6000 × 25% = 9750（元）

乙方案第 2 年的营业现金流量 =(20000 − 4500)×(1−25%)+6000 ×25%=13125（元）

乙方案第 3 年的营业现金流量 =(20000 − 5000) × (1−25%) + 6000 × 25%

$$=12750\text{（元）}$$

乙方案第 4 年的营业现金流量 $=(20000-5500)\times(1-25\%)+6000\times25\%$

$$=12375\text{（元）}$$

3. 计算两种方案的终结现金流量

甲方案的终结现金流量 $=(16000-5000)\times(1-25\%)+6000\times25\%=9750$（元）

乙方案的终结现金流量 $=(20000-6000)\times(1-25\%)+6000\times25\%+6000+7000$

$$=25000\text{（元）}$$

资料来源：陈雨露. 公司理财［M］. 北京：高等教育出版社，2008.

第三节　项目投资评价指标

看起来好的项目，也需要我们花时间和精力去深入分析、预测资金的回收情况和投资回报率。

——佚名

在进行投资决策分析的时候，需要确定具体的评价指标。通常，我们把决策时使用的指标分为两大类：一类是非贴现指标，即没有考虑时间价值因素的评价指标；另一类是贴现指标，即考虑了货币时间价值的指标。比较而言，第一类指标计算简单、易于理解，第二类指标计算比较复杂，但是更加科学。

一、非贴现指标

非贴现指标不考虑货币时间价值，把不同时间的货币收支看成是等效的。常用的非贴现指标主要有投资回收期和年平均报酬率。

（一）投资回收期

投资回收期（Payback Period，PP），是指回收初始投资所需要的时间，一般以年为单位。

1. 投资回收期的计算

投资回收期的计算分为以下两种情况：

（1）如果投资后每年的现金净流入量相等，则投资回收期可按如下公式计算：

投资回收期 = 原始投资额 ÷ 每年现金净流入量

（2）如果每年现金净流入量不相等，则使得下式成立的 n 为投资回收期：

$$\sum_{t=0}^{n} NCF_t = 0$$

其中，n 为投资回收期；NCF_t 为第 t 年的现金流入量。

【案例 7–2】

投资回收期的计算示例

某公司拟扩大生产，现有 A、B 两种方案可供选择。两种方案的初始投资额都为 100 万元，两种方案的净现金流量如表 7–1 所示，请比较两种方案的优劣。

表 7–1　A、B 两种方案各年的净现金流入量

单位：万元

项目	投资额	1	2	3	4	5
A 方案	100	35	35	35	35	35
B 方案	100	10	20	40	60	15

A 方案每年的净现金流入量相等，属于上述的第一种情况，则

A 方案投资回收期 = 100 ÷ 35 = 2.86（年）

B 方案各年的净现金流入量不相等，应先计算出累计现金流量，如表 7–2 所示。

表 7–2　B 方案累计净现金流量

单位：万元

年份	0	1	2	3	4	5
净现金流量	–100	10	20	40	60	15
累计净现金流量	–100	–90	–70	–30	30	45

由表 7–2 可知，在第三年到第四年的时候，累计净现金流入量等于零，即刚好收回全部投资额。用差值法可得：

B 方案的投资回收期＝3.5（年）

A 方案的投资回收期小于 B 方案，因此，应该选择 A 方案。

2. 对投资项目的评价

在使用投资回收期这一指标对项目进行评价的时候，通常是将投资项目的回收期与预定的回收期目标进行比较，如果投资项目的回收期小于预定的回收期，则方案是可行的；反之，则不可行。如果存在多个互斥的选择方案，则需分别计算每种方案的投资回收期，然后从中选择投资回收期最短的方案。

3. 投资回收期指标的优缺点

采用投资回收期指标的优缺点主要表现在：

优点有计算简单、易于理解；直观地反映了原始资本的收回期限；适合于各种投资规模。

缺点是没有考虑资金的时间价值；不能反映投资收回之后的净现金流量的变化情况；无法衡量方案的营利性。

（二）年平均报酬率

年平均报酬率（Average Rate of Return，ARR），是指投资项目寿命周期内平均的年投资报酬率。

1. 年平均报酬率的计算

年平均报酬率是反映年平均现金净流入量与原始投资额之间的比率，其计算公式为：

年平均报酬率 = 年平均现金净流入 ÷ 初始投资额 × 100%

【案例 7–3】

年平均报酬率的计算示例

利用例 7–2 的数据，若公司要求最低年平均报酬率为 30%，则应该选择 A、B 哪种方案？

A 方案每年的净现金流入量相等，因此：

A 方案的年平均报酬率 = 35 ÷ 100 × 100% = 35%

B 方案各年的净现金流入量不相等，因此：

B 方案的年平均现金净流入量 = (10 + 20 + 40 + 60 + 15) ÷ 5 = 29（万元）

B 方案的年平均报酬率 = 29 ÷ 100 × 100% = 29%

根据计算结果可知，A 方案的年平均报酬率满足公司的要求，而 B 方案的年平均报酬率低于公司的最低要求，因此应该选择 A 方案。

2. 对投资项目的评价

采用年平均报酬率对方案进行评价时，公司应该首先确定必须达到的年平均报酬率水平，然后计算方案的年平均报酬率，如果方案的年平均报酬率高于公司要求的水平，则该方案可行；反之，则不可行。当存在多种互斥选择方案的时候，应分别计算年平均报酬率，并在满足公司要求的情况下，选择年平均报酬率最高的方案。

3. 年平均报酬率指标的优缺点

年平均报酬率指标的优点是适用范围广，计算简单。但是这一指标没有考虑资金的时间价值，将前期的现金流量等同于后期的现金流量与现实情况不符，因此，在进行投资项目评价的时候，一般不单独使用这一指标。

二、贴现指标

贴现指标是考虑了资金时间价值的项目评价指标，主要包括净现值、内部报酬率以及获利指数三种。

（一）净现值

1. 净现值及其计算

假设有一个项目投资需 10 万元，投资回报为 15 万元，您会投资吗？乍一听这似乎很诱人，但是有一个关键的问题就是：您什么时候能够收回这 15 万元。如果是 30 年后，也许就不值得投资了，因为 30 年后的 15 万元可能没有现在的 10 万元值钱。因此，在进行投资决策时，所有的现金流都应该以当前的时间背景来考虑。这就是“净现值”——所有现金的当前价值。

公司理财中的净现值（Net Present Value，NPV），是指投资项目投入使用后的现金流入量，按资本成本或企业要求的报酬率折算出来的现值与初始投资额的现值之间的差额。其计算公式为：

$$NPV=\frac{CF_1}{(1+i)^1}+\frac{CF_2}{(1+i)^2}+\cdots+\frac{CF_n}{(1+i)^n}-CF_0=\sum_{t=1}^{n}\frac{CF_t}{(1+i)^t}-CF_0$$

其中，CF 表示各年的现金流量；i 表示资本成本或是预定的贴现率；t 表示项目的寿命期限。

2. 对项目的评价

我们可以这样来理解净现值指标：假设预计的现金流入在年末是一定可以实现的，并把原始投资看成是按预定贴现率借入的。如果净现值为正数，那么偿还本息后该项目仍有剩余的收益；如果净现值为零，偿还本息后一无所获；如果净现值为负数，则表明该项目的收益不足以偿还本息。

净现值是绝对值指标，净现值越大表明投资项目的回报越高；反之，则表明回报越低。当采用这一指标对方案进行评价的时候，只要当 NPV>0 时，就表明该投资项目可行；反之，则不可行。当存在多个互斥方案时，则要选择净现值最大的方案。

【案例 7-4】

投资项目评价的示例

某企业目前有甲、乙两个投资项目可供选择，两个项目所产生的现金流量情况如表 7-3 所示，设贴现率为 10%，那么该企业应该选择哪一个项目？

表 7-3　某企业甲、乙投资项目的现金流量情况

单位：元

期间	甲项目 CF	乙项目 CF
0	-14000	-8000
1	4250	3500
2	3950	3500
3	8050	3500

$$甲项目的净现值\ NPV=\frac{4250}{(1+10\%)^1}+\frac{3950}{(1+10\%)^2}+\frac{8050}{(1+10\%)^3}-14000$$

$$=-823.82\ （元）$$

$$乙项目的净现值\ NPV=\frac{3500}{(1+10\%)^1}+\frac{3500}{(1+10\%)^2}+\frac{3500}{(1+10\%)^3}-8000$$

$$=703.98\ （元）$$

通过计算可知，甲项目的净现值小于零，说明该项目不可行，乙项目的净现值大于零，项目可行。因此，公司应该选择乙项目。

资料来源：梁莱歆. 公司理财 [M]. 北京：清华大学出版社，2009.

3. 净现值的优缺点

净现值指标的优点主要体现在：考虑了资金的时间价值；全面反映了项目寿命周期内的现金流量情况；说明了投资额与资金成本之间的关系。该指标的缺点是：无法对不同规模的独立投资项目进行比较；不能确定投资项目的实际收益水平；贴现率的确定比较困难。

（二）内部报酬率

1. 内部报酬率的计算

内部报酬率（Internal Rate of Return，IRR）又称内含报酬率，是指能够使投资项目的净现值等于零的贴现率。其计算公式为：

$$净现值\ (NPV)=\frac{CF_1}{(1+IRR)^1}+\frac{CF_2}{(1+IRR)^2}+\cdots+\frac{CF_n}{(1+IRR)^n}-CF_0=0$$

其中，CF 表示各年的现金流量；IRR 表示内部报酬率；n 表示项目寿命期限。

内部报酬率这一评价指标的基本原理是：在计算项目的净现值时，以预定的回报率进行贴现计算，净现值通常是大于零或是小于零，说明方案实际可能达到的投资回报率大于或是小于预定的回报率；那么当净现值为零时，说明两报酬率恰好相等，这时的报酬率就是实际可能达到的报酬率。

2. 对投资项目的评价

采用内部报酬率这一指标来评价独立投资项目的时候，应该首先确定公司的资本成本或是所要求的最低投资回报率，如果项目的内部报酬率大于或等于资本成本或是所要求的最低投资回报率时，该项目是可行的；反之，则不可行。如果存在多个互斥的可行项目，则应该选择 IRR 最大的项目。

【案例 7–5】

内部报酬率的计算示例

某公司现有 A、B 两个投资项目，两个项目所产生的现金流量情况如表 7–4 所示，假设公司的资本成本为 10%，分别计算两个项目的内部报酬率。

表 7–4　A、B 项目的现金流量情况

单位：万元

年份	建设期	1	2	3	4	5
A 项目净现金流量	–100	30	30	30	30	30
B 项目净现金流量	–200	20	50	60	50	60

假设 A 项目的内部报酬率为 r，则

$$NPV=\sum_{t=1}^{n}\frac{CF_t}{(1+r)^t}-CF_0=30\ (P/A,r,5)-100=0，于是\ (P/A,r,5)=3.3333$$

查年金现值系数表，当 n=5 时，与 3.3333 毗邻的年金现值系数分别为 3.2743 和 3.4331，与之对应的贴现率分别为 16%和 14%。利用插值法可得：

$$\frac{r-14\%}{16\%-14\%}=\frac{3.3333-3.4331}{3.2743-3.4331}，得到\ r=15.26\%$$

B 项目经营期各年的净现金流入量不相等，因此要进行逐步的测算。

假定 $r_1=10\%$时，

$$NPV = 20\times0.9091+50\times0.8264+60\times0.7513+50\times0.6830+60\times0.6209-200$$
$$=-24.016\text{（万元）}$$

净现值小于零，说明应该降低贴现率，继续测算。假定 $r_2=4\%$ 时，NPV=10.854（计算方法同上），用差值法计算内部收益率 r，则

$$\frac{4\%-r}{10.854}=\frac{10\%-r}{-24.016}$$，得到 r =5.24%

资料来源：刘淑莲，牛彦秀. 公司理财［M］. 大连：东北财经大学出版社，2011.

3. 内部报酬率指标的优缺点

内部报酬率考虑了资金的时间价值，能够衡量投资项目的实际收益水平，是比较客观的评价指标，但是它的计算过程较为复杂，而且当经营期内大量追加投资时，导致现金流非常规变动，导致计算出的内部报酬率不唯一，缺乏实际意义。

（三）获利指数

1. 获利指数的计算

获利指数（Profitability Index，PI）是投资项目未来现金净流量现值与初始投资额现值之比。其计算公式为：

$$\text{获利指数}=\frac{\text{未来现金净流量的现值}}{\text{初始投资额}}\text{，即 } PI=\frac{\sum_{t=1}^{n}\frac{CF_t}{(1+i)^t}}{CF_0}$$

其中，CF 表示各年的现金流量；i 表示贴现率；t 表示项目寿命期限。

从计算公式中可以看出，当未来现金净流量的现值大于初始投资额的现值时，PI>1；反之，则 PI<1。

2. 对投资项目的评价

采用获利指数对投资项目进行评价时的规则是：

获利指数 PI≥1 为可以接受（可行）项目；反之则拒绝，为不可行项目。当存在多个可行项目时，应该选择 PI 最大的项目。

【案例 7-6】

获利指数的计算示例

某公司有甲、乙两个投资项目可供选择，两个项目产生的现金流量情况如表7-5所示，设贴现率为10%。试计算两个项目的获利指数。

表 7-5　某公司投资项目的现金流量情况

单位：元

期间	甲项目 CF	乙项目 CF
0	-20000	-12000
1	11800	4600
2	13240	4600
3	0	4600

$$甲项目未来现金净流量的现值=\frac{11800}{(1+10\%)^1}+\frac{13240}{(1+10\%)^2}=21669（元）$$

$$乙项目未来现金净流量的现值=\frac{4600}{(1+10\%)^1}+\frac{4600}{(1+10\%)^2}+\frac{4600}{(1+10\%)^3}$$

$$=11440（元）$$

$$甲项目的获利指数\ PI=\frac{21669}{20000}=1.08$$

$$乙项目的获利指数\ PI=\frac{11440}{12000}=0.95$$

通过计算可知，甲项目的获利指数大于1，项目可行；乙项目的获利指数小于1，项目不可行。

资料来源：胡海峰. 公司理财［M］. 北京：首都经济贸易大学出版社，2008.

3. 获利指数的优缺点

获利指数从本质看是由净现值发展出来的一个评价指标，它考虑了资金的时间价值，同时克服了净现值不能对规模不同的投资方案进行比较的不足。但是获利指数的含义较难理解，而且无法直接反映出投资项目的实际收益情况。

三、项目投资决策指标的比较

（一）非贴现指标与贴现指标的比较

总体上来讲，非贴现指标的计算比较简单，指标的含义简单易懂，但是由于没有考虑资金的时间价值，将不同时点的资金无差别地进行汇总计算对比缺乏科学性。贴现指标考虑了资金的时间价值，把不同时点的资金折算到同一时点进行分析，因而更加科学、合理。

随着电子技术的快速发展以及计算机的广泛应用，贴现指标复杂的计算过程变得容易，这就使得贴现指标的应用更加广泛。

（二）不同贴现指标之间的比较

前面我们介绍了三种主要的贴现指标：净现值、内部报酬率以及获利指数。这三种指标在理论上和计算上也存在一定的差异。

1. 净现值与内部报酬率

净现值和内部报酬率都能够较为客观地反映投资项目的经济效益，是比较好的投资评估指标。在一般情况下，对于独立投资方案，使用净现值指标和内部报酬率指标得到的评价结果是一致的。

但是，在互斥方案的评价中可能出现不一致的结论。当使用这两种指标得出的结论不一致时，应采用净现值的结论，即选择净现值大的项目。

2. 净现值与获利指数

净现值与获利指数都考虑了项目的全部效益与成本，但是净现值是一个绝对数指标，反映了投资的效益；获利指数是一个相对数指标，它反映了投资的效率。一般情况下，两种指标得出的结论是相同的，当两者的评价结论不一致时，如果是独立方案，则优先安排获利指数高的项目；如果是互斥方案，则应该采用净现值最大的方案。

3. 内部报酬率与获利指数

内部报酬率和获利指数都是相对比率。在投资项目的评价中，内部报酬率要跟公司的资本成本或是所要求的最低报酬率进行比较，判断方案是否可行；获利指数指标则受到贴现率的影响，评价时所使用的贴现率会影响方案的选择。

总的来说，净现值指标反映了公司的利益，以它为评价依据符合公司价值最大化的原则。因此，在企业资金雄厚或是筹资能力较强的情况下，无论独立项目还是互斥项目，都可以依据净现值指标作出决策。内部报酬率和获利指数在进行互斥方案的评价时，可能会出现与净现值相悖的结论。但是，内部报酬率与获利指数对不同投资规模的项目的比较和评价更为直观，所以也受到一些项目经理的偏爱。

第四节　投资决策的风险分析

规划资产配置时首要考虑的问题就是风险评估。

——埃罗德·穆迪

项目投资不仅周期长、数额大，而且涉及的不确定性因素多，可变现能力差。因此，在进行资本预算时，必须对存在的风险进行分析。风险是指在一定条件下和一定时间内可能发生的各种结果的变动程度，在项目投资中，风险导致未来的现金流量具有不确定性。

进行投资决策风险分析的常用方法有按风险调整贴现率和调整现金流量两种。

一、按风险调整贴现率

将与特定投资项目有关的风险报酬，加入到资本成本或企业要求达到的报酬率中，构成按风险调整的贴现率，并据以进行投资决策分析的方法，叫风险调整贴现率法。

对于常规的项目，一般以资本成本为贴现率计算评价指标；高风险的项目要求有较高的报酬率，其贴现率要大于资本成本。因此，要根据风险大小确定风险因素的贴现率。风险调整贴现率有以下几种方法：

（一）用资本资产定价模型来调整贴现率

在资本资产定价模型中，证券的风险包含两个部分，一为可分散风险；二为不可分散风险。不可分散风险是由 β 值来测量的，可分散风险通过证券投资组合来测量。

在进行项目投资评价时，可以引入企业总资产风险模型：

总资产风险 = 不可分散风险 + 可分散风险

在进行投资时，不可分散风险是应当关注的重点。这样，特定投资项目按风险调整的贴现率可用下式来计算：

$K_j = R_f + \beta_j \times (R_m - R_f)$

其中，K_j 表示项目 j 按风险调整的贴现率或项目的必要报酬率；R_f 表示无风险报酬率；β_j 表示项目 j 的不可分散风险的 β 系数；R_m 表示所有项目平均的贴现率或必要报酬率。

（二）按投资项目的风险等级来调整贴现率

这种方法是对影响投资项目风险的各因素进行评分，根据评分来确定风险等级，并根据风险等级来调整贴现率的一种方法，可通过表 7-6 和表 7-7 来说明。

表 7-6 按风险等级调整的贴现率表

项目状况与得分	投资项目的风险状况及得分									
	A		B		C		D		E	
相关因素	状况	得分	状况	得分	状况	得分	状况	得分	状况	得分
市场竞争	无	1	较弱	2	一般	5	较强	8	很强	11
战略上的协调	很好	1	较强	2	一般	5	较差	8	很差	11
投资回收期	1.5 年	5	1 年	1	2.5 年	8	3 年	9	4 年	13
资源供应	一般	7	很好	1	较好	4	很差	15	较差	11
总分		14		6		22		40		46

表 7-7 风险等级得分表

单位：%

总分	风险等级	调整后的贴现率
0~8	很低	7
8~16	较低	9

续表

总分	风险等级	调整后的贴现率
16~24	一般	12
24~32	较高	15
32~40	很高	17
40分以上	最高	25以上

通过以上两表可知，各投资项目按风险调整的贴现率分别为：K_A=9%、K_B=7%、K_C=12%、K_D=17%、K_E≥25%。

表中的分数、风险等级、贴现率的确定都由企业的管理人员根据以往的经验来设定，具体的评分工作则应由销售、技术、生产、财务等部门组成的专家小组来进行。①

（三）按风险报酬率模型来调整贴现率

通常，风险越大要求的报酬率越高，一项投资的总报酬可以分为无风险报酬和风险报酬两部分，因此特定项目按风险调整贴现率可按下式计算：

$$K_i = R_f + b_i V_i$$

其中，K_i 表示项目 i 按风险调整的贴现率；R_f 表示无风险报酬率；b_i 表示项目 i 的风险报酬系数；V_i 表示项目 i 的预期标准离差率。

按风险调整贴现率以后，具体的评价方法与无风险时基本相同。使用这种方法时，对风险大的项目就要采用较高的贴现率，对风险小的项目就可以采用较低的贴现率，因为这种方法易于理解，所以被广泛采用。但这种方法把时间价值和风险价值混在一起，人为地假定风险一年比一年大，这显然是不合理的。

二、按风险调整现金流量法

为了克服风险调整贴现率法的缺点，人们按风险程度来调整现金流量，也就是先按风险程度调整投资项目的预期现金流量，再进行投资决策评价。最常见的按风险调整现金流量的方法是肯定当量法。

① 蒋屏. 公司理财［M］. 北京：中信出版社，2005.

(一)肯定当量法

肯定当量法是指将不确定的各期现金流量,按照一个系数(通常称为当量系数)把有风险的现金流量调整为无风险的现金流量,然后利用无风险贴现率来评价风险投资项目的决策分析方法。

(二)当量系数

当量系数是指不肯定的一元现金流量的期望值相当于使投资者满意的肯定的金额,通常用 d 来表示,其计算公式为:

d=肯定的现金流量 ÷ 不肯定的现金流量期望值

一般依据标准离差率来确定当量系数,因为标准离差率较好地衡量了风险的大小。当量系数的选取因人而异,敢于冒险的分析者会选用较高的当量系数,而不愿冒险的投资者可能选用较低的当量系数。标准离差率与当量系数的经验对照关系如表 7-8 所示。

表 7-8 标准离差率与当量系数的经验对照关系

标准离差率	当量系数
0.01~0.07	1
0.08~0.15	0.9
0.16~0.23	0.8
0.24~0.32	0.7
0.33~0.42	0.6
0.43~0.54	0.5
0.55~0.70	0.4
⋮	⋮

当量系数确定后,决策分析就比较容易了。在按风险程度对现金流量进行调整后,计算出的净现值为正值,便可以进行投资。

【案例 7-7】

某公司的投资分析

某企业目前有一个投资机会,该项目各年的现金流量和当量系数如表 7-9 所示,设无风险贴现率为 10%,试判断该企业是否应该投资。

表 7–9　投资项目各年的现金流量和当量系数表

年份	0	1	2	3	4	5
净现金流量（元）	–15000	3000	4000	6000	10000	10000
当量系数	1.00	0.90	0.85	0.80	0.75	0.70

根据以上资料，该项目的净现值为：

$$NPV=-15000+\frac{3000\times 0.90}{(1+10\%)^{1}}+\frac{4000\times 0.85}{(1+10\%)^{2}}+\frac{6000\times 0.80}{(1+10\%)^{3}}+\frac{10000\times 0.75}{(1+10\%)^{4}}+\frac{10000\times 0.70}{(1+10\%)^{5}}$$

$$=3339.82（元）$$

经计算可知，按风险程度对现金流量进行调整之后，项目的净现值为3339.82元，因此，该企业可以进行此项投资。

肯定当量法克服了风险调整贴现率法夸大远期风险的缺点，但如何准确、合理地确定当量系数却是一个十分困难的问题。因为标准离差率与当量系数之间的对照关系，并没有一致公认的客观标准。

本章小结

企业的项目投资往往具有投资金额大、影响时间长、变现能力差和投资风险大等特点。因此，我们必须选择合理的评价指标对项目进行评估。投资项目决策的评价指标有非贴现指标和贴现指标两大类。其中，非贴现指标主要有投资回收期、年平均报酬率等，这些指标的计算比较简单，但是没有考虑货币时间价值；贴现指标主要包括净现值、内部报酬率以及获利指数，这些是考虑了货币时间价值的评价指标，虽然计算比较复杂但是更加科学、合理。

投资项目的风险问题是决策时必须要考虑的，处置投资项目风险的方法主要有按风险调整贴现率和按风险调整现金流量。贴现率的调整方法包括用本资产定价模型调整、按投资项目风险等级调整以及按风险报酬率模型调整。按风险调整现金流量的方法主要是肯定当量法，它根据项目的风险大小，用一定的当量系数对现金流进行调整，然后根据肯定的现金流量进行决策分析。

第八章　营运资金管理

开篇案例

小李的困惑

经过几年的刻苦钻研，小李设计出一款新产品。该产品的市场售价为500元/件，成本为200元/件，也就是说每销售一件会净赚300元。因此，小李兴奋地租场地、雇用工人、买机器和采购原材料。经过两个月的生产经营，将第一批产品卖给第一个客户，客户承诺三个月后付款。但是，三个月后该客户却以资金周转困难为由拖延付款。通过调查发现，该客户在市场上以使用各种理由拖延付款而出名，并且目前该客户陷入财务危机中。

此时，小李发现，损益表中虽然显示每销售一件产品会产生300元的收益，但是在资产负债表中却显示一大笔应收账款、一大批存货，而没有一点现金。如果下个月还是这样，小李就无法支付租金和工人的工资，他面临的将是破产。

资料来源：李延喜，秦学志，张悦玫.财务管理［M］. 北京：清华大学出版社，2010.

【案例启示】 小李的情况，是很多企业目前的状态。在财务报表中，利润是正值，理论上也应该是稳赚的投资，却恰恰因为对于日常营运资金的管理不到位而使企业产生流动性危机，严重者由此破产。因而可见企业营运资金的管理如应收账款和存货的管理大有学问，也是企业在财务管理中的必修课。

本章您将了解到：

- 营运资金的特点与管理的意义
- 现金管理的内容与最佳现金持有量确定的方法
- 应收账款管理的内容与企业信用政策
- 存货管理与最佳存货量的确定方法

第一节　营运资金管理概述

流动资产是衡量企业赚钱能力的重要指标。

——沃伦·巴菲特

一、营运资金的概念及分类

营运资金也称营运资本，通常对于财务分析人员来说，当谈到营运资金的时候，指的是总流动资产，即可以在一年内或超过一年的一个营业周期内变现或者耗用的总资产。营运资金可按不同的标准进行分类：

（一）按经济内容，可分为现金、短期有价证券、应收及预付账款、存货等

1. 现金

现金有狭义和广义之分，狭义上的现金是指企业实际库存的现金；广义的现金是指企业所有可以及时使用的支付手段，也称货币资金，包括所有的库存现金、在途现金、银行存款、业务周转金、信用证存款等。

2. 短期有价证券

短期有价证券是指企业持有的、随时准备变现的有价证券及其他期限在一年以内的投资。

3. 应收及预收账款

应收及预付账款是指企业在生产经营过程中形成的各种应收未收或预先支付的款项。

4. 存货

存货是指企业为保证生产经营活动正常进行而储存的各种资产。包括产成品、半成品、在产品、原材料、辅助材料、低值易耗品等。

（二）按资产的占用时间，可分为永久性流动资产和波动性流动资产

1. 永久性流动资产

永久性流动资产是指满足企业一定时期生产经营最低需要的那部分流动资产，如企业保留的最低库存、生产过程中的在产品等。

2. 波动性流动资产

波动性流动资产是指随生产的周期性或季节性需求的变化而变化的流动资产，也称为临时性流动资产。

另外，根据营运资金在生产经营过程中的作用不同，营运资金还可以分为生产领域营运资金和流通领域的营运资金；根据营运资金在生产经营过程中的不同形态，营运资金又可分为货币资产、储备资产、生产资产和成品资产。

二、营运资金的特点

要想有效地管理企业的营运资金，首先就要了解营运资金的特点，这样才能在企业营运资金管理的过程中采取有针对性的措施。营运资金指总的流动资产，这样营运资金的特点可以从流动资产方面予以展开。流动资产也称经营性资产，它的特点包括：

（一）投资回收期短

企业投资于流动资产的资金周转速度较快，其周转期较短，通常是在一年或一个营业周期内收回。因此，在流动资产投资所需的资金供应上，可以根据这一特点，采用短期的筹资方式来解决，如短期银行借款、商业信用等。

（二）形态多样化

流动资产在周转过程中的形态不断发生改变，从货币形态开始到原材料、在产品、产成品、应收账款，最后又变成货币形态。

（三）变现能力强

流动资产一般都具有较强的变现能力。当企业发生意外或是紧急状况时，可以迅速变卖流动资产，以获取现金。

（四）波动性

以流动资产状态被占用的投资会随着供产销而不断变化，其资金占用时高时低，数量不定。

（五）概念的相对性

流动资产的特点不是绝对的，如包装物虽然是按照流动资产进行管理，但其周转方式更接近于固定资产，在使用过程中不改变物质形态。而且流动资产的划分也是相对的，例如，车床厂生产的加工车床属于流动资产，但是在某个零件加工厂就变成了固定资产。

三、营运资金管理的意义

营运资金管理是企业总资产管理的一个重要组成部分。一般来讲，流动资产管理的目的是通过管理活动的实施，保证企业资金具有足够的流动性，并同时努力提高企业的盈利能力。具体地，流动资产管理的意义体现在以下几个方面：

（一）保证企业生产经营活动顺利进行

流动资产在企业总资产中所占的比重较大，它直接参与企业的各项生产经营与消耗，对企业的影响较大。因此，流动资产的科学管理，有利于企业生产经营活动的顺利进行。

（二）有利于提高企业流动资产的使用效益

流动资产的流动性强、周转快，虽然流动资产自身没有创造现金流量的能力，但在资金投资性质及其效率既定的情况下，高效的流动资产管理会在很大程度上增强企业经营活动现金流量的创造力。

（三）有利于保持企业资产结构的流动性，维护企业信誉

流动资产变现能力强，投资回收期短。加强流动资产的管理，加快流动资产的周转，可以提高流动比率，提高企业的偿债能力，从而有利于保持企业资产结构的流动性，维护企业信誉。

第二节 现金管理

管好现金，促进企业的“血液”循环。

—— 佚名

现金是指企业在生产经营过程中以货币形态存在的资金。包括库存现金、银行存款和其他货币资金等。货币资金是流动资产中流动性最强的资产，拥有大量的现金，企业就具有较强的偿债能力和抗风险能力。但同时货币资金也是一种非营利性资产，即使把款项存入银行，其利息收入也是很低的，所以，企业一般不会保留过多的现金资产。这就需要企业对货币资金进行管理，并确定最佳的现金持有水平。

一、现金管理的目标与内容

（一）现金管理的目标

现金是一种非营利性资产，公司现金占用量大，则会降低收益，但是持有的现金过少，又可能影响生产经营活动。因此，现金管理的目标就是在保证公司正常生产经营及偿还债务和缴纳税款的同时，降低现金持有量，并从闲置的现金中获得最大的投资收益。

（二）现金管理的内容

现金管理的主要内容包括：

1. 编制现金预算

公司通过编制现金预算，对预算期内各年、各季及各月的现金收支数量作出合理的预测，规划并控制公司现金的收支。

2. 控制日常现金收支

对日常的现金收支进行控制，力求加速收款，并在允许的范围内延缓付款。

3. 确定最佳现金持有量

采用科学的方法，根据公司历史资料和经济发展变化，使得公司现金保持在一个合理的水平上。

二、现金日常管理

现金日常管理包括现金的回收管理、支出管理和闲置现金的管理，其目的是加速现金周转、提高现金的使用效率。

（一）现金回收管理

为了加速现金的周转，企业应使账款尽快收回。企业账款的收回包括三个阶段：客户开出支票、企业收到支票、银行清算支票。企业账款收回的时间包括支票邮寄时间、支票在企业停留时间以及支票结算的时间。在实际工作中，通常采用以下方法缩短账款的回收时间：

1. 邮政信箱法

邮政信箱法，也称锁箱法，是指企业在业务比较集中的地区租用邮政信箱，并开立分行存款户，通知顾客把付款支票邮寄到指定的信箱，授权当地银行每日开启信箱，在取得客户支票后立即进行结算，并将款项存入企业账户。

采用这种方法时，客户将支票直接寄给客户所在地的邮箱而不是企业总部，不但缩短了支票邮寄时间，还免除了公司办理收账、货款存入银行等手续，大大缩短了支票在企业内的停留时间。但采用这种方法的成本较高，因为被授权开启邮政信箱的当地银行除了要求扣除一定的补偿性金额外，还会收取办理额外服务的劳务费，这就大大增加了现金的成本。

2. 集中银行法

集中银行法，是指企业指定一个主要开户行（通常是总部所在地）为集中银行，并在收款额较集中的若干地区设立若干个收款中心。客户首先将款项交给较近的收款中心，收款中心将当天收到的款项存入当地银行，当地银行在进行票据交换后，立即将款项转给集中银行。

这种方法可以缩短客户邮寄支票所需时间和支票兑现的时间，也就缩短了现金从客户到企业的中间周转时间。但是，在运用这种方法时，由于每个收款中心的地方银行都会要求一定的补偿金额，而这部分的补偿金额又是闲置的不能使用的资金，同时，设立收款中心需要耗费一定的人力、物力，所以花费也就很大。

3. 借记账户事先授权法

借记账户事先授权法即允许现金在确定日期自动由客户银行直接转记到收款公司的银行账户。我们也将这种交易称为无纸化交易。采用这种方法可以节省公司收取和送存支票以及银行清算支票的时间。许多保险公司都采用这种方法，鼓励投保人定期支付保险金。此外，还有一些加速收回现金的办法。如对于金额较大的货款，收款方可以直接派人前往付款方收取支票并送存银行，或由付款方把支票提到银行进行付款，从而加速收款。在我国的实际应用中，广泛采用的就是这种方式。

（二）现金支出管理

与现金回收管理相反，现金支出管理的主要任务是在合理合法、不损害企业信誉的前提下，尽可能延缓现金的支出时间。延期支付账款的方法一般有以下几种：

1. 合理利用现金“浮游量”

现金的“浮游量”是指企业银行账户上的存款余额与企业账户上存款余额的差额。实际上，企业在银行里的可用现金通常要大于企业账簿上的现金余额。这是因为，在利用支票支付时，有些支票公司已经开出，但是顾客还没有到银行兑现。“浮游量”是从企业开出支票、收款人收到支票存入银行至银行将款项划出企业账户的这段时间内，企业可以利用的现金量。企业利用这个时间差，可以适当减少现金数量，达到节约现金的目的。但是，该方法也存在一定的风险，一方面可能出现支付不及时，破坏企业信誉的情况；另一方面可能发生银行存款的透支现象。

2. 充分利用信用条件推迟应付账款的时间

为了最大限度地利用现金，企业可以在不影响信誉的情况下，充分利用信用条件，尽量推迟应付账款的支付时间。如付款条件是“2/10，n/45”，企业就应该安排在发票开出后的第 10 天付款，这样既得到了现金折扣又最大限度地利用了现金。

3. 采用承兑汇票延迟付款

这种方式对于付款企业而言，可当做延期支付的手段。因为承兑汇票不是“见票即付”的票据，在受票人将承兑汇票放进银行后，银行要将承兑汇票送交付款人承兑，并由付款人按照汇票的金额将资金存入银行，银行才会付款给受票人。这样，从承诺付款到实际付款存在一个时间差，企业可通过这种方式合法地延期付款。但是，采用这种方法银行需要更多的手续处理汇票，因此要收取较高的手续费。

（三）闲置现金的管理

企业在一定的时期，现金可能会相对充裕，甚至出现闲置的情况。闲置的现金即便存入银行，收益也比较低。因此，可以将其投资于债券、股票等。

1. 闲置现金投资的原则

在满足企业生产经营所需现金的基础上，闲置现金的投资可为企业带来更多的收益，但是，闲置现金的投资应该遵循以下原则：

（1）剩余投资原则。只有在资金确实闲置的情况下，才能进行投资，而且必须确保闲置现金的投资不会影响或是损害企业正常的生产经营活动。

（2）分散投资原则。应该把闲置现金按不同比例投资于不同种类、风险程度不同的证券，以分散投资风险。

（3）理性投资原则。要求企业在闲置现金投资时保持冷静和理性，对各项准备投资的证券进行慎重分析和比较，谨慎选择投资对象。

(4) 及时收回原则。企业的闲置现金投资必须能够及时收回，保证企业急需现金的时候能够获得所需的现金。

2. 可供投资的有价证券

基于上述原则，企业应该将闲置现金投资于流动性强、风险性低、交易期限短的金融工具中，以期获得较多的收益。目前，可供选择的种类主要有：公开上市的债券，包括政府债券、金融债券和公司债券。其中，政府发行的国库券、国家重点建设债券的流动性最高，风险性最低；大额可转让定期存单是由金融机构发行的固定面额的定期存款凭证，这种存单一般期限为一月到一年，时间有长有短，其风险相对较低，而且利率比同期银行存款高；或者投资于普通股股票等。

三、最佳现金持有量的确定

如前所述，企业必须确定最佳现金持有量，以提高资金的利用效率。常用的确定最佳现金持有量的方法主要包括以下几种：

(一) 现金周转期模式

1. 含义

现金周转期模式是根据现金周转速度求得最佳现金持有量。现金周转期是指从现金投入生产经营到销售商品收回现金的时间。它大致包括以下三个环节：一是存货周转期，即将原材料转化为产成品并出售所需要的时间；二是应收账款周转期，即从产品赊销而形成的应收账款到收回现金所需要的时间；三是应付账款周转期，即从赊购取得原材料到偿还购货款所用的时间。

2. 计算步骤

利用这一模式确定最佳现金持有量的计算步骤为：

(1) 计算现金周转期。

现金周转期 = 存货周转期 + 应收账款周转期 − 应付账款周转期

(2) 计算最佳现金持有量。

最佳现金持有量 = 每日现金需要量 × 现金周转期

$$=\frac{公司年现金需要量}{360}\times 现金周转期$$

如某公司预计存货周转期为 70 天，应收账款周转期为 20 天，应付账款周转期为 30 天，预计全年现金需要量为 720 万元，求最佳现金持有量。

现金周转期 = 70 + 20 − 30 = 60（天）

每日现金需要量 = 720 ÷ 360 = 2（万元）

最佳现金持有量 = 2 × 60 = 120（万元）

3. 方法评价

现金周转期模式简单易懂、计算简便。但是该模型假定材料采购与产品销售产生的现金流量在数量上一致，企业在生产经营的过程中现金需要和现金供应稳定。如果不能满足上述情况，则计算出的最佳现金持有量将存在一定偏差。

（二）存货模式

1. 含义

存货模式是由美国学者 Baumol 提出的。他认为企业现金持有量的确定与存货的经济批量有相似之处，可以借鉴存货经济订货批量模型来确定现金持有量。

在存货模式中，假设收入是间隔一段时间才发生的，而支出则是在一定时期内均匀发生的。在这段时期内，企业可以通过有价证券来获取现金。存货模式的目的就是要确定总成本最低时企业的现金持有量。

影响现金持有量的成本主要有两个：一是现金持有成本；二是现金转换成本。

现金持有成本是企业由于持有现金而放弃了对外投资的收益，其实质是一种机会成本，它与现金持有量成同方向变化。

现金转换成本是公司用现金购买有价证券或将有价证券售出取得现金时所发生的费用，如委托买卖佣金、手续费、证券过户费等。

在企业现金需要量一定时，现金持有量越大，持有成本越高，转换次数就越少，相应转换成本就越低；如果降低现金持有量，持有成本可以降低，但转换次数就增多，转换成本升高。因此，两种成本总计最低条件下的现金持有量即为最佳持有量。

2. 计算方法

假设：TC 表示现金总成本；i 表示有价证券的利率；T 表示特定时间内现金需求总额；N 表示最佳现金持有量；b 表示现金与有价证券每次转换的成本。

则现金持有量总成本可以表示为：

$$TC=\frac{N}{2}\times i+\frac{T}{N}\times b$$

则最佳现金持有量 $N=\sqrt{\frac{2Tb}{i}}$

如某公司预计全年需要现金 800000 元，现金与有价证券每次的转换成本为 100 元，有价证券的年利率为 10%，则最佳现金持有量是：

$$N=\sqrt{\frac{2Tb}{i}}=\sqrt{\frac{2\times800000\times100}{100\%}}=40000\text{（元）}$$

3. 方法评价

存货模型可以精确计算出最佳现金持有量以及现金与有价证券的转换次数，对企业加强现金管理发挥了一定的作用。但存货模式存在着明显的局限性：它以现金均匀支出、现金持有成本和转换成本能够准确预测为前提。因此，只有在上述因素比较确定的情况下，才能使用此方法。

（三）因素分析模式

1. 含义

因素分析模式是根据上一年现金占用额和有关因素的变动情况来确定最佳现金持有量的一种方法。

2. 计算公式

最佳现金持有量 =（上年现金平均占用额 − 不合理占用额）×（1±预计销售收入变化百分比）

如某公司 2008 年现金实际平均持有量为 300 万元，其中不合理占用额为 40 万元，预计 2009 年销售收入将比 2008 年增长 25%，根据因素分析模式，计算该公司 2009 年的最佳现金持有量。

最佳现金持有量 =（300 − 40）×（1 + 25%）= 325（万元）

3. 方法评价

因素分析模式计算比较简单，而且考虑了影响现金持有量高低的最基本因素。但是，这种模式假设现金持有量与销售收入呈同比增长，而现实中的情况可能并非如此。

通过对以上三种主要的确定最佳现金持有量的方法的介绍，我们可以看出，三种方法各有优缺点。在实际工作中，企业可以将三种方法结合起来使用，在计算的同时往往还需要结合财务管理人员的经验作出最终的决策。

第三节　应收账款管理

收入再多，也得要看回款！

——佚名

如今，市场竞争日趋激烈，企业不得不采取更多的方式去赢得客户的“芳心”，赊销、折扣、买赠等形式多样的销售行为愈演愈烈，客户对产品赊购的渴望无疑将企业应收账款的管理推上风口浪尖。

应收账款是企业流动资产的重要组成部分，如果管理不善很可能成为制约企业发展的瓶颈，尤其是在当前更加复杂、多变的环境下。因此，企业必须把握好赊销的“度”，制定合理的信用政策。

一、应收账款的功能与成本

（一）应收账款的功能

应收账款的功能是指应收账款在企业生产经营活动中的作用，它主要表现在以下几个方面：

1. 促进销售的功能

为了在激烈的市场竞争中立足，通过赊销为客户提供商业信用成为促进销售的一种重要方式。通常为客户提供的商业信用是不收取利息的，因此对客户具有较大的吸引力。与现销方式相比，客户更愿意购买采用赊销方式的企业的产品。因此，应收账款促进了企业的销售。

2. 减少存货的功能

企业的存货需要仓储、保管等费用，而企业通过赊销将存货转化为应收账款，就减少了企业存货的数量，提高了存货周转速度，从而节约了企业的费用支出。因此，应收账款帮助企业减少了存货。

（二）应收账款的成本

企业持有应收账款要付出一定的代价，这种代价即是应收账款的持有成本。它主要包括以下几个方面：

1. 应收账款的机会成本

企业为了促销而向购货方提供赊销这样一种商业信用，使得购货方占用销货企业的资金，从而使销货企业无法利用这笔资金从事其他的生产经营或是投资活动，这种因资金投放在应收账款上而丧失的用于其他投资所获得的收益，就是应收账款的机会成本。应收账款的机会成本是一种观念上的成本，并不是实际发生的成本。在计算时，一般按照有价证券的收益率进行，公式如下：

应收账款的机会成本=应收账款平均资金占用额×收益率

应收账款平均资金占用额=赊销收入净额×应收账款周转率

2. 应收账款的管理成本

管理成本是指企业为管理应收账款而发生的相应开支，包括从应收账款发生到收回期间所有与应收账款管理系统运行有关的费用。具体内容如下：

（1）调查客户信用状况的费用。

（2）收集信用信息，分析潜在客户信用状况的费用。

（3）应收账款账簿记录费用。

（4）应收账款收账及催收费用。

（5）其他费用。

3. 应收账款的坏账成本

坏账成本是指企业持有的应收账款因故不能收回而造成的损失。这是企业持有应收账款的一种风险。坏账成本的高低与应收账款的数额以及信用政策的松紧有关，应收账款信用政策越宽松，坏账成本越高；反之，则越低。

二、应收账款管理的目标与内容

（一）应收账款管理的目标

市场经济条件下，企业与企业之间相互提供商业信用越来越普遍。企业通过提供商业信用，采取赊销、分期付款等销售方式，可以提高销量、增加利润；但较高的应收账款使企业大量资金被占用，从而影响企业资金的流动性和资金的利用效率。因此，应收账款的管理目标在于：充分发挥应收账款的功能，通过应收账款管理增加销售收入、提高竞争能力，同时，权衡应收账款投资所产生的收益、成本与风险，提高企业资金的使用效率和效益。

（二）应收账款管理的内容

为了实现应收账款的管理目标，企业必须加强对应收账款的管理，具体来讲，应收账款管理的主要内容包括：

1. 确定信用政策

包括信用期限、信用标准、收账政策和现金折扣。

2. 收集信用资料

一般来自财务报表、客户的信用等级和信用报告、银行掌握的客户信用状况等。

3. 控制信用规模

根据客户的信用状况作出是否给予信用的决策，并确定其额度。

4. 实行信用监督

根据给予客户的信用额度和信用期限，监督其履行情况。

三、信用调查与评估

（一）信用调查

只有正确、客观地评价客户的信用状况，才能制定出合理的信用政策。而要对客户的信用作出科学的评价，就必须对客户进行信用调查，以便为信用政策的制定提供有用的信息。一般来讲，可以通过以下渠道获取相关的信息。

1. 通过金融机构（银行）进行调查

银行是公司信用资料的一个重要来源，银行在向客户提供贷款时，都要对客户的信用情况进行严格的审查。通过银行调查，可信度比较高，所需费用不高，但比较难掌握客户的全部资产情况及具体细节，并且因客户的业务分布在不同银行，所花费的调查时间会较长。

2. 利用专业资信调查机构进行调查

这种方式能够在短期内完成调查，而且可信度较高，但费用支出一般比较大。

3. 通过客户或行业组织进行调查

这种方式可以进行深入具体的调查，但会受到地域性限制，难以把握整体信息，有时难辨真伪。

4. 客户财务报表

通过查看客户的财务报表，特别是经过审计后的财务报表，并计算关键的财务比率，从而掌握客户的基本财务状况。

5. 其他单位

公司还可以通过工商局、税务部门、证券交易部门、各类新闻媒体等渠道了解与客户信用有关的资料。

（二）信用评估

在进行信用调查之后，就要根据搜集整理的信息对客户的信用进行评估。信用评估的方法有很多种，其中比较常用的是“5C”评估法和信用评分法两种。

1. “5C”评估法

“5C”评估法是指对客户信用的五个方面进行评估，由于这五个方面英文的第一个字母都是 C，故称之为“5C”评估法。具体包括：

（1）品行（Character），是指客户履行其偿债义务的态度，这是决定是否给予客户信用的首要因素。可以说品行是“5C” 中最为重要的因素。

（2）能力（Capacity），是指客户的偿债能力。偿债能力的高低，主要取决于流动资产的数量和质量、流动资产与流动负债的比例、现金流量状况等。

（3）资本（Capital），是指客户的经济实力与财务状况的优劣，是客户偿付债务的最终保证，主要是通过有关财务比率，如流动比率、负债比率、利息保障倍数等来分析。

（4）抵押品（Collateral），是指客户为了获得商业信用所提供给公司作为担保用的资产。抵押品的价值越大，客户的信用越有保障。

（5）条件（Conditions），是指可能影响客户偿债能力的经济环境，如经济发展趋势、经济政策等。

“5C”评分法能够从不同的方面了解客户的信用，但是这种评估方法的主观性较强，其结论往往不能直接作为制定应收账款信用政策的依据。

2. 信用评分法

“5C”评估法是一种定性的评估方法，在实践中，除了定性的分析外，还需要对客户的信用状况进行定量分析。信用评分法就是对反映客户信用质量的各种指标先进行评分，然后进行加权平均，计算出客户的综合信用分数，并以此进行信用评估的一种方法。信用评分法的基本公式为：

$$Y = a_1x_1 + a_2x_2 + a_3x_3 + \cdots + a_nx_n = \sum_{i=1}^{n} a_ix_i$$

其中，Y 为某客户的综合信用得分；a_i 为事先确定的对第 i 种财务比率或信用状况指标进行加权的权数；x_i 为第 i 种财务比率或信用状况指标的评分。

信用评分法简单易懂，便于使用。但是，使用这种方法的难点在于确定需要对哪些财务比率和信用状况指标进行评分、各指标权数分别是多少。因此，在实际使用中，需要收集大量数据，并结合以往的经验，以便确定指标类别和权数大小。①

四、信用政策的制定

信用政策是公司为了对应收账款投资进行规划和控制而确定的基本原则与行为规范，主要包括信用标准、信用条件以及收账政策三个方面。信用政策的制定是应收账款管理的重要内容，公司应制定科学的信用政策，合理权衡赊销扩大销售、降低存货成本与增加应收账款成本之间的关系，最大程度地提高公司效益。

（一）信用标准

信用标准是指公司对客户提供商业信用时，对客户资信情况要求的最低评判标准。信用标准的高低对公司的销售收益与成本都会产生重要影响。如果公司的信用标准严格，只对信誉好、坏账损失率很低的客户提供赊销，则可以减少坏账损失，降低应收账款的机会成本、管理成本以及坏账成本。但是，公司可能会因此丧失一部分客户，导致销售收入减少、利润下降；反之，如果公司的信用标准宽松，虽然销量会增加，但应收账款的机会成本、管理成本、坏账成本也会增加。

因此，对信用标准的管理，就是对信用标准宽与紧的制定。实质上是在应收账款成本与收益之间的权衡。

企业在制定或是选择信用标准的时候，应该综合考虑三个方面的因素：同行业竞争对手的情况、企业承担违约风险的能力以及客户的资信情况。

1. 同行业竞争对手的情况

在产品品种、质量、价格等因素基本相同的情况下，如果对手实力很强，就需采取较低（相对于竞争对手）的信用标准；反之，其信用标准可以相应严格一些。

---

① 梁莱歆.公司理财［M］.北京：清华大学出版社，2009.

2. 公司承担违约风险的能力

应收账款的存在很大程度是由于激烈的市场竞争引起，为了获得更多的销售收入，企业为客户提供了相应的信用条件，允许赊销行为。但在销售收入增加的同时，由此存在的客户违约风险也产生了，而且一般来说，信用条件越宽松，这种风险就越大。所以，公司在确定客户的信用条件的时候，应当充分地考虑自身承受风险的能力。

3. 对客户的信用评价情况

客户的资信程度高，信用标准可以相应的低一些；客户的资信程度低，信用标准就要高些。

（二）信用条件

信用条件是指公司接受客户信用订单时所提出的付款要求，主要包括信用期限、折扣期限和现金折扣。如“2/10，n/30”是一项信用条件，意思是如果公司在发票开出后 第 10 天内付款，可享受 2%的现金折扣；10 日后付款，将不享受折扣；客户应在 30 日内付款。这里，30 天是信用期限，10 天是折扣期限，2%是现金折扣率。

1. 信用期限

信用期限是指公司为客户规定的最长付款期限。信用期限越长，表明公司给予客户的信用条件越优越，它将促使企业销售收入增长。但是，较长的信用期限也会给公司带来一些不良影响，如公司的平均收款期延长，应收账款的机会成本、坏账损失和收账费用也将随之增加。因此，公司必须权衡延长信用期限后的边际收益与边际成本的大小，才能决定是否将信用期限延长。

2. 现金折扣和折扣期限

公司为了加速资金周转，及时收回货款，往往在信用期限内规定一个优惠期限，客户如果在优惠期限内付款，就可以享受一定比率的折扣，这种折扣就是现金折扣，优惠期限就是折扣期限。

公司给予折扣期和折扣率，其目的在于加速回收应收款项。但是，如果折扣率过低，就无法产生激励客户尽早付款的效果；折扣率过高，则会使公司的销售收入大幅下降。因此，公司必须把加速收款所得到的收益与付出的现金折扣成本结合起来，确定应该给予客户多长的现金折扣期限和现金折扣率。

（三）收账政策

收账政策是指信用条件被违反时，企业应采取的收账策略。为保证货款的收回，公司通常都会制定一定的收账政策，对超过规定期限仍未付款的客户实行各种形式的催收。在催收过程中，如果收账政策严格，则公司应收账款占用的资金将会减少，应收账款的机会成本、坏账损失等将会降低，但是公司的收账成本将会增加，甚至可能得罪客户，影响公司未来业务的开展；如果收账政策太过宽松，公司的收账成本可能比较小，但是拖欠公司货款的客户可能增多，拖欠期延长，公司应收账款的机会成本和坏账损失也随之增加。因此，公司在制定收账政策时，必须比较增加的收账成本与减少的应收账款成本的大小，权衡利弊得失，使政策宽严适度，尽可能在不丧失客户的前提下收回账款，降低收账成本。

【拓展阅读】

催款必知的13大技巧

（1）催款就要直截了当。千万别说对不起，或绕弯子，催款没有什么见不得人的，最有效的方式就是有话直说。

（2）在催款前，一定要弄清楚拖欠的原因是企业的疏忽，还是对产品的不满，抑或是其资金紧张，弄清楚原因才能有针对性地采取不同的收账策略。

（3）直接找到最开始的联系人，一定不能被客户“牵着鼻子走”。

（4）在催款时难免会受气，但也不要做出过激的行为。因为一旦你做出过激行为，撕破脸皮，客户很可能就会抵赖下去，想要再轻易收回款项就会更加困难。

（5）不要担心客户会因为被催款而丢失。因为到期付款是理所当然的。害怕因为催款而丢失客户，只会助长客户欠款不还的习惯。在催款时选用适当的技巧方法，做好与客户的沟通，还是可以完全将款项收回的，但如果客户坚持不付款，那么失去这样的客户对企业来说也应该没有什么大不了的。

(6) 对于客户提出的“不供货就不付款”的威胁，要当机立断，及时中止供货，否则只会让企业越陷越深。

(7) 企业一定要坚持“定期收款”的原则。因为收款时间拖得越久，就越难收回。国外有研究表明，收款的难易程度取决于账款的账龄而不是金额。

(8) 对于账款切忌要求先付一部分，虽然俗话说拿到一点总比一点没拿到的好，但是这样做剩余部分想要收回却很困难。

(9) 不仅要与客户保持良好的业务关系，而且还要尽量建立良好的个人关系，因为谁都不愿意跟朋友闹翻。

(10) 收款就要有穷追不舍的精神。要对债务人实行“三紧跟”的战略，就是在办公室里要紧跟，在吃饭上厕所的后面要紧跟，在下班回家的途中更要紧跟。这样做虽然有些过分，但也是不得已而为之的。滴水石穿，有时真的可以起到“功夫不负有心人”的作用。

(11) 催款要善于实施“感情投资”，虽然从道义上来说，欠债者要心怀歉意，但现今不少债务人对债权人不屑一顾，有些甚至不让你进门收钱。此时，就要债权人屈尊就下了，说尽好话，攻心为上。

(12) 催款要有长期的“韧劲”。即使债务人无理地像对待乞丐一样对待你，也要坚守阵地，临阵脱逃，只会前功尽弃。一旦看到机会，就要学向对方诉苦，要让他同情你，而不是你同情他。

(13) 对于存心赖账的客户，就要果断求助于专业收账人员或诉诸法律。因为对待这类人正常的收款方法是很难奏效的，所以可以选择专业的收账人员，如果专业收账人员都无法解决，唯一的方法就是寻求法律途径。

资料来源：http://www.mie168.com/manage/2011-04/332624.htm.

五、应收账款的日常管理

信用政策的实施，使公司产生了大量的应收账款，公司应采取各种措施，加强对应收账款的日常管理，加快应收账款的变现速度，提高应收账款的变现能力。应收账款的日常管理措施主要有应收账款追踪分析和应收账款账龄分析等。

（一）应收账款追踪分析

一旦赊销行为产生就应当时刻考虑是否可以按时足额回款的问题，因此公司就要对客户今后的经营情况、偿付能力进行追踪分析，特别对于大额交易和以往信用状况不是很好的客户应作为追踪分析的重点。

一般来说，客户能否按期偿还赊销货款，主要取决于客户的信用品质、财务状况以及客户是否可以实现该产品的价值转换或增值。虽然客户的信用品质和财务状况在公司决定赊销之前就已经进行了分析，但是客户的这两个因素也是会发生变化的，因此一旦发现客户的信用或是财务方面出现问题，公司应该采取果断的措施，尽快收回货款，并对客户的信用记录进行相应的调整。另外，客户如果能够实现产品的价值转换或是增值，他们往往愿意及时付款；反之，则可能拖延付款的时间。

应收账款的追踪分析不但能为公司当前调整收账方式提供依据，而且为公司未来制定合理的信用政策打下基础。

（二）应收账款账龄分析

应收账款的账龄是指未收回的应收账款从产生到目前的整个时间。应收账款的账龄分析就是将发生在外的各笔应收账款按照开票日期进行分类，并计算出各账龄应收账款的余额占应收账款总体余额的百分比，以便掌握应收账款的回收情况。

通常情况下，应收账款被拖欠时间越长、账款催收的难度就越大，成为坏账的可能性也就越大。因此，公司应该经常进行账龄分析，及时了解公司应收账款的回收情况和发展趋势，并采取相应的措施。

如果逾期的应收账款比重较大，公司应首先分析这种情况产生的原因，如果属于公司本身的信用政策问题，应尽快调整信用政策；其次，公司应分析拖欠货款客户的具体原因，制定不同的收账方法；最后，对于尚未到期的应收账款，也不能放松监控，以防止发生新的拖欠。

第四节　存货管理

如果把库存管理看作是仓库管理，那么你就犯错了。库存管理水平的高低决定了企业的命脉。

——佚名

公司应该如何改善存货管理呢?

存货是指企业在生产经营过程中为生产或销售而储备的物质，包括原材料、燃料、低值易耗品、在产品、半成品、产成品等。存货是联系产品生产和销售的重要环节，存货管理效率的高低，直接反映并决定着企业的收益、风险、流动性水平。对于大多数企业来说，存货在流动资产中往往占有较大的比重，因此，它是企业流动资产管理的重要内容。

一、存货的功能和成本

（一）存货的功能

存货的功能是指存货在生产经营过程中的作用，具体表现在以下几个方面：

1. 保证正常生产经营活动

生产过程中所需的原材料、在产品、半成品是公司正常生产经营的前提和保障。由于各厂商之间的信息交流不充分、需求的不确定性等因素，很少有公司能够随时购入生产或销售所需的各种物资。因此，为了保证生产的顺利进行，必须适当地储备一些生产所需的存货，从而防止停工待料的发生，维持生产的连续性。同时，存货在生产不均衡和商品供求波动时，也可以起到一定的缓和作用。

2. 适应市场变化要求

市场的需求处于不断变化中，当市场需求上升时，可能出现存货不足；而一旦市场需求下降，则可能导致公司的库存积压。为保证正常的生产经营，公司应该保持适当的存货量，从而提高适应市场变化的能力。

3. 均衡组织生产

如果企业所需原材料的供给或生产产品的需求具有较强的季节性，面对不平衡的市场供需状况，企业适当保持一定的存货水平，可以规避风险、降低生产成本。

4. 降低采购成本

企业在采购生产资料时，常会因为一次性采购数量多而享受到对方给予的商业折扣，也就是在价格上得到了一定的优惠。在权衡采购成本和其他成本的前提下，很多企业可能会选择增加采购批量、减少采购批次，从而降低采购成本。

（二）存货的成本

存货成本主要包括以下几个方面：

1. 订货成本

订货成本是指企业为组织订购存货而发生的各项支出。一般包括采购部门的日常经营费用（如采购人员的工资、折旧费、入库搬运费和水电费等）和专门为订购存货发生的业务费用（如差旅费、邮电费、通信费等）。订购成本中有些与订货次数无关，称为订货的固定成本，例如采购人员的工资；有些则会随着订货次数的变化而变化，即订货次数越多，这部分成本越高，称为订货的变动成本，例如邮费。

2. 采购成本

采购成本是指在采购过程中所发生的支出，包括购买价款、运输费、保险费、装卸费、途中合理损耗等。采购成本的高低主要取决于企业在一定时期内的采购数量和单价。当存货的总需求量一定的情况下，由于存货的单位采购成本一般不随采购数量的变动而变动，因此，在存货决策中一般不考虑采购成本。

3. 储存成本

储存成本是企业为持有存货而发生的费用。包括存货资本占用费或机会成本、仓储费用、保险费用、存货残损霉变损失等。储存成本中有些是固定的，与存货水平高低无关，即固定性储存成本，如仓库折旧；有些则与存货持有水平有关并随着存储时间的变化而变化，即变动性储存成本，如存货的保险费等。

4. 缺货成本

缺货成本是因存货数量不足而给企业造成的损失。如材料供应中断造成的停工待产费用、成品供应中断导致延误发货而承担的违约金、采用应急采购而比正常采购多支出的部分、因为缺货违约而损失的商誉、失去的销售机会等。

5. 产品品质成本

品质成本是指企业所采购的物资质量不能满足产品继续生产的要求所造成的损失。存货质量低劣，无法投入到下一道工序生产，必然造成整批产品交货时间的拖延，增加生产费用。

二、存货持有量的确定

确定合理的存货水平，能够使企业在保证正常生产经营的前提下，降低存货成本，提高资金利用效率。为了实现这一目标，企业需要通过合理策划，确定进货批量和进货时间，使存货总成本最低。使存货总成本最低的进货批量称为经济批量。

（一）经济订货批量基本模型

经济订货批量基本模型成立的假设条件有：①企业能够及时补充存货；②集中到货；③不存在缺货现象，没有缺货成本；④需求量确定；⑤存货单价不变，不考虑现金折扣；⑥企业现金充足。

于是，存货总成本可以表示为：

$$TC = F_1 + \frac{D}{Q}K + DP + F_2 + C\frac{Q}{2}$$

其中，TC 为存货总成本；F_1 为订货的固定成本；K 为每次订货的变动成本；D 为存货的年需求量；Q 为每次进货批量；P 为存货单价；F_2 为储存固定成本；C 为储存单位变动成本。

能够使存货总成本最小的订货批量，就是经济订货批量，即

$$Q^* = \sqrt{\frac{2KD}{C}}$$

如某公司每年耗用甲材料 1800 吨，一次订货成本为 400 元，单位储存成本为 100 元，那么经济订货批量为多少？

$$Q^* = \sqrt{\frac{2KD}{C}} = \sqrt{\frac{2\times400\times1800}{100}} = 120\text{（吨）}$$

（二）基本模型的扩展

经济订货批量模型是在各种假设条件下建立的，为了使模型更加接近实际情况，就必须放宽条件，对模型进行扩充。

1. 订货提前期

通常情况下，企业的存货无法做到随时补充，所以企业要在没用完时就提前订货。在提前订货的情况下，企业再次发出订货单时，尚有存货的库存量被称为再订货点，用 R 表示，它等于交货时间（L）和每日平均需要量（d）的乘积：$R=L\cdot d$。

如果公司订货日至到货日的时间为 8 天，每日存货需求量为 5 吨，则 $R=8\times5=40$（吨）。即公司库存为 40 吨的时候，就应该再次订货，当订货到达时，原有的库存刚好用完。

2. 数量折扣

企业在订货时，供货商对于大宗订单都会给予一定的数量折扣。例如，当一次订货量超过 1000 吨时，商品价格会降低 2%。此时，要确定最佳经济批量就必须对较高的存货成本和较低的购买价格进行比较，当折扣额超过了存货成本的增加额时，就应该增加订货批量取得折扣。

【案例 8–1】

折扣的计算示例

某公司的经济订货批量为 120 吨，现供货商提出对订货量在 200 吨以上时，给予每吨 3 元的折扣。该公司是否应该每次订货 200 吨以取得折扣？

该公司在经济订货批量时的总成本为：

$$总成本=400\times\frac{1800}{120}+100\times\frac{120}{2}=12000（元）$$

当订货量为 200 吨时，总成本为：

$$总成本=400\times\frac{1800}{200}+100\times\frac{200}{2}-3\times1800=8200（元）$$

可以看出，当订货量为 200 吨时，总成本降低了 3800 元，因此，应该把订货量提高到 200 吨。

3. 保险储备

保险储备是为防止存货短缺或供货中断造成损失而多储备的存货，这个储备存货称为保险储备。当存在保险储备的时候，再订货点就表示为：

R＝交货时间×平均日需求量＋保险储备

保险储备的存在，可以减少供应短缺而造成的损失，但保险储备过多会增加储存费用。因此，企业应确定合理的保险储备数量，使缺货或供货中断损失和保险储备成本之和最小。由于储备成本和缺货成本之间的关系是非线性的，因而在计算保险储备量的时候，可以先计算出不同保险储备量下的总成本，然后再对总成本进行比较，选择其中最低的。

实践中，缺货量具有概率性，其概率一般根据历史经验估计得出，而保险储备量可选择而定。

【案例 8-2】

保险储备的计算示例

某公司一年（按 360 天计算）的存货需要量为 3600 件，单位存货的变动成本为 2 元，单位缺货成本为 4 元，假定交货时间为 10 天，经济订货量为 300 件，每年订货 12 次，交货期内的存货需要量及其概率如下，含有保险储备的再订货点应为多少？可供选择的保险储备为 0 件、10 件、20 件、30 件。

表 8-1　订货期内存货需求量及概率

需要量	70	80	90	100	110	120	130
概率	0.01	0.04	0.20	0.50	0.20	0.04	0.01

（1）当保险储备量为 0 时。

再订货点 $R=10\times\frac{3600}{360}=100$（件），当订货期内的需要量超过 100 件时就会出现缺货问题。缺货量用 S 表示，则

$S=(110-100)\times0.2+(120-100)\times0.04+(130-100)\times0.01=3.1$（件）

此时，相关总成本 TC 为

$TC=4\times3.1\times12+0\times2=148.8$（元）

（2）当保险储备量为 10 时。

再订货点 $R=100+10=110$（件），当订货期内的需要量超过 110 件时就会出现缺货问题。缺货量用 S 表示，则

$S=(120-110)\times0.04+(130-110)\times0.01=0.6$（件）

此时，相关总成本 TC 为

$TC=4\times0.6\times12+10\times2=48.8$（元）

（3）当保险储备量为 20 时。

再订货点 $R=100+20=120$（件），当订货期内的需要量超过 120 件时就会出现缺货问题。缺货量用 S 表示，则

$S=(130-120)\times0.01=0.1$（件）

此时，相关总成本 TC 为

$TC=4\times0.1\times12+20\times2=44.8$（元）

（4）当保险储备量为 30 时。

再订货点 $R=100+30=130$（件），此时不会发生缺货，因此

$S=0$，相关总成本 TC 为

$TC=4\times0\times12+30\times2=60$（元）

比较以上不同保险储备量下相关总成本的大小，可知当保险储备量为 20 件时，总成本最低，故再订货点应该为 120 件。

资料来源：梁莱歆. 公司理财［M］. 北京：清华大学出版社，2009.

三、存货日常控制

存货日常控制是指在日常生产经营活动中，根据存货计划和生产经营活动的实际要求，对各种存货的使用和周转状况进行组织、调节和监督，将存货数量保持在一个合理的水平上。常用的存货控制方法有以下几种：

（一）ABC 分类控制法

ABC 分类控制法，又称帕雷特控制法，是由意大利经济学家帕雷特首创，经过不断的发展和完善，现在已经广泛应用于存货管理和控制。该方法将企业的各种存货按重要性程度分为 A、B、C 三类，A 类：品种少，单位价值大，占用资金多，对企业的影响大；C 类：种类繁多，单位价值小、占用资金少；B 类：介于 A、C 两类之间。

A、B、C 分类控制法的运用步骤如下：

1. 收集数据

收集存货相关的销售量、物品单价等数据。

2. 计算整理

对收集的数据进行加工，并按要求计算每种存货的金额及占全部存货资金的百分比。把存货金额分段，计算各段中各种存货数量占总存货量的百分比，分段

累计存货金额的百分比，并根据一定的标准将它们划分为A、B、C三类，如表8-2所示。

表8-2　存货分类标准

存货类别	占存货品种的比重	占存货资金总额的比重
A	5%~10%	60%~80%
B	20%~30%	15%~30%
C	50%~70%	5%~15%

3. 得出结论

针对不同类别的存货，采取不同的控制方法。对A类存货，企业应按每一个品种进行重点管理、严格控制；对B类存货，也应给予重视，但是不如A类那么严格，只要定期进行盘查即可；对C类存货，企业不必耗用过多的精力计算经济订货批量，一般可以采用一些较为简化的方法进行管理。

（二）准时生产系统

准时生产系统（Just-In-Time，JIT）起源于日本，该管理系统以需求拉动生产，要求产品的销售、生产与材料物资的供应保持同步，即生产过程中应该在需要原材料的那一时刻才将其及时运到，从而最大限度地降低存货，甚至达到零库存。这种情况下，存货不再占用企业的资金，同时也避免了因产品积压、变质等造成的浪费，从而大大降低了企业的各项存货成本，提高企业的经济效益。

但是，该生产系统要求企业有较强的市场适应能力、与客户有紧密的关系、与供应商的信息互动充分、及时以及企业内部各部门之间能够保持良好的协作关系。只有满足这些要求，JIT才能发挥作用。

四、存货管理的改进措施

为了有效地降低企业的存货成本，提高企业的核心竞争力，必须加大重视企业的库存管理，并采取有效的措施不断改进库存管理。

（一）完善存货管理制度

企业应该积极建立起高效科学的存货管理制度，并随着企业的发展不断加以完善。在存货管理的过程中，要根据企业的实际情况并结合历史数据，制定合理的指标，然后将指标划分到各相关部门，各部门分管的指标要层层分解，落实到人。

（二）加强企业内部控制

企业应该明确存货业务中各个岗位责任，明确相关部门和岗位的职责权限范围；并制定详细明了的存货业务流程，明确规范存货的取得、验收、入库、仓储等环节的控制要求，并做好相应的记录与凭证的保管工作。

（三）建立库存信息管理系统

手工式的管理显然已经无法满足现代企业库存管理的需求，利用计算机进行存货管理不仅可以节省大量的人力、物力还能极大地提高管理效率和管理水平。因此，企业应该根据自身情况，建立适合自身发展需要的库存信息管理系统，以便实时、动态了解企业的库存信息，提高决策的准确性。

（四）做好存货规划

所谓存货规划，就是制定合理的存货水平。企业一方面要考虑成本；另一方还要保证不出现缺货、断货的情况，因此，企业必须依据订货模型确定好经济订货批量、再订货点，从而降低总成本，同时能够及时补货，避免生产中断。

（五）提高库存管理人员素质

企业在进行人员聘用的时候应该结合岗位的特点，综合考量应聘者的素质，制定合理的选拔标准，录用合适的人员。对于已经在岗的人员应定期组织培训，使员工不断学习新的知识和技能，更好地完成库存管理工作。此外，还应该建立人员激励机制，通过表彰、奖励先进工作者，树立榜样，增强库存管理人员的责任心和工作积极性。

总之，企业通过改善库存管理能够有效地降低成本，提高企业的竞争力，保证企业持续健康地发展。

本章小结

流动资产是企业资产的重要组成部分，流动资产管理主要是对现金、应收账款以及存货的管理。现金管理的目标就是在保证公司正常生产经营及偿还债务和缴纳税款的同时，降低现金持有量，并从闲置的现金中获得最大的投资收益。通常可以采用现金周转期模式、存货模式、因素分析模式来确定企业最佳的现金持有量。应收账款是商品的卖方向买方提供的一种商业信用。

第九章 利润分配与股利政策

开篇案例

我国上市公司分红情况

近日，网上流传了一份上市公司“铁公鸡”榜，引起不少投资者的关注。经过《投资者报》一盘点，居然发现A股市场中有如此之多的“铁公鸡”：62家公司虽然都有充沛的未分配利润，但是却连续三年不分红，而公司的高管薪酬近年来不断上涨，真是成功践行了“肥水不流外人田”的口号。调查发现，近三年从未有过分红记录的公司多达630家，若剔除因未来得及分红的新上市公司，仍有618家上市公司近三年来从未进行过分红。而这部分公司几乎占到了上市公司总数的三分之一。其中，汇通能源20年来仅有一次分红，成为未分红持续时间最长的公司；长城电工也从上市以来，仅在2000年分过一次红之后就再未进行过分红。作为近三年来分红能力最强的辽宁成大，虽然2009年的账面未分配利润高达46.67亿元，但仍然是坐稳了“铁公鸡”一毛不拔。

然而，和“铁公鸡”们相比，2010年的“分红”市场显得异常热闹。根据已公布预案和已实施的方案计算，A股上市公司2009年年报中的现金分红总额预计将达到3495亿元，相比2000年增长了近10倍之多。公司经营业绩好、红利丰，让投资者倍感踏实，但让投资者感到不安的是，根据Wind数据对上市公司近三年的分红额度与首发融资额以及近三年增发融资额的统计显示，截至2010年8月3日，A股1898家上市公司中，剔除86家数据不全的上市公司，其余

1812 家上市公司首发融资额度加上近三年增发融资额度总计 23423.02 亿元，而近三年上市公司的分红额度仅有 7057.02 亿元，分红额度仅占融资额度的 30.13%。

但值得注意的是，目前的高分红却并未受到市场的追捧。调查数据显示，2000 年以来 A 股累计分红位列前 10 名的上市公司，并不是市场表现最强的前 10 名股票。这也表明，市场投资者并不是一味地追求高分红，理性分红才是明智之举。

资料来源：周夏飞.公司理财［M］. 北京：机械工业出版社，2011.

【案例启示】 成功的公司会赚钱。这些收入可以用于再生产、偿还债务、购买证券、分配给股东。如果决定分配给股东，那么从利润中拿出多少进行分配呢？支付股利是直接用现金还是送股呢？公司应该采取什么样的股利分配政策呢？本章我们就将围绕这些问题展开论述。

本章您将了解到：

- 公司利润的分配程序与股利支付的相关知识
- 股利无关理论与股利相关理论
- 实践中的股利政策影响因素

第一节　公司利润概述

切蛋糕时由你来主刀——赢利分配的程序和方式。

——佚名

一、公司利润

利润是指公司在一定时期内经营成果的最终体现，它是一定会计期间内实现的收入减去费用后的净额。利润反映了公司的经营状况，同时它也是衡量公司经营成果与经济效益最重要的指标。在市场经济条件下，获取利润是公司生存的基本条件。

就公司利润的构成来说，既有通过生产经营活动获得的，也有通过投资活动获得的，此外，还包括一些与生产经营无直接关系的其他事项引起的盈亏。公司利润的构成以及相关的层次指标可以表示为：

利润总额=营业利润+营业外收入-营业外支出+以前年度损益调整

净利润=利润总额-所得税额

息税前利润=利润总额+利息费用=税后利润+所得税额+利息费用

税前利润=息税前利润-利息费用

税后利润=税前利润-所得税额

可供分配的利润=净利润+年初未分配利润+其他转入

可供投资者分配的利润=可供分配的利润-提取法定公积金-提取任意公积金-其他基金

未分配利润=可供投资者分配的利润-应付优先股股利-应付普通股股利-转作资本的普通股股利

二、利润分配的程序

利润分配，是将公司实现的净利润，按照国家财务制度规定的分配形式和分配顺序，在国家、公司和股东之间进行的分配。利润分配的过程与结果，是关系到股东的合法权益能否得到保护，公司能否长期、稳定发展的重要问题。为此，公司利润的分配要兼顾各方利益，按照规定的程序进行分配。

按照我国公司法的有关规定，利润分配应当按照以下程序进行（见图 9-1）：

（一）计算本年度可供分配的利润

可供分配的利润是公司实际可以分配的利润总额，除本年净利润之外，还包括以前年度剩余的未分配利润和转入的其他利润。即

图 9-1　公司利润分配程序

可供分配的利润＝净利润＋年初未分配利润＋其他转入

公司法规定，公司上一年度亏损额可用本年度的税前利润进行弥补，本年度税前利润不足以弥补的，可以逐年延续弥补，但是最长不能超过 5 年。当公司可供分配的利润为负时，不能进行后续分配，此时可以用公积金弥补亏损，如果公司可供分配的利润为正数，则可以进行后续分配。

（二）提取法定盈余公积金

法定盈余公积金是按照规定的比率从净利润中提取的内部积累资金。法定盈余公积金按照税后净利润的 10%提取。法定盈余公积金累计已达注册资本的 50%时，可不再提取。提取的法定盈余公积金用于弥补以前年度亏损或转增资本金，但转增资本金后，留存的法定盈余公积金不得低于注册资本的 25%。

（三）提取法定公益金

根据公司法规定，法定公益金按税后利润的 5%~10%提取。提取的公益金用于职工的集体福利设施。

（四）提取任意盈余公积

任意盈余公积是公司经股东大会或类似机构批准，按照规定的比例从净利润中提取的盈余公积。

（五）向公司股东（投资者）支付股利

公司在弥补亏损、提取法定公积金和公益金后所剩余的利润才能向公司股东支付股利。有限责任公司按照股东的出资比例分配，股份有限公司按照股东持有的股份比例分配。公司以前年度未分配的利润，可以并入本年度向投资者分配。股份有限公司应先支付优先股股利，再向普通股股东支付普通股股利。

三、股利支付的程序与方式

（一）股利支付的程序

公司是否发放股利由公司董事会决定，一旦董事会宣布发放股利，便构成了公司的负债。一般而言，股利的发放按照如下程序：

1. 股利宣告日

股利宣告日是公司董事会将股利支付情况予以公告的日期。公告中将宣布每股股利、股权登记期限、除去股息的日期和股利支付日期等事项。我国的上市公司通常一年派发一次股利，在西方一些国家，上市公司通常每半年派发一次股利。

2. 股权登记日

股权登记日是指有权领取股利的股东资格登记的最后日期。只有在股权登记日之前登记注册的股东才有权利分享股利。股权登记日一般在股利宣告日后的2~3周内。

3. 除息日

除息日是指除去股利的日期，一般在股权登记日之前的1~4天。因为股票买卖的交割和办理过户需要一段时间，如果股票交易日距离股权登记日太近，在股权登记日之前成交的股票往往在股权登记日还未完成交割、过户手续，新股东的名字还未出现在公司的股东名单中。为了避免矛盾和冲突，通常规定能够获得股利的股票交易日与股权登记日之间要有一定的时间间隔。只有在除息日之前进行股票交易的股东，才有资格领取股利，而在除息日当天或以后购买股票的股东，则不能获得此次发放的股利。

4. 股利支付日

股利支付日，又称付息日，是公司将股利实际支付给股东的日期。

【案例 9–1】

某公司的股利支付日

某公司 2011 年 6 月 15 日宣布：公司董事会决定，本年度发放每股为 0.2 元的股利；公司将于 2011 年 7 月 14 日将上述股利支付给已在 2011 年 6 月 30 日登记为本公司股东的人士。

在此案例中，股利宣告日为 2011 年 6 月 15 日；股权登记日为 2011 年 6 月 30 日；除息日一般在股权登记日的前四天，因此，2011 年 6 月 26 日为除息日。2011 年 7 月 14 日为股利支付日。将上述时间可以反映在数轴上，如下所示：

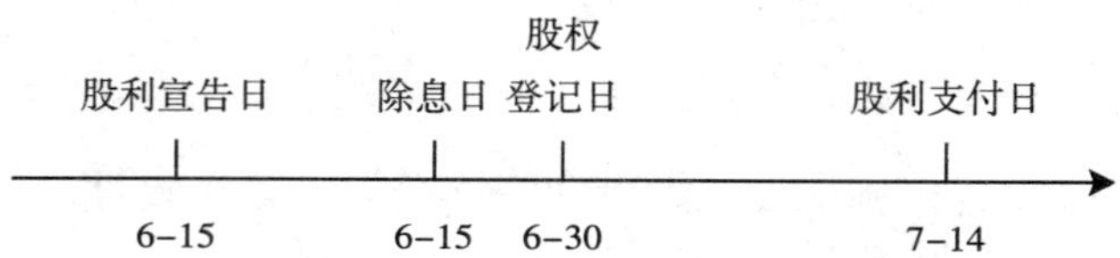

图 9–2　股利支付过程中的各重要日期

资料来源：陈雨露. 公司理财［M］. 北京：高等教育出版社，2008.

（二）股利支付的方式

股利支付的方式有很多种，主要包括现金股利、财产股利、股票股利、债权股利、股票分割以及股票回购等。

1. 现金股利

作为股利支付的常见和主要方式，现金股利是指公司以货币形式支付给股东的股利。现金股利是大多数股东所希望的股利支付方式，这种方式操作简单，且分配后公司原有的所有权结构没有变化。但是，这种方式加大了公司支付现金的压力，公司支付现金股利除了要有累计盈余之外，还要有充足的现金。

2. 财产股利

这是以现金之外的其他资产支付股利的方式，这种资产可以是公司拥有的其他公司的有价证券，如债券、股票等。由于不需要公司实际的现金支出，这种股利支付方式适用于公司现金支付能力较弱的时期。

3. 股票股利

股票股利是指上市公司将应分配给股东的股利以股票的形式支付。在支付股票股利时，公司通常为所有股东按一定的比例增配股票。如2%的股票股利，即指股东现时持有的每50股股票将得到1股新股。

股票股利的支付虽然增加了股东持有股票的数量，但是送股后公司股票的每股权益相应降低，因而并不影响公司股东权益总额，也不会改变公司财产价值和股权结构，同时也不会导致公司资产的流出或负债的增加。

4. 债权股利

债权股利也称负债股利，是公司以负债形式支付的股利，例如用债券或应付票据作为股利支付给股东。这时，股东同时也成了公司的债权人，他们可以定期向公司索取债权和相关利息。

5. 股票分割

股票分割又称拆股，是指将面额较高的股票分割成面额较低的股票的一种行为。如1股拆分成5股。股票分割时，发行在外的股票总量增加，股价下降，但是公司的股本总价值不变。

股票分割与发放股票股利的作用非常相似，二者都是在不增加股东权益的情况下增加股票的数量。所不同的是股票分割导致的股票数量的增加量可以远大于发放股票股利，而且在会计处理上也有所不同。

尽管股票分割与发放股票股利都能达到降低股价的目的，但一般来讲，只有在公司股价剧涨且预期难以下降时，才会采用股票分割的办法降低股价；而在公司股价上涨幅度不大时，通常是通过发放股票股利将股价维持在理想的范围之内。

6. 股票回购

股票回购是指公司按照一定的程序购回发行或流通在外的本公司普通股股票的行为。公司通过利用多余的现金购回其股东所持有的股份，从而使得企业流通在外的股份减少，这样就增加了每股股利，提升了企业的股票价格，股东也因此获得丰厚的资本利得。所以，可以说企业的股票回购行为是现金股利的一种替代形式。[①]

公司股票回购主要有以下三种方式：

（1）公开市场回购。公开市场回购是指公司在股票市场上以普通投资者的身份，按照公司股票当前的市场价格进行回购。这种方式常用于股票市场表现欠佳时，企业小规模回购具有特殊用途所需的股票。这种方法的缺点就是在公开市场上购买时抬高股价，此外，企业还要支付佣金以及手续费等，因此回购成本相对较高。

（2）要约回购。要约回购包括两种类型，荷兰式拍卖回购和固定价格要约回购。荷兰式拍卖回购是先由公司确定回购价格的范围和计划回购的股票数量，然后由股东进行投标，表明愿意以某一特定价格水平出售股票的数量，公司汇总股东提交的价格和数量，确定股票回购的价格、数量，然后进行回购。固定价格要约回购是指公司在特定时间发出以某一高出股票当前市场价格的价格水平回购既定数量的股票。

（3）协议回购。协议回购是指股票发行公司以协议价格直接向一个或几个主要的股东购回股票。协议购买的价格一般低于市场价格。由于回购并不是面向所有的股东，因此，如果价格制定得不合理，就可能会损害未出售股票股东的利益。

第二节　股利理论

奶牛产奶，母鸡下蛋，股票当然是分红。

——佚名

① 陈雨露. 公司理财［M］. 北京：高等教育出版社，2008.

股利分配是公司资金管理的重要内容之一，“公司的股利政策是否会影响公司价值”这一问题一直是理论界争论的焦点。总体来讲，主要分为两种观点：一种观点认为股利政策不会影响公司的价值，即股利无关理论；另一种观点则认为公司的股利政策会影响公司的价值，即股利相关理论。

一、股利无关理论

股利无关理论认为无论公司是否分配股利、分配多少股利对公司的价值或者股票价格都不会产生影响。这一理论建立在一系列假设条件的基础上：

这些假设条件包括：不存在任何个人或公司所得税；不存在股票的发行和交易费用；公司的投资决策与股利政策彼此独立；股利政策对公司的权益资本成本没有影响；对于未来的投资机会，公司投资者和内部管理者可以获得相同的信息。

在这些假设条件下，股利无关理论的观点包括：

（一）投资者并不关心公司股利的分配

如果公司留存较多利润进行再投资，公司的股票价格就会上升。虽然股利较低或者没有股利，但是投资者可以通过出售股票得到现金；如果公司发放的股利较多，则投资者可以用这些现金再买入一些股票以扩大投资。

（二）股利的支付比率不影响公司的价值

根据观点1，既然投资者不关心股利的分配，那么公司的价值就完全取决于投资的获利能力，而与股利的支付比率无关。

该理论的一系列假设条件在现实中不可能实现，所得税、交易成本在现实中的存在必然会使公司的资本成本受到股利政策的影响。于是，许多不同的观点相继产生。

二、股利相关理论

股利相关理论认为，公司是否分配股利以及分配多少会对公司的市场价值或是股票价格产生影响。股利相关理论的观点主要包括以下几种：

（一）“一鸟在手”理论

“一鸟在手”理论的称谓来源于西方的一句谚语：“双鸟在林不如一鸟在手”。该理论认为，投资者是厌恶风险的，大部分投资者偏爱确定的股利，而不是有风险的资本利得。因为确定的股利收益比留存收益带来的资本利得更为可靠，好比在手之鸟，是一种既得利益；而放弃股利进行再投资获得资本利得有很大的不确定性，犹如林中之鸟，虽在林中却不一定能得到。因此，在其他条件相同的情况下，投资者宁愿出较高的价格购买那些能为他们提供高股利政策的股票。

（二）信号传递理论

信号传递理论认为，投资者不可能与管理者同等地获得关于未来投资机会的信息。管理者往往更了解公司未来的发展前景，而投资者一般只能通过公司的财务报告了解公司的经营状况和盈利能力，从而判断是不是应该购买该公司的股票。可是财务报告是可调整、可润色甚至可以是虚假的。在这种情况下，股利分配就成了一种信号传递工具，将公司的真实情况反映给市场。通常认为，增加股利的发放，投资者会认为公司未来经营状况良好、盈利能力上升，从而股票价格上升；反之，如果减少股利的发放，投资者就会认为公司的经营状况恶化、前途不太乐观，会导致股票价格的下跌。这种信息通过股利政策传递给投资者，影响了投资者的预期，也影响了公司的价值。

（三）税差理论

股利无关论没有考虑所得税的影响，但现实生活中不仅存在个人和公司所得税，而且在西方国家，资本利得和股利收入征税比率也是不同的。一般而言，资本利得所得税税率较低，而股利收入所得税的税率较高。[①]中国当前股利的一般税率为20%，而资本利得不征税。另外，如果投资者一直将资金保留在公司中继续增值，直到出售股票获得资本利得时才需要纳税，具有推迟纳税的效果。

因此，公司采取多留少分的股利政策有利于投资者减少缴纳的所得税，获得更多的投资收益。根据税差理论，考虑到纳税的影响，公司应当采取低股利支付政策，为股东带来税收上的益处，从而增加公司价值。

（四）投资者类别效应论

不同的投资者不仅仅对资本利得和股利收入有不同的偏好，由于其社会地位、财富状况等的不同，使得他们对公司股利政策的偏好也是不同的。一般情况下，低收入水平的投资者希望获得稳定的现金流入，他们期望获得较高的股利支付率；而那些收入较高的投资者则会偏好少分现金股利，而是作为公司的留存收益用于再投资，这样不仅可以为将来积累财富，而且可以避免较高的个人所得税。因此，公司不同的股利政策会吸引不同偏好的投资者，从而影响公司的价值。

（五）代理成本理论

由于所有权与经营权的分离，使得公司实际的经营权由经营者掌握，而股东与经营者的目标并非总是一致的，他们之间往往会出现利益冲突，在多数情况下，经营者可能会牺牲股东的利益而追求自身效益最大化。这个冲突的存在，使得股东需要支付代理成本来监督经营者的行为。为了降低代理成本，股东希望将公司的剩余现金流量以股利的形式发放，从而减少经营者能够控制和支配的资源。因此，代理成本理论认为，公司应该采取高股利政策，减少自由现金流量，降低代理成本，增加公司价值。

---

① Robert Litzenberger, and Krishna Ramaswamy. The Effect of Personal Taxes and Dividends on Captial Asset Prices. Journal of Financial Economics, 1979 (7).

第三节　实践中的股利政策

我们可以接受公司保持盈余而不分配，但前提是公司必须将之用在“更有利”的用途上，否则便应分配给股东或用来买回公司股份。

——佚名

与理论分析相比，现实中股利发放受到诸多因素的影响和制约，公司应该结合自身的具体情况，制定适合本公司的股利分配政策。

一、股利政策的内容

股利政策的内容一般包括以下几个方面：

（一）选择股利支付形式

即确定是以何种形式发放股利，如现金股利、股票股利或是其他某种形式。

（二）确定股利支付率

即确定每股实际分配盈余与可分配盈余的比率。另外，还要确定公司未来股利的增长速度。

（三）具体的股利发放策略

是采取固定股利政策，还是稳定增长股利政策，或是剩余股利政策。

（四）股利支付程序的策划

即确定股利宣告日、股权登记日、除息日和股利支付日等具体事宜。

二、影响股利政策的因素

现实中，公司制定股利政策时，必须结合自身所处的行业、公司的发展阶段以及市场环境等。概括起来讲，影响公司股利政策的因素可以分为以下几个方面：

（一）法律因素

任何公司都是在一定的法律环境下开展经营活动的，因此，公司股利政策的制定必然受到相关法律的制约。

1. 资本保全限制

公司不能将资本（包括股本和资本公积）用来发放股利，即在支付股利时要保全资本。

2. 公司积累的限制

为了制约公司支付股利的任意性，法律规定，公司应按照一定的比例从净利润中提取法定盈余公积金和法定公益金，此外还鼓励公司提取任意公益金。

3. 无偿债能力限制

如果一个公司缺乏偿债能力，则禁止支付现金股利。

4. 净利润限制

各国的法律都规定，公司的利润只有在弥补全部亏损之后才能发放股利。

5. 超额累积利润

发给股东的股利要缴纳个人所得税，而股票的资本利得可能免税或税率相对较低，因此公司会通过超额累积利润帮助股东避税，这就造成国家税收流失。因此很多国家法律规定，公司的保留盈余不能超过法定水平，否则将被加收额外税费。

（二）公司内部因素

1. 资产的流动性

虽然公司的税后利润在满足了提留和补亏后，可以用来发放股利，但是账面上的净利润并不等于现金。现金股利的发放取决于公司资产的流动性。一般情况下，公司资产的流动性好，其现金支付能力强，现金股利的支付就会高一些；反之，如果资产的流动性较差，支付的现金股利就会低一些。

2. 筹资能力

公司如果具有较强的筹资能力，通过向银行借款、发行股票、债券等，随时能够筹集到所需资金，那么它在股利政策上就有较大的选择余地；但是对于规模小、新创办、风险大的公司，往往在需要大量资金的阶段很难从外部筹集到资金，这类公司一般会采取低股利或不发放股利的政策，以尽可能多地保留盈余。

3. 投资机会

当公司拥有良好的投资机会时，将会把大部分盈余用于再投资而少发股利，甚至不发股利，以加快公司的发展，使股东获取更大的收益；反之，当没有良好的投资机会时，就可能采取高股利政策。通常，处于成长期的公司投资机会较多，会采取低股利或不支付股利的政策；而处于成熟期的公司一般投资机会较少，往往采取高股利政策。

4. 盈余的稳定性

一般来说，一个公司的盈余越稳定，其股利支付率就会越高，而盈余不稳定的公司通常采取低股利政策。因为低股利政策可以将盈余转作再投资，从而提高公司自有资本比重，控制财务风险，降低因盈余下降而造成的无法支付股利、股价下降的风险。

5. 资本成本

相比较发行新股、筹措新债而言，留存收益不需要筹资费用，其资本成本低，是公司一种较经济的筹资渠道。因此，从资本成本的角度看，如果公司扩大规模，资金需求增大，则可以采取低股利政策。

（三）股东的要求

公司的股利政策最终由代表股东利益的董事会决定，因此股东也会对利润分配产生一定影响。

1. 稳定收入的要求

一些依赖公司稳定的股利收入维持生活的股东，往往要求公司采取稳定的股利支付政策，并且倾向于高股利支付率；相反，收入水平较高的股东对定期支付现金股利的要求则不那么迫切。

2. 防止控制权稀释的要求

如果公司支付高额的股利，就会导致盈余的减少，意味着公司可能需要举借新债，甚至发行新股。而发行新股，可能会使原有股东对公司的控制权被稀释。因此，少数控股股东希望多保留盈余而限制现金股利的支付。

3. 避税的要求

在我国，现金股利收入的税率为20%，而股票交易尚未征收资本利得税，因此少派多留的股利政策能够给股东带来更多的资本利得收入，从而减少所得税的缴纳。在国外，现金股利收入已纳入股东的个人征收范围，个人所得税采取累进税率制，这就使得不同收入水平的股东对股利政策的偏好不同。因此，如果公司高收入股东较多，则倾向于低股利政策；反之，如果低收入水平的股东较多，则高股利政策对股东更有利。

（四）其他因素

除了上述因素以外，还有其他一些因素也会制约公司的股利政策的制定。例如：不属于法律规范的公司债务合同中对现金股利支付的限制；政府对机构投资者的投资限制；因通货膨胀带来的公司对重置实物资产的考虑等。

由于每个公司的具体情况不同，而且公司状况、市场环境也时刻处于变动之中，因此，没有一种普遍适用的最优股利政策。公司必须针对不同时期的具体情况，制定最适合的股利政策。

三、 股利政策的类型

虽然每个公司所采取的股利政策各不相同，但是总体来看，公司的股利政策主要分为以下几种（见图9-3）：

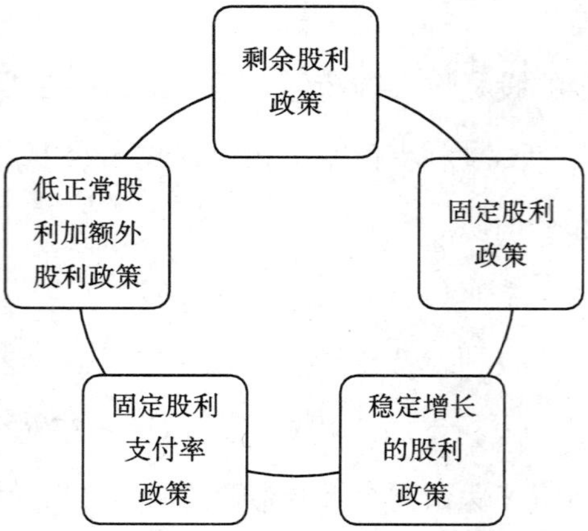

图 9–3　股利政策的类型

（一）剩余股利政策

剩余股利政策是以首先满足公司资金需求量为出发点的股利政策。为了满足公司投资的资金需求并维持较为理想的资本结构，公司根据一定的目标资本结构，首先计算出所需要的权益资本，将其从盈余中扣除，然后将剩余部分作为股利发放给股东。

采取剩余股利政策，应当遵循以下几个步骤：确定投资方案所需的资金额度；以资本成本最小化原则为标准，使权益资本和负债资本的综合资金成本最低，确定二者的比例关系，即目标资本结构；在目标结构下，确定权益资本的数额；尽可能通过留存收益来满足所需的权益资本；如果所需权益资本得到满足后，剩余部分作为股利进行分配。

（二）固定股利政策和稳定增长的股利政策

固定股利政策是公司将每年支付的股利稳定在一个固定的水平上，并长期保持不变，只有当税后净利润显著增长、不可逆转地增长时，公司才会根据利润增长速度提高每年的股利发放额。

这种股利政策使得公司即使出现经营不善导致税后净利润下滑的情况，也不会降低对股东的股利分配水平。公司采取这种股利政策有其积极的作用，但也存在一定的缺陷。

该政策的积极作用主要表现在：稳定的股利政策可以看作是向市场传递了一种积极的信号，有利于提高市场对公司的评价，增强投资者对公司的信心，从而保证股票价格的稳定。稳定的股利政策保证了投资者的收入，特别是对那些对股利十分依赖的股东显得尤其重要。

但是，稳定的股利政策使得股利的支付和公司盈余相互脱节，因此它存在以下缺陷：当盈余较低时，公司不得不承受固定的股利支付压力，这可能会导致资金不足，严重时会出现财务恶化，导致投资方案的延迟甚至无法进行。由于缺少足够的留存收益，可能会导致公司在投资时权益资本不足，财务风险增加，同时无法获得资金成本最低的目标资本结构。

（三）固定股利支付率政策

股利支付率是指股利占净利润的比率，而固定股利支付率政策则是指公司长期按一个固定的股利支付率支付股利，当盈利水平高的时候，股利随着净利润的增加而增加；反之则减少。这使得股利分配水平随着盈利水平而改变，即多盈多分，少盈少分，不盈不分。但是，这种政策必然会导致公司股利水平频繁发生变动，给投资者不稳定之感，从而影响市场对公司股票的信心，导致股票市场价格波动较大。

（四）低正常股利加额外股利政策

低正常股利加额外股利政策是指公司规定一个固定的、数额较低的股利，这是股东每年都会获得的最低股利水平，如果公司盈利水平较高，则在这个固定股利水平的基础上增加股利发放额。

这种股利政策的灵活性较大，当公司盈余较少或投资需要大量资金时，可维持较低的正常股利，股东不会有失落感；而当公司盈余较多，则可以适度增发股利，增强股东对公司的信心，提升股票价格。同时，该股利政策能够吸引那些对股利依赖性强的股东。但是，如果公司支付额外股利过于频繁，股东会形成较高的预期，一旦公司停止支付额外股利，则会给投资者造成不良的影响，引起公司股价的下降。

总的来讲，各种股利政策都有其利弊，公司应该根据自身情况，制定出有利于公司发展的股利政策。

【案例 9-2】

带给股东惊喜的“盐湖钾肥”股利政策

青海盐湖钾肥股份有限公司于2007年5月17日召开了公司2006年度的股东大会，并由股东表决通过了本公司2006年度的派息方案为：以2006年末总股本76755万股为基数，向全体股东每10股派8.8元（含税，扣税后社会公众股东实际每10股派现金1.6元）；本次派息股权登记日为2007年5月31日，除息日为2007年6月1日。

盐湖钾肥在进行股利分配时，采用了哪种股利支付形式？该公司的股利政策又向投资者传递了怎样的信息？这样的鼓励政策能否增加投资者对公司的信心？

资料来源：http://wenku.baidu.com/view/1f157328bd64783e09122bbd.html.

本章小结

公司取得的利润应该如何分配？通常利润分配要按照一定的程序进行，股利支付的程序包括：股利宣告日、股权登记日、除息日、股利支付日；可采取的支付方式主要包括：现金股利、股票股利、财产股利、债权股利、股票分割与回购。

股利政策究竟对公司价值有无影响并没有形成一致的结论，因此在理论界存在股利无关论和股利相关论两种观点。现实中，企业常采用的股利政策包括剩余股利政策、固定股利政策和稳定增长的股利政策、固定股利支付率政策、低正常股利加额外股利政策等。股利政策的制定是复杂的，因为它会受到法律因素、公司内部因素、股东因素以及其他多种因素的影响和制约。所以，我们只能说没有普遍适用的方法，公司只能根据具体情况制定适合自身的股利政策。

第十章 财务预算

开篇案例

李伯的预言

作为经济观察领域的传奇人物——斯蒂芬·李伯博士在其1986年出版的《抓住最有利的机会》一书中断言，20世纪90年代将成为股市的黄金时期；他也曾在1999年的《挑战市场》一书中告诫投资者：互联网泡沫已经形成，科技股的崩溃即将来临；当原油价格在2004年2月徘徊于每桶30美元以下时，他又在《石油效应》一书中预言：能源价格即将飞速上涨，石油的100美元时代已经为时不远。今天我们看到，李伯博士的这些种种预测都一一变成了现实。

资料来源：张鸣.公司财务［M］. 北京：北京大学出版社，2008.

【案例启示】 同样地，对于公司来说，预测非常重要。虽然预测不一定完全准确，但是公司的财务计划是建立在预测的基础上的。所以财务经理需要花费大量的时间对公司未来的不确定性进行预测。财务预算需要从销售部门获得销售预算以及从生产部门获得生产计划，并将这些信息结合起来制定公司未来融资需求的预算。只有进行合理的预算，公司才能采取恰当的措施以应对未来的风险。

本章您将了解到：

- 财务预算编制的意义

- 财务预算的编制方法介绍
- 财务预算编制的流程与步骤

第一节 财务预算概述

凡事预则立，不预则废。

——《礼记·中庸》

“没有做好计划就等于做好了失败的准备”，公司在运作的过程中，做好预算工作是非常重要的。

一、财务预算的含义

财务预算是以货币等形式表示的某一特定期间内公司全部经营活动的各项目标及其资源配置的详细计划。财务预算分为狭义的财务预算和广义的财务预算两种。

狭义的财务预算是指预算财务报表，主要包括现金收支预算、预计资产负债表、预计利润表、预计现金流量表等；广义的财务预算除了预算财务报表以外，还包括构成财务报表的各种因素的预算，如销售预算、生产预算、直接人工预算、管理费用预算及财务费用预算等。广义的财务预算涵盖了公司生产经营的各个方面，因此，也称为财务总预算或全面预算。本章所要讨论的就是广义的财务预算。

二、预算与预测

预算和预测是一回事吗？通常，公司的财务预算详细地列出了要达到的公司商业目标以及必须采取的行动措施，而预测只是估计未来将会发生什么。显然，两者是不同的，不可以混淆。

预算的目的：未来经营的规划，这些规划帮助公司达到预先设定的商业目标。

预测的目的：基于最新获得的信息，提供一个对未来经营情况的估算。

对于企业来讲，只有把实际的结果与预算进行比较，管理者才能知道企业业绩偏离预期的程度。预算的意义不可忽视。

三、编制财务预算的意义

编制财务预算是企业财务管理的一项重要工作，它的意义主要体现在以下几个方面：

（一）明确目标

财务预算是财务目标的具体化、数量化。通过财务预算的编制，公司总目标被分解落实成各部门的具体目标，并转化为销售、生产、成本、费用、收入和利润等方面量化的具体目标，同时，编制财务预算也有助于公司内部各部门、各岗位成员明确各自在实现财务目标中的地位、作用和责任，使其从各自的角度去完成公司总的战略目标。

（二）协调各部门的工作

通过财务预算的编制，围绕公司的财务目标，可以综合平衡解决各部门的冲突，统筹兼顾、全面安排，确定对公司整体发展最优的方案，把经营过程中的各个环节、各个方面的工作严密地组织起来，使各部门的工作协调一致。

（三）控制日常活动

编制财务预算是公司控制日常经营活动的依据，预算确定并进入实施阶段以后，各部门应对经济活动的状态进行计量，将实际状态与预算目标进行比较，找出两者的差异，分析差异产生的原因，并采取措施调整经营活动，保证预定目标的顺利实现。

（四）绩效考核

预算是绩效考核的基础，预算目标值可以作为绩效考核指标的对比标准。通过预算建立绩效评估体系，能够帮助各部门管理者做好评估工作。

（五）合理配置资源

每个公司的资源都是有限的，通过编制财务预算，可以将资源优先分配给获利能力强的部门、项目及产品，从而使公司有限的资源发挥最大的效用。

第二节　财务预算的编制方法

预算是一个控制系统，该系统可用于确保公司达到最初设定的商业目标。

——大卫·麦凯因

财务预算的编制方法主要包括固定预算、弹性预算、滚动预算、零基预算以及概率预算（见图 10-1）。

图 10-1　财务预算编制方法

一、固定预算

固定预算，又称静态预算，是根据企业未来预算期内既定的业务量水平为基础编制的预算，它不考虑预算期内生产经营活动可能发生的变动对业务量的影响。

使用这种方法时，必须先确定预算项目和选择参考的业务量间较为稳定的依存关系，然后根据这种依存关系通过预测的业务量来估计预算项目的未来情况。这种方法一般多用于固定费用或者数额比较稳定的预算项目。由于固定预算的准确性往往依赖于事先预测的业务量的准确性，如果实际的业务量与预测业务量相差较大，有关预算指标的实际数与预算数之间就会因业务量基础不同而失去可比性。

二、弹性预算

弹性预算，也称变动预算，是在考虑预算期业务量可能发生变动的基础上，按照量、本、利之间的依存关系编制的预算。

这种预算编制方法适用于与预算执行单位业务量有关的成本（费用）、利润等预算项目，能适应不同业务量情况的预算。由于弹性预算编制的依据不是一个固定的业务量水平，而是一个可预见的业务量范围，因此能反映不同业务量条件下的预算收支，但整个编制过程的工作量比较大。

（一）步骤

编制弹性预算的基本步骤包括：

（1）选择和确定业务量的计量单位。业务量的计量单位可以根据企业的具体情况进行选择，如人工工时、产销量、机器工时等。

（2）预测可能达到的业务量水平。

（3）根据成本形态将成本费用划分为变动成本和固定成本两部分，根据成本费用与业务量之间的依存关系，分别确定各种预计业务量水平下的变动成本费用和固定成本费用，最终确定成本费用预算总额。

（二）计算公式

弹性成本费用预算＝固定成本预算＋单位变动成本预算×业务量

【案例 10–1】

弹性预算的计算示例

某企业生产的产品 A，预计单位变动成本为 200 元，其中直接材料成本为 150 元，直接人工成本为 20 元，单位变动制造费用为 15 元，预计固定制造费用总额为 120000 元，预计销售单价为 400 元。根据上述资料，按照弹性预算法可编制不同业务量水平下的收入、成本、利润预算（见表 10–1）。

表 10–1 收入、成本、利润的预算

单位：元

项目 \ 业务量水平	1500	1800	2000
销售收入	600000	720000	800000
销售成本			
变动成本			
直接材料	225000	270000	300000
直接人工	30000	36000	40000
制造费用	22500	27000	30000
固定成本	120000	120000	120000
销售利润	202500	267000	310000

三、滚动预算

滚动预算，又称永续预算，是根据企业生产经营活动的延续不断，使预算期始终动态地保持一个固定的期间永续预算。通常情况下，滚动预算按照滚动时间单位可以分为逐月滚动、逐季滚动和混合滚动三种方式（见图 10–2）。

逐月滚动方式是指在预算编制的过程中，以月份为滚动单位，每个月调整一次预算；逐季滚动方式是指在预算编制的过程中，以季度为预算的编制和滚动单位，每个季度调整一次预算；混合滚动方式是指在预算编制的过程中，同时使用月份和季度作为预算编制和滚动的单位。

采用逐月滚动方式编制财务预算的工作量较大，但是预算精度高；逐季滚动方式比逐月滚动方式的工作量小，但是预算精度较差；在混合滚动方式中，对近期预算的精度要求较高，而对远期预算的精度要求比较低，从而可以减少预算的工作量。从总体上来讲，滚动预算透明度高、及时性强、连续性、完整性和稳定性突出，但是其工作量会远远大于定期预算的工作量。

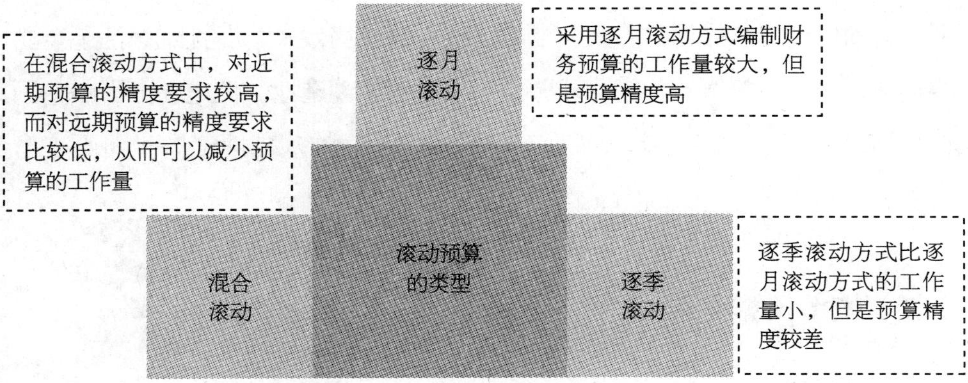

图 10–2　滚动预算编制类型

四、零基预算

传统的预算编制是根据经验选择历史的某一年作为基期，默认当年发生的数据合理，然后根据预期的业务量变动情况，在这一数据的基础上增加或减去一定数额。这种预算方法的过程比较简单，但主观性较强，过分受到基期预算的束缚，缺乏科学的依据。

20 世纪 60 年代美国德州仪器公司的彼得·派尔提出了“以零为基础的编制计划和预算的方法”，简称零基预算。它是指对任何预算项目的编制都以零为起点，不考虑以往会计期间所发生的费用项目或费用数额，从实际出发，按照预算期的经营目标和管理目标重新考虑各项预算支出的数额，在此基础上编制预算的一种方法。

零基预算的编制程序包括：①确定费用项目。由企业内部各部门根据预算期内的整体战略目标对其所从事的业务进行分析，说明每一项业务的性质、目的、所需的开支。②排列费用项目开支的先后顺序。成立专门的预算审核委员会，根据成本效益原则逐项审查各项业务开支的必要性，将各个项目按照轻重缓急，分清等级层次，排列顺序。③分配资源，落实预算。按照上一步确定的费用项目开支顺序，对预算期内可动用的资源进行分配，落实资金。

零基预算以对实现战略目标的重要程度作为决策标准，在配置资源时更倾向于那些必须保证资金的项目，大大提高了资金的使用效果，而且既保证了企业目标的实现，又能充分调动各级管理人员的积极性和创造性。但是，由于零基预算强调一切从零出发，每次编制预算都要重新做大量的基础性工作，因而工作量大、所需时间长，耗费的人力、物力、财力较大。

五、概率预算

概率预算是指对具有不确定性的预算项目，估计其可能出现的条件价值及其概率大小，计算出期望值从而编制的预算。前面所介绍的预算编制，都假设生产和销售情况是稳定的，所涉及的业务量、价格、成本等因素是一个确定值，但是，企业在实际生产经营过程中有很多因素都是不确定的，在这种情况下，只能根据具体情况对相关变量进行分析，并估计出它们的变动范围以及在某一个范围内变动的概率大小，然后计算出各个变量的期望值，从而编制预算。当企业面临新产品的销售、新业务的拓展等项目时，都需要通过这种方法编制预算。

概率预算充分考虑了市场因素的多变性，但是对于那些变动因素未来情况的估计以及确定其概率大小是相当困难的，而且会受到主观因素的影响。

总之，各种预算方法都有其特点和利弊，企业在进行预算编制的时候必须根据自身的实际情况，选择一种合适的方法或是采取多种预算方法相结合的方式。

第三节 财务预算的编制

预算不是一场数字游戏，而是围绕战略目标的设立而进行思考的一个过程。

——彼得·德鲁克

一、财务预算的编制流程

财务预算是一个完整的有机体系，虽然在编制过程中，不同公司所采取的编制方法不一定相同，但是，财务预算的编制流程是基本相同的，如图 10-3 所示：

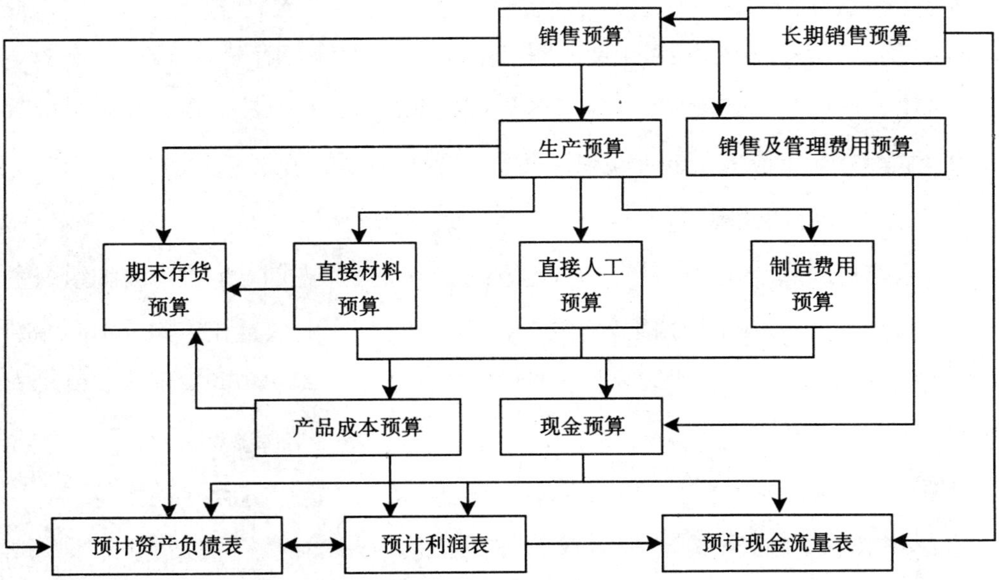

图 10-3 财务预算编制流程

资料来源：曲喜和. 财务管理［M］. 北京：北京邮电大学出版社，2007.

二、财务预算的编制

从上述财务预算编制流程图中可以看出，财务预算的编制一般可以分为十个步骤：

（一）销售预算

销售预算是编制财务预算的起点，其他的预算都是以销售预算为基础。而销售预算是以销售预测为基础的，因此，在编制销售预算之前，公司必须依据市场情况，预测预算期内公司产品的销售量和销售单价。从而计算出预计的销售收入。其计算公式如下：

预计销售收入＝预计销售量×预计销售单价

（二）生产预算

生产预算是在销售预算的基础上进行的，它是对预算期内所要实现的生产规模及其产品结构的预算。具体来讲，生产预算的主要内容是销售量、期初和期末存货量、生产量，其计算公式为：

预计生产量＝预计销售量＋预计期末存货量－预计期初存货量

其中，预计期初存货量等于上期预计期末存货量，预计期末存货量则可按事先估计的期末存货量占一定时期销售量的比例进行估算。

（三）直接材料预算

直接材料预算是以生产预算为基础编制的，是指为规划一定预算期内组织生产活动和直接材料采购活动预计发生的材料需用量、采购数量和采购成本而编制的一种经营预算，其主要内容包括预计的生产需要量、期初和期末预计的材料库存量、预计采购量，其计算公式如下：

预计材料采购量＝预计生产需要量＋预计期末库存量－预计期初库存量

某种材料的预计采购量乘以该材料的预计单价就得到该材料的预计采购成本，所有材料的预计采购成本加总就得到预算期内材料采购总成本。在此基础上结合付款条件可以预计出预算期内为采购材料而发生的现金支出总额。

（四）直接人工预算

直接人工预算也是以生产预算为基础编制的，是指对预算期内人工工时的消耗水平和人工成本水平的预算，其主要内容包括预计产量、单位产品工时、小时工资率等，其计算公式如下：

预计人工成本 = 预计生产量 × 单位产品需用工时 × 小时工资率

（五）制造费用预算

制造费用预算是在生产预算的基础上进行的，它是按照上年的费用执行情况以及预算期的成本、费用要求等对预算期内所需要的各种为完成生产任务而发生的间接费用的预算。在编制制造费用预算时可以按成本习性将所有的制造费用分为变动部分与固定部分，其中变动制造费用与业务量（一般为工时）成正比，固定制造费用总额保持不变。

为了便于编制现金预算，制造费用预算中还应包括预算现金支出的部分。固定制造费用中固定资产折旧费是非付现成本，因此在计算制造费用现金支出时应将其扣除。其计算公式为：

预计制造费用 = 预计直接人工工时 × 变动性费用预定分配率 + 预计固定制造费用 − 折旧

（六）期末产成品存货预算

期末产成品存货预算的编制步骤为：首先计算确定产成品单位成本，然后用单位成本乘以预计期末产成品存货数量，最后得出预计期末产成品存货额。即：

预计期末产成品存货额 = 期末产成品存货数量 × 产成品单位成本

编制期末产成品存货预算主要是出于两个方面的原因：①为编制利润表提供销售产品成本数据；②为编制预计资产负债表提供期末产成品存货数据。

（七）产品成本预算

产品成本预算是将生产预算、直接材料预算、直接人工预算、制造费用预算等进行汇总，从而对预算期内生产各种产品所需的生产成本、销售成本编制的预算。

（八）销售及管理费用预算

销售及管理费用预算是指对预算期内除制造业务范围以外的，为产品销售和维持一般行政管理等工作而发生的各种费用支出的预算。它以销售预算为基础，在编制时，一般将销售及管理费用分为变动性销售与管理费用和固定性销售与管理费用，然后根据预计销售量编制费用预算。

（九）现金预算

现金预算是反映预算期内的收入款项和支出款项情况的预算，主要包括现金收入、现金支出、现金余缺以及资金的筹集与运用四个部分。

现金预算是企业现金管理的重要工具，通过编制现金预算可以对现金进行合理的平衡、调配，避免企业陷入财务困境。

（十）预计资产负债表、利润表

在上述预算项目编制完成后，就可以根据相关的数据编制出反映企业预计综合财务状况和经营成果的资产负债表、利润表。

【案例 10-2】

财务预算的编制过程

某公司只生产和销售一种产品甲，所有消耗的材料都是为该产品服务且只有一种材料。2010 年 12 月 31 日该公司的资产负债情况如表 10-2 所示。

表 10-2　资产负债表

单位：万元

资产	金额	负债及所有者权益	金额
1. 货币资金	5000	1. 应付账款	15000
2. 应收账款	75000	2. 银行借款	11000
3. 材料存货（3600 公斤）	3600	3. 股本	80000
4. 产成品存货（400 件）	8800	4. 留存收益	56400
5. 厂房及设备	80000		
6. 累计折旧	(10000)		
资产合计	162400	负债及所有者权益合计	162400

公司其他有关资料如下：

（1）根据销售预测，第一季度甲产品的预计销售量为 14000 件（其中，1 月份 5000 件，2 月份 5000 件，3 月份 4000 件），单位产品的销售价格为 30 元。公司的信用政策是销售款当月收取50%，其余下月收讫。

（2）公司各月月末的预计产成品存货为下月预计销售量的10%。2011年4月份的预计销售量为4500件。

（3）公司生产甲产品直接材料消耗定额为每件6公斤，每公斤材料价格为1元。月末预计材料存货为下月生产所需材料量的10%。2011年4月预计生产所需材料量为25000公斤。公司对材料的付款条件为：当月购买材料款中，当月支付50%，其余下月支付。

（4）公司生产甲产品的工时定额为每件5工时，每工时工资为2元。

（5）公司2011年第一季度预计制造费用情况：

变动费用：间接材料分配率：0.4元/工时

间接人工分配率：0.8元/工时

固定费用（合计）：3000元/月，其中折旧费1000元/月

（6）公司第一季度预计销售和管理费用为：

销售佣金：销售收入的1%

管理人员工资：3000元/月

广告费：1000元/月

（7）公司2011年第一季度所得税3000元/月

根据上述资料，编制该公司2011年第一季度的财务预算。

1. 销售预算

表10-3　销售预算表

单位：万元

项目	1月份	2月份	3月份	合计
预计销售量	5000	5000	4000	14000
销售单价	30	30	30	30
预计销售额	150000	150000	120000	420000
期初应收账款收回	75000			75000
1月份销售现金收入	75000	75000		150000
2月份销售现金收入		75000	75000	150000
3月份销售现金收入			60000	60000
现金收入合计	150000	150000	135000	435000

2. 生产预算

表 10–4　生产预算表

单位：万元

项目	1 月份	2 月份	3 月份	合计
预计销售量	5000	5000	4000	14000
加：预计期末存货量	500	400	450	450
减：期初存货量	400	500	400	400
预计生产量	5100	4900	4050	14050

3. 直接材料预算

表 10–5　直接材料预算表

单位：万元

项目	1 月份	2 月份	3 月份	合计
预计产量	5100	4900	4050	14050
单位产品材料定额	6	6	6	6
预计生产需要量	30600	29400	24300	84300
加：期末存料量	2940	2430	2500	2500
减：期初存料量	3600	2940	2430	3600
预计购料量	29940	28890	24370	83200
单位材料价格	1	1	1	1
预计采购金额	29940	28890	24370	83200
期初应付购料款	15000			15000
1 月份购料现金支出	14970	14970		29940
2 月份购料现金支出		14445	14445	28890
3 月份购料现金支出			12185	12185
现金支出合计	29970	29415	26630	86015

4. 直接人工预算

表 10–6　直接人工预算表

单位：万元

项目	1 月份	2 月份	3 月份	合计
预计产量	5100	4900	4050	14050
单位产品工时定额	5	5	5	5
直接人工工时总额	25500	24500	20250	70250
工资率	2	2	2	2
预计直接人工成本总额	51000	49000	40500	140500

5. 制造费用预算

表 10-7 制造费用预算表

单位：万元

项目	1 月份	2 月份	3 月份	合计
变动费用：				
间接材料	10200	9800	8100	28100
间接人工	20400	19600	16200	56200
合计	30600	29400	24300	84300
固定费用合计	3000	3000	3000	9000
制造费用合计	33600	32400	27300	93300
减：折旧费用	1000	1000	1000	3000
现金支出合计	32600	31400	26300	90300

6. 产成品预算

表 10-8 产成品预算表

单位：万元

成本项目	价格标准	用量标准	合计
直接材料	1.00	6	6
直接人工	2.00	5	10
变动性制造费用	1.20	5	6
变动性标准成本合计	—	—	22

7. 销售与管理费用预算

表 10-9 销售与管理费用预算表

单位：万元

项目	1 月份	2 月份	3 月份	合计
变动费用：				
销售佣金	1500	1500	1200	4200
固定费用：				
管理人员工资	3000	3000	3000	9000
广告费	1000	1000	1000	3000
小计	4000	4000	4000	12000
合计	5500	5500	5200	16200

8. 现金预算

表 10-10 现金预算表

单位：万元

项目	1月份	2月份	3月份	合计
期初现金余额	5000	32930	64615	5000
加：本期现金收入	150000	150000	135000	435000
减：直接材料现金支出	29970	29415	26630	86015
直接人工现金支出	51000	49000	40500	140500
制造费用现金支出	32600	31400	26300	90300
销售及管理费用支出	5500	5500	5200	16200
所得税现金支出	3000	3000	3000	9000
现金支出合计	122070	118315	101630	342015
期末现金余额	32930	64615	97985	97985

9. 预计利润表

表 10-11 预计利润表

单位：万元

项目	金额
销售收入	420000
变动成本：	
变动性产品销售成本	308000
变动性销售与管理费用	4200
变动成本合计	312200
贡献毛益	107800
固定成本：	
固定性制造费用	9000
固定性销售及管理费用	12000
固定费用合计	21000
税前利润	86800
减：所得税	9000
税后利润	77800

10. 预计资产负债表

表 10-12 预计资产负债表

单位：万元

资产	金额	负债及所有者权益	金额
1. 货币资金	97985	1. 应付账款	12185
2. 应收账款	60000	2. 银行借款	11000
3. 材料存货	2500	3. 股本	80000
4. 产成品存货	9900	4. 留存收益	134200
5. 厂房及设备	80000		
6. 累计折旧	(13000)		
资产合计	237385	负债及所有者权益合计	237385

资料来源：李梦玉，代桂霞. 公司理财［M］. 北京：北京大学大学出版社，2005.

本章小结

财务预算是以货币等形式表示的某一特定期间内公司全部经营活动的各项目标及其资源配置的详细计划。我们在本章介绍的是广义的财务预算，也就是除了预算财务报表以外，还包括构成财务报表的各种因素的预算，如销售预算、生产预算、直接人工预算、管理费用及财务费用预算等。虽然每个公司编制财务预算的方法不尽相同，但是编制的基本流程通常是一致的。编制财务预算是一项重要的财务活动，它可以起到明确目标、协调各部门的工作、有利于控制与考核、有利于合理配置资源的作用。

第十一章 财务报表分析

开篇案例

巴菲特证券投资要诀

1930年出生于美国的巴菲特，从11岁开始就玩起了股票，27岁便创建了属于自己的帝国。

早在20世纪50年代初期，他就带着孩童般的认真与执着阅读着厚重的穆迪手册，终于让他发现了当时还无人问津但是又非常便宜的股票，于是他大胆地拿出了自己所有积蓄的三分之二，约8000美元全部投资于股票，他的大胆投资行为在两年后居然为他带来了本金整整翻两倍的收益。从此便激发了他对投资更大的兴趣。

一次，一个经纪商在没有公开任何相关资料的情况下，以15美元一股的价格提供给他一种名不见经传的保险股，他并没有因为不知情而立刻拒绝，而是跑到州保险办公室自己主动去搜集数据。当他查阅到的信息数据足以证明这只股票绝对是便宜货时，就买进了一些，一段时间以后，这只股票就上升到了37美元一股。

巴菲特不是盲目地投资，而是整日忙于阅读和分析各个公司的年度报表和各类的商业报刊，他把阅读过的每一份报表，每一个与公司经营有关的信息都牢记于心，在他的心中已经建立起了他自己的华尔街详细投资地图，可以说他对现有的每一只股票和债券都了如指掌，相信当时没有任何人可以分析得比他好。

巴菲特分析股票不只局限于它静止时的表面现象，而是将它看作其所对应的活生生的企业，如此便能透过企业的实际运作以及投资潜力做出投资决策。1987年10月19日，美国股市的突然崩溃，使多少人遭受了巨大损失，而巴菲特却除了保留三种永久持有的股票外，将剩余股票在10月12日左右全部抛售，他惊人的投资分析力帮助他获得了财力与名利的双丰收。

资料来源：陈玉菁，赵洪进，顾晓安.财务管理［M］.北京：中国人民大学出版社，2008.

【案例启示】 巴菲特在投资上所取得的业绩是惊人的，不排除这当中有运气的因素，但是他制胜的要诀一定离不开对公司财务报表的深入研究。作为企业的管理者，当然要学会分析财务报表！

本章您将了解到：

- 企业基本的财务报表与报表分析方法
- 财务比率分析
- 杜邦财务报表综合分析方法

第一节　财务报表及分析概述

如何决定一家企业的价值呢？做许多阅读：我阅读所注意的公司的年度报告，同时我也阅读它的竞争对手的年度报告。

——沃伦·巴菲特

一个公司的状况和活力能够从资产负债表、利润表、现金流量表中看出来，它们是当之无愧的公司体检表。财务报表是根据统一规范编制的反映企业经营成果、财务状况及现金流量的书面报告。进行财务报表分析，不仅有利于企业内部生产经营管理，而且对企业外部投资决策、贷款决策等都有重要作用。

一、企业基本财务报表

企业基本的财务报表主要有资产负债表、利润表、现金流量表和所有者权益（或股东权益）变动表，此外，还有一些附注，主要是对报表中有关项目所作的详细解释（见图 11-1）。

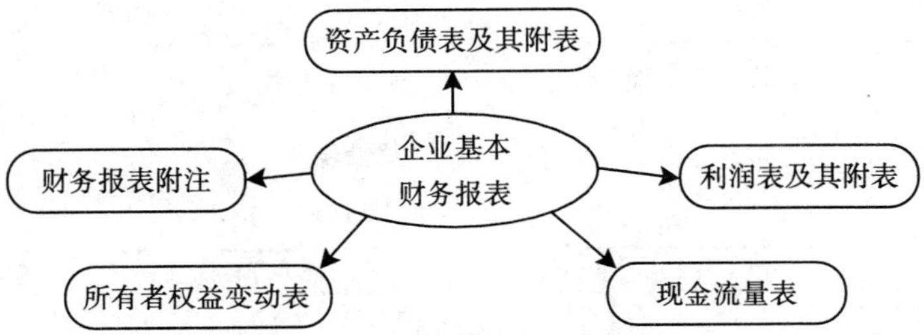

图 11-1　企业基本财务报表

（一）反映现状的财务报表——资产负债表及其附表

资产负债表就像一个天平，左边记载全部资产是什么，右边记载着这些资产的来源（负债或所有者权益）。它表明了企业在某一个特定日期的所有“家底”——所拥有或控制的经济资源、所承担的现有义务和所有者对净资产的要求权。

资产负债表可以提供某一日期资产的总额及其结构，表明企业拥有或控制的资源及其分布情况；可以提供某一日期的负债总额及其结构，表明企业未来需要用多少资产或劳务清偿债务以及清偿时间；可以反映所有者所拥有的权益，据以判断资本保值、增值的情况以及对负债的保障程度。此外，资产负债表还可以提供进行财务分析的基本数据（见图 11-2）。

资产负债表是根据会计等式“资产=负债+所有者权益”编制的。表的左方为某一时日企业所拥有或控制的、能为企业带来未来经济利益的经济资源；右方反映某一时日企业所拥有的资金的来源。资产负债表的具体格式和内容如表 11-1 所示。

资产负债表是企业财务报表中最主要的一张报表，除了上表以外，资产负债表还包括 3 张附表，分别是资产减值准备明细表、所有者权益增减变动表（股东权益增减变动表）和应交增值税明细表。

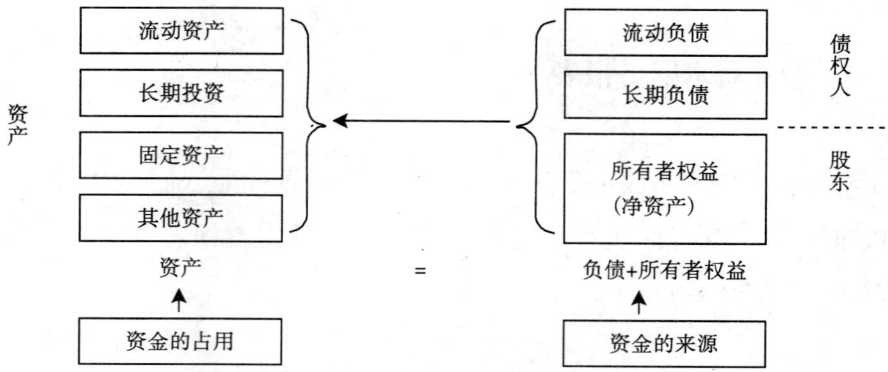

图 11-2 资产负债表的结构

表 11-1 资产负债表

编制单位：　　　　　　　　　　　　　　　　　　＿＿年＿＿月＿＿日

资产	年初数	年末数	负债及所有者权益	年初数	年末数
流动资产：			流动负债：		
货币资金			短期借款		
交易性金融资产			交易性金融负债		
应收票据			应付票据		
应收账款			应付账款		
预付账款			预收款项		
应收利息			应付职工薪酬		
应收股利			应交税费		
其他应收款			应付利息		
存货			应付股利		
一年内到期非流动资产			其他应付款		
其他流动资产			一年内到期非流动负债		
流动资产合计			其他流动负债		
非流动资产：			流动负债合计		
可供出售的金融资产			非流动负债：		
持有至到期投资			长期借款		
长期应收款			应付债券		
长期股权投资			长期应付款		
投资性房地产			专项应付款		
固定资产			预计负债		
在建工程			递延所得税负债		
工程物资			其他非流动负债		
固定资产清理			非流动负债合计		
生产性生物资产			负债合计		
油气资产			所有者权益：		
无形资产			实收资本		
开发支出			资本公积		

续表

资产	年初数	年末数	负债及所有者权益	年初数	年末数
商誉			减：库存股		
长期待摊费用			盈余公积		
递延所得税资产			未分配利润		
其他非流动资产			所有者权益合计		
非流动资产合计					
资产总计			负债及所有者权益合计		

资产负债表是一张静态的报表，它就像是一张企业财务状况的快照，反映着具体时点的财务数据。资产负债表主要告诉我们以下几方面的内容：

（1）企业的资产状况、承担的债务和所有者权益。

（2）企业的偿债能力。

（3）企业的获利能力（结合利润表）。

（4）预测企业未来发展趋势。

（二）评价过去的财务报表——利润表及其附表

利润表，又称损益表，是反映企业在一定期间内经营成果的财务报表。利润表把企业一定时期的收入与相应的成本费用进行配比，计算出企业一定时期的净利润，它反映企业生产经营的收益和耗费情况，同时也揭示了企业经营管理的绩效和未来的获利能力。用通俗的话来说，利润表反映了一年辛苦经营到底获得了什么。

利润表是由企业收入、费用和利润三大会计要素构成，根据基本会计等式“收入-费用=利润”编制而成。利润表分为单步式和多步式两种，单步式是将所有的收入、费用分别归集在一起，然后用总收入减去总费用计算出利润额；多步式则是分步骤计算利润，即通过对当期的收入、费用、支出项目按性质加以归类，按利润形成的主要环节列示一些中间性利润指标，分步计算当期净损益。我国的利润表采用多步式结构，其具体格式和内容如表 11-2 所示。

表 11-2　利润表

编制单位：　　　　　　　　____年__月__日

项目	行次	本月数	本年累计数
一、营业收入	1		
减：营业成本	2		

续表

项目	行次	本月数	本年累计数
营业税金及附加	3		
销售费用	4		
管理费用	5		
财务费用	6		
资产减值损失	7		
加：公允价值变动收益	8		
投资收益	9		
二、营业利润	10		
加：营业外收入	11		
减：营业外支出	12		
三、利润总额	13		
减：所得税费用	14		
四、净利润	15		
五、每股收益：	16		
（一）基本每股收益	17		
（二）稀释每股收益	18		

利润表有 6 项补充资料，反映利润总额中的非正常损益，包括：①出售部门或被投资单位所得收益；②自然灾害发生的损失；③ 会计政策变更增加（或减少）的利润总额；④会计估计变更增加（或减少）的利润总额；⑤ 债务重组损失；⑥其他非正常损益。 此外，它还有 3 张附表：利润分配表、企业分部报表（业务分部）和地区分部报表。

利润表反映了企业一定时期的经营成果，让我们知道辛苦了一年究竟是赚了钱还是赔了钱。它主要提供了三个方面的信息：

（1）企业的盈利状况。

（2）经营成果的发展趋势。

（3）盈利或是亏损的原因。

（三）看真金白银的财务报表——现金流量表

现金流量表是反映企业在一定会计期间内现金及现金等价物流入和流出以及增减变动原因的会计报表。

现金流量表被划分为经营活动、投资活动和筹资活动三个部分，每类活动又分为各个具体项目，这些项目从不同角度反映企业经营活动的现金流入与流出，它以收付实现制为编制基础，弥补了资产负债表和利润表提供信息的不足。现金流量表的具体格式和内容如表 11-3 所示。

表 11-3　现金流量表

编制单位：　　　　　　　　　　____年__月__日

项目	行次	金额
一、经营活动产生的现金流量	1	
销售商品、提供劳务收到的现金	2	
收到的税费返还	3	
收到的其他与经营活动有关的现金	4	
经营活动现金流入小计	5	
购买商品、接受劳务支付的现金	6	
支付给职工以及为职工支付的现金	7	
支付的各项税费	8	
支付的其他与经营活动有关的现金	9	
经营活动现金流出小计	10	
经营活动产生的现金流量净额	11	
二、投资活动产生的现金流量	12	
收回投资所收到的现金	13	
取得投资收益所收到的现金	14	
处置固定资产、无形资产和其他长期资产所收回的现金净额	15	
处置子公司及其他营业单位收到的现金净额	16	
收到其他与投资活动有关的现金	17	
投资活动现金流入小计	18	
购建固定资产、无形资产和其他长期资产所支付的现金	19	
投资所支付的现金	20	
取得子公司及其他营业单位支付的现金净额	21	
支付的其他与投资活动有关的现金	22	
投资活动现金流出小计	23	
投资活动产生的现金流量净额	24	
三、筹资活动产生的现金流量	25	
吸收投资所收到的现金	26	
取得借款所收到的现金	27	
收到其他与筹资活动有关的现金	28	
筹资活动现金流入小计	29	
偿还债务所支付的现金	30	
分配股利、利润或偿付利息所支付的现金	31	

续表

项目	行次	金额
支付的其他与筹资活动有关的现金	32	
筹资活动现金流出小计	33	
筹资活动产生的现金流量净额	34	
四、汇率变动对现金的影响	35	
五、现金及现金等价物净增加额	36	

我们常把现金比作是企业的血液，那么现金流量表就反映了企业血液循环的状况，足见其重要性。通过现金流量表，可以获得以下几方面的信息：企业现金进出的方向和用途；企业的支付能力、偿债能力和周转能力；预测企业未来获利能力。

【拓展阅读】

现金流对企业发展的影响

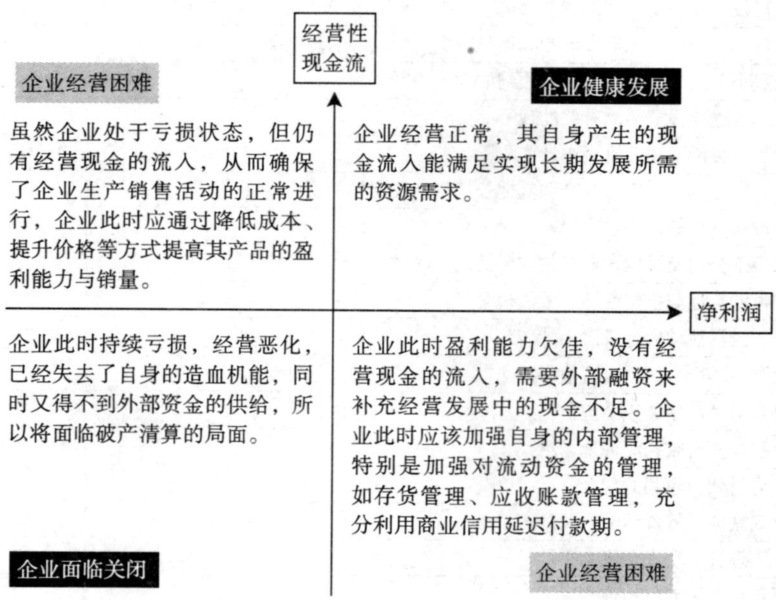

【拓展阅读】

三大报表关系

资产负债表、利润表以及现金流量表是一个企业最重要的三张报表。实际上，这三张财务报表是紧密联系的，利润表的余额决定了未分配利润的差额，现金流量表的余额就是流动资产的现值，这三者之间环环相扣。看一个企业经营状况的关键，是看这三者之间的关系（见图 11-3）。

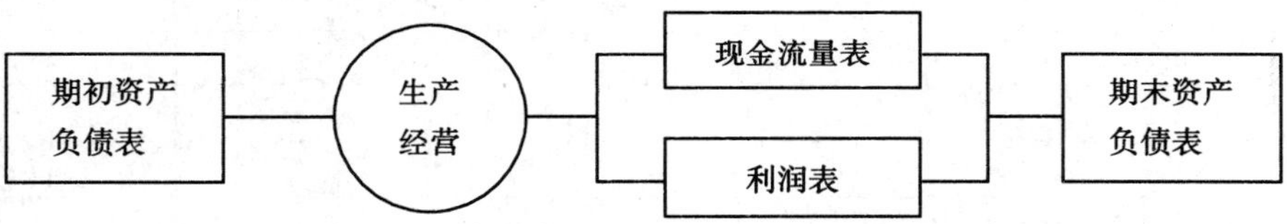

图 11-3　三大报表关系

资料来源：佚名.老板必须管财务［M］. 北京：企业管理出版社，2010.

（四）所有者权益变动表

所有者权益变动表是指反映构成所有者权益各个组成部分一定期间内增减变动情况的会计报表。所有者权益变动表全面反映了一定时期所有者权益变动的情况，不仅包括所有者权益总量的增减变动，还包括所有者权益增减变动的重要结构性信息，当期损益、直接计入所有者权益的利得和损失，以及由所有者（或股东）的资本交易导致的所有者权益变动，应该分别列示，使报表使用者准确理解所有者权益增减变动的根本原因。

所有者权益变动表是《企业会计准则》（2006）要求企业新增加的一张必须编制并对外公布的财务报表，它的具体格式和内容如表 11-4 所示：

表 11-4 所有者权益变动表

编制单位：　　　　　　　　　　____年__月__日

项目	行次	本年金额						上年金额					
		实收资本或股本	资本公积	盈余公积	未分配利润	库存股（减项）	所有者权益合计	实收资本或股本	资本公积	盈余公积	未分配利润	库存股（减项）	所有者权益合计
一、上年年末余额													
加：会计政策变更													
前期差错更正													
二、本年年初余额													
三、本年增减变动金额													
（一）净利润													
（二）直接计入所有者权益的利得和损失													
1. 可供出售金融资产公允价值的变动净额													
2. 权益法下被投资单位其他所有者权益变动的影响													
3. 与计入所有者权益项目相关的所得税影响													
4. 其他													
上述（一）（二）小计													
（三）所有者投入和减少资本													
1. 所有者投入资本													
2. 股份支付计入所有者权益的金额													
3. 其他													
（四）利润分配													
1. 提取盈余公积													
2. 对所有者（或股东）的分配													
3. 其他													
（五）所有者权益内部结转													
1. 资本公积转增资本													
2. 盈余公积转增资本													
3. 盈余公积弥补亏损													
4. 其他													
四、本年年末余额													

所有者权益变动表让我们看到了，企业各项交易或各个事项导致的所有者权益增减变动，以及所有者权益各组成部分在结构上的变化。它为我们提供的信息主要包括以下几个方面：了解企业的净资产状况；反映企业的综合收益；了解企业的利润分配情况。

（五）财务报表附注

财务报表附注是对资产负债表、利润表、现金流量表和所有者权益变动表等报表中列示项目的文字描述或明细资料，以及对未能在这些报表中列示项目的说明等。主要包括重大会计政策、主要会计估计、会计政策和会计估计变更的理由及对当年损益和财务状况的影响、或有项目的披露等。

财务报表包含了企业重要的信息，作为领导者，对财务报表至少要从三个层面看：最低的层面：要了解企业的经营状况；中间的层面：要发现企业经营中已经存在的或是潜在的问题；最高的层面：要通过报表科学地制定企业的经营决策。

二、财务报表分析的方法

财务报表分析的方法主要有比较分析法和因素分析法两类。

（一）比较分析法

比较分析法是指将两个或两个以上有关的可比数据进行对比，从而揭示差异和矛盾的一种分析方法。

1. 按照比较对象的不同划分

（1）与本公司历史情况进行比较，也就是比较公司不同时期的财务指标，亦称趋势分析。

这是一种动态的分析，通过分析期与前期财务报表中有关指标的对比，可以找出差异，分析产生差异的原因，从而改进工作。对连续数期的财务指标的比较，能够看出企业的发展动态，预测企业未来的发展趋势。

（2）与同类公司比较，也就是同业分析。将企业的主要财务指标与同行业的平均指标或同行业中先进企业指标进行对比，可以全面评价企业的经营业绩，分析判断企业在同行业中所处的位置，同时可以取人之长、补己所短。

（3）与预算值进行比较，也称预算差异分析。将实际执行结果与预算指标值进行比较，能够反映预算的执行情况，并为进一步分析和挖掘企业潜力指明方向。

2. 按照比较内容的不同划分

（1）比较总量指标。总量是指财务报表某个项目的金额总量，如净利润、总资产、净资产等。由于不同企业的会计报表项目的金额之间不具有可比性，因此总量指标的比较主要用于趋势分析。例如，分析企业净资产的逐年变化趋势。

（2）比较财务比率。财务比率是用倍数或比率的形式反映各会计要素的数量关系，表明企业某一方面的特征、属性或能力。财务比率的比较是财务分析中最重要的。由于财务比率是相对数，排除了规模的影响，使不同比较对象有了可比性，因此得到广泛的应用。

（3）比较结构百分比。结构百分比是指某一总体中，每一部分占总体结构的比重，比较结构百分比能够揭示总体内容的构成和变化的影响程度，把握经济事项的发展规律。如对企业的销售收入结构进行分析，比较各年销售成本所占的比重，从而找出提高销售收入的途径。

结构百分比实际上是一种特殊形式的财务比率。它同样排除了规模的影响，适用范围比较广。

（二）因素分析法

因素分析法是对某一指标诸因素的变动情况及其对分析指标的影响程度进行分析的一种方法。我们用比较分析法时，通过对比能够找出差异，但是不能说明财务指标出现差异的原因，而因素分析法则可以反映出财务指标变动是受什么因素的影响以及各因素变动对指标变动的影响程度。

每个财务指标通常由几个相互联系的经济因素构成，将这些因素进行分解，就能找出它们对该财务指标的影响程度。

如某财务指标 Q 受到 a、b、c 三个因素的影响，其标准指标与实际指标的关系如下：

标准指标：$Q_0 = a_0 \times b_0 \times c_0$

实际指标：$Q_1 = a_1 \times b_1 \times c_1$

实际指标与标准指标之间的差异为 $\Delta Q = Q_1 - Q_0$，这个差异受到 a、b、c 三个因素的影响，它的影响程度为：

a 因素变动的影响：$\Delta a = (a_1 - a_0) \times b_0 \times c_0$

b 因素变动的影响：$\Delta b = a_1 \times (b_1 - b_0) \times c_0$

c 因素变动的影响：$\Delta c = a_1 \times b_1 \times (c_1 - c_0)$

那么，三因素影响的总和就等于总差异数，即 $\Delta Q = \Delta a + \Delta b + \Delta c$。

【案例 11-1】

因素分析法的计算示例

某原材料的总成本由产品产量、单位产品材料消耗量和原材料单位价格三个因素综合决定，即：

材料成本 = 产量 × 单位产品材料消耗量 × 材料单价

某企业去年和今年生产甲产品的材料总成本及构成数据如下，运用因素分析法分析各因素变动对材料成本的影响程度。

去年甲产品材料总成本：1000 件 × 8 千克/件 × 2 元/千克 = 16000 元

今年甲产品材料总成本：1200 件 × 7.5 千克/件 × 2.2 元/千克 = 19800 元

今年材料总成本比去年增加了 3800 元（19800 − 16000），具体因素分析如下：

产量因素变动对材料总成本的影响：

$(1200 - 1000) \times 8 \times 2 = 3200$（元）

单位产品材料消耗量变动对材料总成本的影响：

$1200 \times (7.5 - 8) \times 2 = -1200$（元）

材料单价变动对材料总成本的影响：

$1200 \times 7.5 \times (2.2 - 2) = 1800$（元）

以上三个因素合计影响的结果为：$3200 + (-1200) + 1800 = 3800$（元）

资料来源：张鸣. 公司财务［M］. 北京：北京大学出版社，2008.

值得注意的是，使用因素分析法替代因素时，必须按照各因素的依存关系，排列成一定顺序依次替代。一般情况下，替代的基本原则是先替代实物量因素、劳动量因素，后替代价值量因素；或者按照重要性程度，先替代重要的因素，后替代次要的因素。

第二节 财务比率分析

小小的财务数字后面隐藏着巨大的秘密，读懂公司财务报告，你也能像巴菲特一样在纷繁的股市中拥有一双慧眼。

——张小溪

根据财务报表中的原始数据，可以计算出一系列反映企业经营状况的比率数据。这些财务比率涉及企业经营管理的各个方面，它们大体上可以分为：偿债能力比率、营运能力比率以及盈利能力比率。

一、偿债能力分析

企业偿债能力，是指企业偿还各种到期债务的能力。由于债务按照到期时间可分为短期债务和长期债务，因此，偿债能力分析也就包括短期偿债能力分析和长期偿债能力分析两部分。

（一）短期偿债能力分析

短期偿债能力，是指企业用流动资产偿还流动负债的能力，是衡量企业当前财务能力，特别是流动资产变现能力的重要标准。

反映短期偿债能力的财务比率指标主要有：流动比率、速动比率、现金比率三项。

1. 流动比率

流动比率是全部流动资产与流动负债的比值，其计算公式为：

流动比率 = 流动资产 ÷ 流动负债

一般情况下，流动比率越大表示偿债能力越强。按照长期经验，通常认为流动比率等于 2 比较适宜，但是不同行业的性质、企业本身的理财和经营活动的特点等会使此比率有差异，因此，流动比率究竟应保持多高的水平，要根据企业具体情况具体分析。

2. 速动比率

流动资产的各个项目其流动性有很大的差别。其中，货币资金、交易性金融资产和各种应收、预付款项等能够在较短的时间内变现，因此称为速动资产；其他的流动资产，如存货、待摊费用、一年内到期的非流动资产等则称为非速动资产。

速动比率是企业速动资产与流动负债的比率，其计算公式为：

速动比率 = 速动资产 ÷ 流动负债

速动比率越大表示偿债能力越强，但从理论上讲，速动比率等于 1 较为合理。如果速动比率小于 1，企业面临的偿债风险很大；如果速动比率大于 1，则表明企业现金和应收账款资金占用过多，机会成本较高。

3. 现金比率

速动资产中，货币资金、交易性金融资产的流动性最强，可直接用于偿还债务，因此将它们称为现金资产。现金资产与流动负债的比率称为现金比率，其计算公式为：

现金比率 = (货币资金 + 交易性金融资产) ÷ 流动负债

现金比率越大表示企业的偿债能力越强，现金比率的大小没有具体的经验值，主要依据企业的实际情况而定。当然，该比率也不是越高越好，太高的话表示企业流动资金利用不充分，影响盈利能力。

（二）长期偿债能力分析

长期偿债能力，是指企业偿还长期负债的能力。长期偿债能力指标是反映企业财务状况是否稳定及安全程度高低的重要标志。

反映长期偿债能力的财务比率指标主要有：资产负债率、产权比率、利息保障倍数等。

1. 资产负债率

资产负债率是企业的负债总额与资产总额的比率，它反映了企业的资本结构状况，表明企业财务风险的大小。其计算公式为：

资产负债率 = 负债总额 ÷ 资产总额

资产负债率越低，企业的偿债就会越有保障，贷款也越安全。资产负债率高，表明企业的所有者利用较少的自有资金投资，形成较多的生产经营资产，可以利用财务杠杆作用，获取较多的投资利润。但是，如果这一比率过大，则表明企业的债务负担过重，甚至有倒闭的危险。

【案例 11–2】

财务比率分析的计算示例

云南白药与同业的资产负债率及其变动情况如表 11–5、图 11–4 所示。

表 11–5　云南白药与同业的资产负债率比较

年度	2001	2002	2003	2004
云南白药	0.54	0.57	0.56	0.53
同仁堂	0.61	0.61	0.60	0.60
九芝堂	0.61	0.55	0.81	0.85

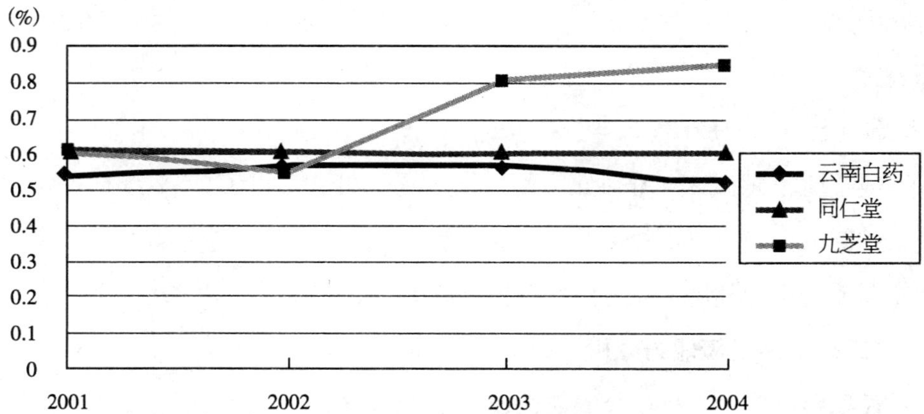

图 11–4　云南白药与同业的资产负债率变化趋势比较

资料来源：http://www.docin.com.

从图 11–4 可以看出：云南白药的资产负债率比其他两公司要低，并且稳中有降。说明公司长期偿债能力强，财务风险低。一定意义上，也说明公司进一步利用负债筹集资金的能力强。

2. 产权比率

产权比率是指负债总额与所有者权益的比率。这一指标可以用来衡量企业所有者权益对债权人权益的保障程度。其计算公式为：

产权比率 = 负债总额 ÷ 所有者权益总额

产权比率高，表明企业的长期偿债能力差，债权人承担的风险大；产权比率越低，表明企业的长期偿债能力越强，债权人承担的风险较小，但是负债的财务杠杆作用没有得到充分的利用。因此，企业应该在保障债务偿还的前提下，尽可能提高产权比率。

3. 利息保障倍数

利息保障倍数是指息税前利润与利息费用的比率，这一指标可以用来衡量企业偿付借款利息的能力。其计算公式为：

利息保障倍数=息税前利润 ÷ 利息费用

利息保障倍数反映了企业的获利能力对保证偿还到期债务的保证程度，利息保障倍数越大，利息支付越有保障。从长期来看，若要保证企业的偿债能力，利息保障倍数至少应该大于 1。如果利息保障倍数小于 1，表明企业的经营收益不能支持现有的债务规模，企业将面临亏损、偿债的安全性下降等风险。

二、营运能力分析

营运能力，也称为资产管理能力，是指企业资金周转及其资产利用的能力，营运能力分析对评价企业的管理水平和资产运用能力有着重要的作用。评价企业营运能力的主要指标有：应收账款周转率、存货周转率、流动资产周转率、固定资产周转率和总资产周转率（见图 11–5）。

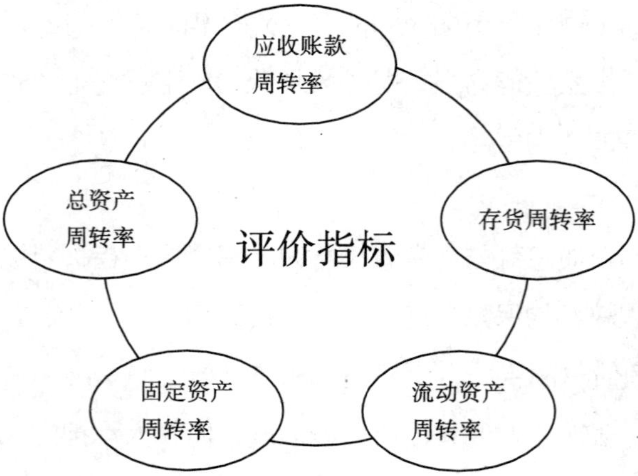

图 11–5　营运能力评价指标

（一）应收账款周转率

应收账款周转率，是指企业赊销收入净额与应收账款平均余额的比率。它反映了企业应收账款周转的快慢，是评价企业应收账款管理水平的重要指标。其计算公式为：

应收账款周转率 = 赊销收入净额 ÷ 应收账款平均余额

其中：赊销收入净额 = 营业收入 – 现销收入 – 销售退回 – 销售折让 – 销售折扣

应收账款平均余额 =（期初应收账款 + 期末应收账款）÷ 2

一般认为，应收账款周转率越快越好。应收账款周转率越高表示企业应收账款回收速度越快，发生坏账的可能性越小，收账费用少，企业管理工作效率高。但是，该比率过高也表明企业的信用政策过紧，可能不利于企业扩大销售。

（二）存货周转率

存货周转率是销售成本与存货平均余额的比值。它是衡量和评价企业购入存货、投入生产、销售收回等各环节管理情况的综合性指标。其计算公式为：

存货周转率 = 销售成本 ÷ 存货平均余额

其中：存货平均余额 =（期初存货 + 期末存货）÷ 2

存货周转率反映了企业存货的周转速度。存货周转率越高表示存货变现能力越好，积压存货的可能性越小。但是，不能绝对地认为存货周转率越快越好，因为存货周转率过高可能是企业在存货管理上存在问题，如采购批量太小，采购次数频繁或货源组织不力甚至缺货等。

（三）流动资产周转率

流动资产周转率是销售收入与流动资产平均余额的比率。它反映了全部流动资产的利用效率。其计算公式为：

流动资产周转率 = 销售收入 ÷ 流动资产平均余额

其中：$流动资产平均余额=\frac{(流动资产期初余额+流动资产期末余额)}{2}$

流动资产周转率表明在一个会计年度内企业流动资产周转的次数，它是流动资产周转的速度。一般来讲，该指标越高越好，流动资产周转率越高表明企业流动资产的利用效果越好。

（四） 固定资产周转率

固定资产周转率，是指企业销售收入与固定资产净值的比率。它主要用于分析厂房、设备等固定资产的利用效率。其计算公式为：

固定资产周转率 = 销售收入 ÷ 固定资产净值

固定资产周转率高，说明固定资产利用充分，管理水平好；相反，这一比率较低，则说明固定资产运用效率低，企业营运能力弱。

（五）总资产周转率

总资产周转率是销售收入净额与总资产平均余额的比率。它是衡量企业平均资产使用效率的指标。其计算公式为：

总资产周转率 = 销售收入净额 ÷ 总资产平均余额

其中：总资产平均余额 = (年初资产总额 + 年末资产总额) ÷ 2

总资产周转率反映资产总额的周转速度。周转越快，表明企业总资产的营运能力越强，销售能力也越强。

【案例 11-3】

总资产周转率趋势比较分析

云南白药、同仁堂和九芝堂总资产周转率及其变动情况如表 11-6、图 11-7 所示：

表 11-6　云南白药、同仁堂、九芝堂的总资产周转率比较

企业＼年度	2002	2003	2004
云南白药	1.25	1.37	1.58
同仁堂	0.86	0.83	0.78
九芝堂	0.96	0.86	0.76

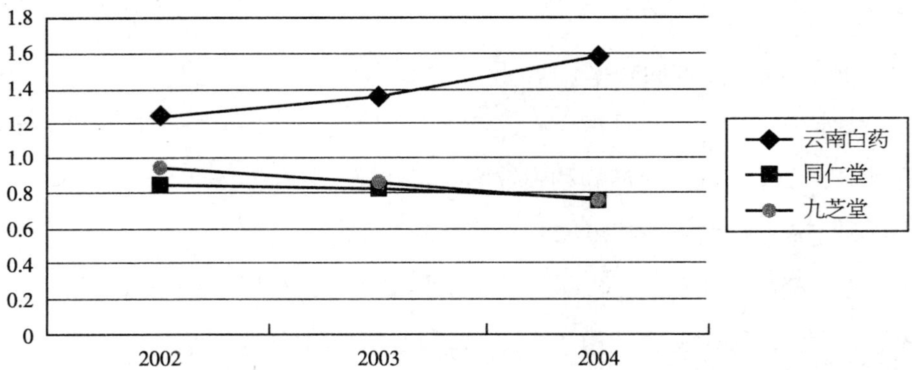

图 11-6　云南白药、同仁堂、九芝堂的总资产周转率变化趋势比较

从图中可以看出：云南白药的总资产周转率在 2002~2004 年间持续上升，比其他两个公司要好，而且大于 1，九芝堂的总资产周转率下降得最快。

资料来源：http://www.docin.com.

三、 盈利能力分析

盈利能力就是企业资金增值的能力。盈利能力分析是企业财务分析的重要组成部分，也是评价企业经营管理水平的重要依据。反映企业盈利能力的财务比率

指标主要有：销售利润率、总资产利润率、净资产利润率等。对于上市公司来说，除了以上指标外，还应分析每股收益、每股股利、股利支付率、市盈率等（见图 11-7）。

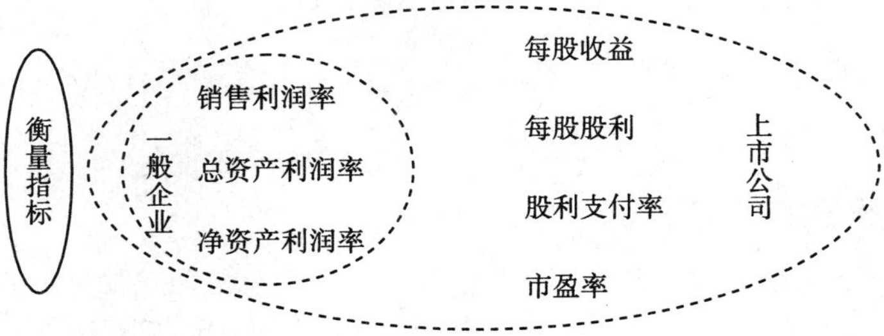

图 11-7　盈利能力分析指标

（一）销售利润率

销售利润率是企业利润总额与营业收入净额的比率。它表明了企业销售收入的实际获利能力，其计算公式为：

$$销售利润率=\frac{销售利润}{销售收入}\times 100\%$$

销售利润率越大，表明企业的盈利能力越强，企业承受风险的能力也越强。由于影响销售利润的主要因素包括销售价格、销售量、销售成本等，因此，在对这一指标进行分析时，通常是将该指标与行业平均水平或是历史水平进行比较，分析企业的盈利能力。

（二）总资产利润率

总资产利润率是企业一定时期内获得的利润总额与企业平均资产总额的比率。它是反映企业资产综合利用效果的指标，其计算公式为：

$$总资产利润率=\frac{利润总额}{平均资产总额}\times 100\%$$

其中：平均资产总额 =（年初资产总额 + 年末资产总额）÷ 2

总资产利润率越高，表明企业的资产利用效果越好，盈利能力越强。

（三）净资产利润率

净资产利润率是指企业净利润与平均净资产之间的比率。它是反映投资者投入资本或所有者权益的收益能力。其计算公式为：

$$净资产利润率=\frac{净利润}{平均净资产}\times 100\%$$

其中：净资产 = 总资产 − 总负债

平均净资产 = (期初净资产 + 期末净资产) ÷ 2

一般情况下，净资产利润率越高，表明企业自有资本获取收益的能力越强，对企业投资人、债权人的保证程度越高，企业运营效益越好。

（四）每股收益

每股收益是公司一定时期扣除了优先股股利后的净利润与发行在外的普通股平均股数的倍率。其计算公式为：

每股收益 = (净利润 − 优先股股利) ÷ 普通股平均股数

每股收益反映了公司普通股每股获利能力的大小，它直接影响未来公司的股价。该指标越大，表明公司股本的盈利能力越强。

（五）每股股利

每股股利是股利总额与流通股股数的比值，它表示普通股持有者每股股份所获得的股利收益。其计算公式为：

每股股利 = 股利总额 ÷ 发行在外的普通股股数

该指标是衡量公司股票质量的重要依据，每股股利越高，表明公司股本获利能力越强。

（六）股利支付率

股利支付率是指公司一定时期的每股股利与每股收益的比率，该指标用于衡量当期每股收益中有多大比例以股利的形式支付给普通股股东。其计算公式为：

股利支付率 = 每股股利 ÷ 每股收益 × 100%

股利支付率没有固定的标准，各公司可以根据自己的股利政策以及股东大会决议支付股利。这一指标的大小直接影响着公司的股价和资本结构的合理性。

（七）市盈率

市盈率是指普通股每股市场价格与每股收益的比值，其计算公式为：

市盈率 = 普通股每股市价 ÷ 普通股每股收益

市盈率指标反映了上市公司股票的盈利状况，一方面，反映了市场对该公司发展前景的预期；另一方面，也反映了投资该公司股票的风险大小。

一般情况下，股票的市盈率越低，投资价值越大，但也有可能说明该公司发展前景不被看好，缺乏对投资者的吸引力；反之，市盈率高，可能表示该公司有发展前途并被市场看好，但也可能表示该公司股票被市场高估了。因此，对市盈率的分析必须结合企业状况、行业状况以及整个市场状况才能得出正确的判断。

上面所介绍的是财务报表分析过程中最普遍、最基本的一些指标。但是，我们应该知道，有时候一项单独的比率并不能说明问题，还需要将其与整个行业的平均水平或是企业的历史数据进行对比，从而做出判断。

【案例 11–4】

企业财务分析案例

A 公司的比较财务比率如表 11–7 所示，试分析该公司的偿债能力、营运能力及盈利能力。

表 11–7　A 公司比较财务比率

项目	2009 年末	2008 年末	2007 年末	2006 年末
流动比率	2.95	1.68	1.01	4.27
速动比率	2.90	1.62	1	4.13
资产负债比率	0.21	0.24	0.43	0.06
应收账款周转率	6.07	5.88	4.46	—
存货周转率	15.34	13.71	12.02	—
总资产周转率	0.21	0.16	0.15	—
资产报酬率	0.091	0.079	0.092	—
股东权益报酬率	0.117	0.121	0.132	—
销售净利率	0.442	0.49	0.628	0.795

偿债能力分析：短期指标流动比率、速动比率在 2006 年都较高，虽然不会有财务风险，但会造成资金的使用效率较低；2007 年这两个指标都有明显的下降，速动比率甚至低至 1，表明公司应高度重视自身的短期偿债能力，以免出现债务危机；至 2009 年末，这一情况有所好转，但流动比率和速动比率值较接近，

公司可以考虑扩大存货规模合理降低速动比率。再看看长期指标，A 公司在 2007 年资产负债比率达到了 0.43，随后呈现逐渐降低趋势，表明公司在 2007 年增加了负债比例，造成财务状况发生一些变化，但之后经过调整，偿债能力接近正常水平。

营运能力分析：A 公司的应收账款周转率、存货周转率及总资产周转率都成逐年递增的态势，表明企业的资产周转效率在不断提高。

盈利能力分析：企业的盈利能力主要通过其经营的业务所创造的利润能力来衡量，一方面直接地体现在利润的实现和稳定增长程度上，另一方面则体现在资金投入的收益能力和周转效率上。而 A 公司的股东权益报酬率、销售净利率都在逐年降低，表明企业的盈利能力下降了，这与 A 公司的成本增加有关，因此，企业对成本费用的控制能力有待增强。

资料来源：吴爱华，苏敬勤.财务管理［M］. 北京：清华大学出版社、北京交通大学出版社，2011.

第三节　财务报表综合分析

投资人财务上的成功与他对投资企业的了解程度成正比。

——沃伦·巴菲特

各个财务指标的比率分析，只能反映企业财务状况和经营成果的某一个侧面，很难揭示出不同因素对企业整体财务状况的影响。因此，在对各个财务指标分析的基础上，应该将其结合起来，进行综合分析，从而对企业整体的财务状况和经营成果进行评价。

一、杜邦分析原理

偿债能力、营运能力和获利能力决定了一个企业的财务状况，利用不同的财务指标分别反映这三种能力，由于这三种能力之间的相互制约与影响也使得不同类别的财务比率指标之间具有一定的关联性，如果将这些指标合理地组合起来，就能够达到综合分析的目的。杜邦财务分析体系是企业最常用的综合财务分析方法。

杜邦财务分析体系也称杜邦分析法，是由美国杜邦公司创造的。杜邦分析体系以权益利润率为中心，利用各项关键的财务比率之间的内在联系，综合地分析和评价企业财务状况。杜邦财务分析体系如图 11-8 所示：

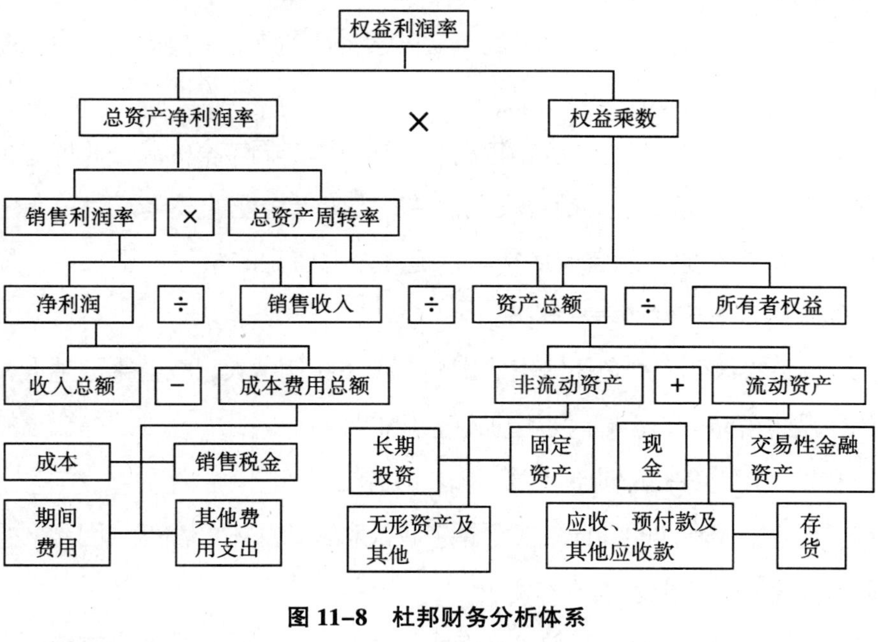

图 11-8 杜邦财务分析体系

通过杜邦分析图，可以将有关分析指标按内在联系排列，则能够发现几种财务指标之间的相互关系：

$$权益利润率=\frac{净利润}{所有者权益}=\frac{净利润}{资产总额}\times\frac{资产总额}{所有者权益}$$

权益利润率 = 总资产净利润率 × 权益乘数

$$总资产净利润率 = \frac{净利润}{资产总额} = \frac{净利润}{销售收入} \times \frac{销售收入}{资产总额}$$

总资产净利润率 = 销售净利润 × 总资产周转率

二、杜邦财务分析的意义

杜邦财务分析能够综合地反映企业的经营成果和财务状况，其主要意义表现在以下几个方面：

（1）权益利润率是杜邦分析体系的核心，它直接代表了企业净资产的获利能力。从上述分析体系中可以看出，权益利润率的大小取决于销售利润率、总资产周转率和权益乘数，通过分析这三个因素变动对权益利润率变化的影响，能够使管理者更加清晰地看到权益利润率的决定因素，从而寻找到提高企业生产经营效率和财务运作效果的途径。

（2）总资产净利润率是企业销售利润率与总资产周转率的综合表现。企业要提高销售利润率就必须增加销售收入，并努力降低企业的成本及费用支出。同时，要不断提高企业的总资产周转率，提高企业资金的整体利用水平。只有这样，才能提高企业总资产净利润率。

（3）权益乘数受资产负债比率的影响。负债比例越大，权益乘数越大，财务杠杆的效用也就越大，但同时也增加了企业的风险。因此，必须选择合理的权益乘数，有效利用财务杠杆创造收益，控制财务杠杆风险。

（4）企业销售利润的高低取决于销售收入和销售成本的高低。因此，企业必须加强成本管理，降低各项成本费用。

（5）资产总额是影响企业总资产净利润率和资产周转率的一个重要因素。资产总额由流动资产和长期资产组成，流动资产反映了企业的变现能力和偿债能力，而长期资产则代表企业的长期发展能力。因此，企业必须确定恰当的资产比率结构，既保持企业资产必要的流动性，又确保企业较强的盈利能力。

综上所述，杜邦财务分析体系以权益利润率为核心，将企业的销售及其资产运作状况全面联系起来，清晰地反映了各个财务指标之间的关系，为企业的不断完善和发展指明了方向。

三、沃尔评分法

财务状况综合评价的前驱之一亚历山大·沃尔在 20 世纪初提出了信用能力指数的概念，把若干个财务比率用线性关系结合起来，以此评价企业的信用水平。他选择了 7 种财务比率，分别给定其在总评价中所占的比重，然后确定标准比率，并与实际比率相比较，评出每项指标的得分，最后求出总分。若实际得分大于或是接近 100 分，则说明公司的财务状况良好；反之，若相差较大，则说明财务状况较差。

假设我们通过计算已经知道某公司的一些财务比率（表中的实际比率），就可以采用沃尔评分法，如表 11-8 所示：

表 11-8　沃尔评分法

财务比率	比重①	标准比率②	实际比率③	相对比率 ④=③/②	评分=④×①
流动比率	25	2.00	2.11	1.06	26.50
净资产/负债	25	1.50	0.85	0.57	14.17
资产/固定资产	15	2.50	3.12	1.25	18.72
销售成本/存货	10	8.00	11.00	1.38	13.75
销售额/应收账款	10	6.00	10.00	1.67	16.70
销售额/固定资产	10	4.00	2.66	0.67	6.70
销售额/净资产	5	3.00	1.67	0.56	2.78
合计	100				99.62

沃尔评分法在理论上和技术上存在一些问题，如为什么选择这七个财务指标、所给出的每个指标占比是否合理、当出现某个指标严重异常时对总评分产生不合理影响等，但是该方法简单易行，所以在实践中仍被广泛应用并不断完善。

本章小结

企业的财务报表给我们提供了有关企业财务状况和经营成果的信息，有效的财务报表分析不仅有利于企业内部经营运作，对企业外部投资决策、贷款决策等也有重要作用。企业基本的财务报表主要有资产负债表、利润表、现金流量表和所有者权益（或股东权益）变动表以及报表附注。我们可以通过计算一系列反映企业经营状况的比率数据去评价企业的偿债能力、营运能力以及盈利能力，也可以采用杜邦分析体系或是沃尔评分法对企业的财务状况进行综合分析。总之，财务报表就像企业的体检表，管理者或是财务人员必须要看懂才能“对症下药”。

第十二章　公司理财发展的新趋势

开篇案例

在规范中走向国际化——云南铜业（集团）有限公司

云南铜业集团是以生产经营铜为主，也是云南省重点扶持做大做强的大型企业集团之一。公司以总资产 115 亿元排名中国铜行业前 3 强，2004 年位于中国有色金属行业销售收入 50 强第 10 位。公司拥有从业人员 1.4 万人，其中专业技术管理人员 3500 多名，拥有 19 个系列、120 余种产品，主要产品“铁峰”牌高纯阴极铜和黄金、白银在英国伦敦金属交易所注册，高纯阴极铜产销率一直保持 100%（分别占国际、国内市场份额的 1.8%、10%）。

为达到做大做强，经济技术指标达到国内铜行业先进水平，部分达到国际先进水平，成为中国铜工业第二强，进入世界铜企业 20 强行列的目标，云南铜业 2005 年以来着手优化经济结构，突出主业优势；增强核心竞争力，保持可持续发展；建立规范的现代企业制度，逐步实现企业经营的国际化。

从规范现代企业制度起步，云南铜业建立健全企业制度和经营机制，达到规范的现代企业制度要求，建立科学的法人治理结构，按照“依法经营、规范运作、科学管理、自我约束”的经营理念，奠定了企业科学发展、做大做强的基础。

同时，云南铜业加快结构调整，以产权制度改革为突破口，优化内部经济结构，逐步建成投资主体多元化、产权多元化、主业优势突出，具有较强竞争力的大企业集团。

通过进入资本市场，云南铜业运作资本，经营资产，实现从资本积累到资本扩张的跨越，增强了资本实力，提高了核心竞争力。

云南铜业集团坚持四个创新，即企业制度创新、结构创新、管理创新、技术创新，着力抢占五个市场要素制高点，即抢占产品市场占有率、技术、资金、管理、优秀人才制高点。

在管理上，云南铜业务求创新。开创以预算化管理为重点的有色金属企业增效全过程管理，获第十届国家级企业管理现代化创新成果二等奖。

云南铜业推行ISO国际质量标准，与国际先进水平对标接轨，核心企业云铜股份公司通过贯标认证，主产品“铁峰”牌高纯阴极铜被评为走向世界的100家“中国名牌”产品，获国家同类产品最高质量奖，产销率100%，获准在英国伦敦有色金属交易所（LME）挂牌交易。

为迅速壮大公司实力，云南铜业加强了进出口贸易，经营进口锌精矿、粗铜、杂铜、铜精矿含铜，出口白银、黄金、锡锭和焊锡、化肥，外购粗银等业务。2004年，贸易额实现5.1亿美元，占云南省进出口贸易总额的13.5%，连续3年保持云南省进出口企业第一位，白银出口全国名列第一。

资料来源：佚名. 在规范中走向国际化——云南铜业（集团）有限公司理财工作纪实［J］. 中国总会计师，2005(11).

【案例启示】在技术进步与各国开放政策的推动下，经济全球化进程逐步加快，成为世界经济发展的主流。中国加入世界贸易组织后，将开发众多的市场，我国企业面临着新的生存环境，为了提高对外界的适应能力，企业必须加强财务管理，提高财务管理水平，增强企业核心竞争力，从而在激烈的国际竞争中生存并发展下去。在这一发展进程中，公司理财也呈现出新的发展趋势。

本章您将了解到：

- 公司理财与企业战略的相关性
- 公司理财的国际化、网络化、灵活性趋势

第一节　财务与战略“亲密”融合

企业是一口井，如果CFO在井底，就是井底之蛙。要想做个愉快的CFO，就得突破思维定式，主动配合公司战略，如此，在执行上，也就会赢得主动。

——马传骐

为什么公司理财与企业战略密不可分呢？所谓企业战略就是实现企业总目标所做的谋略，而这种总目标的实现必须依赖于各个阶段企业战略目标的实现。也就是说，企业的战略需要财务管理、生产管理、运营管理等去积极配合。从这个意义上讲，财务管理部门的活动应该时刻围绕企业战略的制定和执行。

从传统的核算型财务转变为战略支持型财务并不是一件容易的事，它需要财务人员深刻理解企业现阶段所制定战略的内涵、背景及其实现的优势和障碍。在此基础上，财务管理部门就可以根据企业战略来定位自己应思考和解决问题的战略导向。如当企业的战略是要通过并购来实现发展时，那么企业战略财务管理的活动定位就是要全力以赴地去解决达到这个目标所需要的资金问题，并做好企业的内外部沟通，以本部门的行动带动其他职能部门参与到战略实现中去。这与传统的财务管理是不同的，它要求财务部门主动参与到企业目标实现的工作中，而不是等待高层管理部门下达工作任务。

此外，为了更好地支持和配合企业的战略，财务管理部门在日常的核算工作中要提高效率，从而把更多的时间和精力投入到支持企业发展的信息服务工作中，和企业的高层管理者共同制定公司的发展战略，并提供科学、准确的信息，以协助其他职能部门更加迅速地应对市场的变化。同时，还应充分发挥桥梁和纽带的作用，促进高管与股东之间的沟通，合理配置资源，进行风险管理等。

如今，我国的经济已经由高速增长向新的发展模式转变，财务管理工作在实现总体战略目标的过程中发挥的作用越来越大，财务工作与公司战略之间的关系变得越来越紧密。财务管理战略化将成为未来企业价值管理的必然选择。

第二节　国际化趋势

顺应趋势，花全部的时间研究市场的正确趋势，如果保持一致，利润就会滚滚而来！

——江恩

经济与科技的迅猛发展，使地球变得越来越小，各国经济更加依赖于国际间的经济交流与合作，国际经济一体化使得公司理财的国际化趋势成为必然。

如今，任何一家成功的公司都不会无视全球一体化的潮流，它们所作的任何决策，包括筹集资金、雇用员工、销售产品等，都不会局限于本国范围内，而是在全球范围内做出选择。一些大公司为了获取高额利润，实现其全球战略，通过对外投资，在国外建立分支机构或子公司，形成了从国内到国外的公司体系，也就是我们所说的跨国公司。

这一国际化的趋势我们有目共睹：微软公司在爱尔兰建立了欧洲生产工厂，在中国设立研究机构；迪斯尼公司在巴黎、东京、中国香港等大都市修建主题公园；三星公司在美国加利福尼亚生产半导体；几乎任何国家都可以看到的麦当劳快餐厅。

以跨国公司为主的国际公司，对分布在各地的子公司进行投资和经营优化组合，对产品开发、原材料采购、生产、销售等协同运作，形成了一般国内经营公司无法赶超的优势。

公司生产经营的国际化，推动了公司理财的国际化，使得公司必须对全球范围内的经济活动进行预测、决策、规划、控制和考核，由此，国际融资决策、国际税务决策、国际投资决策、计量和防范外汇风险、评价子公司的经营业绩等都成为公司理财的重要内容。

此外，国际金融市场的形成与发展，为跨国生产经营活动开辟了新的途径和领域，从而极大地促进了公司理财的国际化进程。随着全球一体化进程的加快，我们有理由相信，公司理财国际化的步伐也会迈得更大。

第三节　网络化趋势

网络正改变着世界，也必将带给公司理财一场伟大的变革。

——佚名

公司理财手段与方法以网络财务为主将成为一种发展趋势。与传统的财务管理方式相比，网络财务由于其先进的理念和技术手段具有十分显著的优势。

首先，网络技术的发展使企业的管理工作突破了地理空间的局限，通过网络理财的方式可以进行远程业务处理，理财工作可以实现异地实时报告，这不仅极大地提高了理财工作的效率，而且实现了信息共享，使企业资源得到充分的利用。

其次，公司理财的网络化有利于降低企业的沟通成本。特别是对于跨国公司或是拥有多个部门和分支机构的大型集团公司来说，由于其组织结构复杂、庞大，各部门、机构之间的沟通、协调往往存在诸多障碍，而网络财务有效地解决了这一问题，使信息交流更加通畅、快捷，降低了企业的成本。

最后，随着网络财务的发展，电子交易工具也越来越普遍。电子单据、电子货币的出现，网上支付、结算手段的广泛使用，改变了传统的财务流程，减少了财务工作的中间环节，从而提高了企业的工作效率，加快了企业资金的周转速度，降低了企业的资金成本。

综上所述，网络财务的出现改变了以往的财务工作模式，给企业带来了更大的利益。网络财务是随着企业管理信息系统的成熟而发展起来的，未来的网络财务将成为企业管理信息系统中必不可少的重要组成部分。

第四节　灵活的理财制度

如果理财制度是“死”的，那你的公司可能也“活”不起来。

——佚名

公司的理财制度主要是用来约束理财行为、激励理财活动的主体去实现公司理财的目标。公司是各种要素的所有者达成的一个契约，公司的利益是所有签约各方的共同利益，这就决定了公司理财的目标要考虑所有利益相关者的利益。然而，不同利益主体的目标并不相同，由此便产生了委托—代理问题。未来公司理财制度的发展必须能够有效地降低委托—代理关系中的代理成本，建立更加灵活多样的理财制度。

顾客与公司、债权人与股东、股东与经理以及经理与雇员等多种关系都是现代企业管理中所面临的委托—代理关系。任何一种关系的双方都具有一定程度上的共同利益，但并非所有的利益总是一致的。那么，当出现利益不一致的时候，其中的一方就有可能通过某种方式损害另一方的利益。例如，股东与经营者之间往往会出现利益冲突，然而经营者比股东掌握了更多关于公司的信息，在这种情况下，经营者往往会牺牲股东的利益来追求自身效益的最大化，即代理人为了自身利益损害了委托人的利益。

为了解决这一问题，维护委托人的利益，就需要建立相应的制度，既能够激励代理人为实现公司的目标而努力，又要对代理人的行为进行有效的监督和约束。但是，这种激励约束机制的实施必然也会产生较高的成本。因此，未来的理财制度必须能够权衡两者的关系，保证各方利益的实现。

一方面要解决代理难题，另一方面又希望降低代理成本，这就需要企业采取更加灵活多样的理财制度。从激励的角度出发，企业可以转变以往的激励方式，采取如员工持股、利润分成、高层管理人员股票期权以及能够满足不同员工需求的福利制度等激励手段，同时，要建立更加完善的约束机制，对于财务合约中的债务合约、管理合约等的执行情况进行监督，此外，还可以引入外部监督机制，如政府法规、债券评级、财务报表审计等。

第五节　风险控制

如果风险意识不够强，赚了钱后飘飘然，觉得自己的能力超过市场，对市场不再敬畏，过去严守的原则也抛诸脑后，这样一来迟早会被市场吃掉。

——东尼·西里巴

全球经济一体化、网络技术的飞速发展使得公司理财所面临的环境日趋复杂，公司理财活动面临更大的风险，当然机遇与风险并存，若要求得更大的发展，则需抓住机遇，并努力将风险降到最低。因此，风险控制必然成为理财活动的重中之重。

在全球化的背景下，企业生产经营所处的是国际环境，不同的国家在政治、经济、法律、文化教育等方面都存在很大差异，公司除了面临经营风险和财务风险以外，还存在政治风险、外汇风险等新的风险来源。这对今天的公司理财提出了更高的要求，企业必须根据不同风险的特征，建立相应的风险控制机制，确保企业经营活动顺利进行。

网络技术的发展也使企业在理财过程中所承受的风险进一步加大。网上银行及电子货币的出现改变了货币的形式，加快了国际间的资本流动，提高了企业资金的使用效率，但同时也产生了新的安全问题。电子交易工具的产生和广泛应用使得企业在实现增值目标上有了更广的空间，但同时也面临着金融风险的威胁。电子商务的拓展，特别是金融性业务的拓展，使得企业投资风险进一步加大，此外，财务安全问题也成为大多数企业的困扰。

由于新的环境因素而出现新的经济机会和新的风险来源，公司只有适应新的环境，善于抓住新的机遇，通过技术手段与科学合理的理财制度有效防范、控制风险，才能取得长足的发展。

为了顺应公司理财发展的新趋势，企业必须树立全球理财观念，建立科学的管理体系，不断完善企业管理信息系统，推进网络财务的健康发展，采用更加灵活多样的理财制度并有效控制企业面临的各种风险。

本章小结

作为企业的管理人员或是财务人员除了掌握基本理财知识之外，还应该了解公司理财未来发展的趋势和方向。在经济高速发展、外部环境瞬息万变的今天，公司理财发展的新趋势主要体现在：理财与战略的关系日趋紧密、公司理财的国际化、网络化、日趋灵活的公司理财制度以及重要性不断增加的风险控制等。理财工作只有紧紧把握住未来的发展趋势，才能与时俱进，促进企业战略目标的实现。

第十三章　公司理财的哲学与艺术

开篇案例

狐狸过冬——以理财应对潜在危机

转眼间秋风瑟瑟，冬意渐至，一天，森林里的动物们聚到了一起，讨论着如何准备过冬的物品。

兔子首先说出了困扰自己已久的问题："早在春天，我就很有先见之明，每天去寻找食物的时候都会多留一份，储藏起来，以备冬天的来临，但是因为有些食物储存得太早了，可能挨不到冬天就会腐烂掉，这可怎么办呢？辛苦了一年的成果，腐烂掉好可惜哦！"

野鹿听完兔子的话，很不屑地看着它说："何必这么麻烦早早地储藏食物，我冬天压根就没想过要储存食物，虽然冬天寒风刺骨，但是我经常锻炼身体，所以每天外出觅食对我来说不是问题，当然我也要很小心那些聪明的猎人！"

狐狸听完兔子和野鹿的对话忍不住偷笑。兔子和野鹿都感到很奇怪，追问缘由。狐狸笑着说："你们两个真是'out'了，一个还费尽心思辛苦地每天储存粮食，到头来却还要扔掉一大半，费时费力又浪费；另一个寒风刺骨的天气还要每天跑出去躲着猎人觅食，真是够可以的！"

兔子一脸气地追问道："你有什么资格笑话我们，难道你有更好的过冬方法吗？"

狐狸不紧不慢地说："为什么这个年代还要自己准备过冬食物呢？我这几年从人类那学会了一种耕作方式，我以此来与其他动物交换，我教会他们如何耕作，他们就会分一些食物给我作为酬劳，这样一来，双方互利，我既不用提前储备粮食，也不用担心冬天会挨饿了！”

狐狸很聪明，它既不会像兔子一样每天要多辛苦一分将寻找到的食物储藏起来，靠储蓄省钱甚至让钱贬值，也不用像野鹿一样“现赚现花”，而是学会了一种既经济又可靠的方式，就是我们常说的“授人以渔，并以之获利”，不仅能够解决温饱问题，做好了还可以以此发家致富。

生活中，我们也会像寓言里动物过冬一样有些人会提前谋划着积累财富，以备不时之需，有人等到危机临近了才会想办法仓促应对，也有人善用头脑，巧妙地选择投资方式以应对风险，究竟哪一种方式才是最好的？答案显而易见。

资料来源：李姜. 轻松理财的 48 个寓言［M］. 北京：北京邮电大学出版社，2008.

【案例启示】用“动起来”与“冻起来”来比喻公司理财的哲学，是最恰当不过的了。理财的方式有很多种，但是其基本原则就是让财务资源“动起来”去创造最大的收益，否则就是把目前多余的财务资源“冻起来”。

本章您将了解到：

- 公司理财独特的含义与目的
- 公司理财蕴含的哲学思想
- 潜藏于财务报表中的理财风险

第一节　何谓理财，为何理财

投资不仅仅是一种行为，更是一种带有哲学意味的东西！

——约翰·坎贝尔

理财是现代人的时髦话语，于私于公一概适用。与友人闲聊经常论及有关理财的话题。姑且不论理不理解、有财没财，理财话题一出现总是要从热门炒股、炒房起个头，更深入就会谈到黄金、外汇，表示自己也置身主流社会之中，反之，若无法搭腔或表现出不太在意，在朋友间的地位会立刻下降，仿佛理财与个人的学识及财富有密切相关性。而在商务交流中，特别是在与金融机构打交道时，理财的讨论也经常被视为判断经理人的专业程度与否的讯息。由此可知理财被现代人重视的程度，在某种程度上也展现出现代人对财富的渴望。

理财，狭义而言就是好好地管理我们的钱，广义解释应扩大为有效利用我们可控的资源。公司理财最主要的目标是对抗通货膨胀或汇率等风险，也就是避免贬值的损失。而积极的公司理财，常常是利用宏观经济环境、金融局势、跨区贸易等，结合公司自身的资源搭配达到创造新财富，即让钱去赚钱的目的。一言以蔽之，理财的目的就是要让我们的财富保值与增值。

一、公司理财、投资与投机

公司理财与公司投资这两个完全不同的名词，在实务操作上却有难以分辨的相似之处。在一般的界定上，总感觉理财所需用的金额较小，而投资好像是一件大事，但两者的差异在本质上并不是如此。我们可以发现，在公司的性质中有理财公司也有投资公司，但二者在设立的资本额上并没多大区别。理财公司的主要业务是利用自己的专业协助别的公司或个人进行理财，收取服务费用；而投资公司多是以利用公司的资本，进行项目投资为目的。我们认为投资与理财性质最大的不同，并不在资金与项目上，而是资金运作时间长短不同。公司理财主要是利用公司现金流入与流出的时间差进行理财的安排，而投资则是投入专项资金求取长时间段的回报。股神巴菲特是举世闻名的投资家，他的投资名言是“选择好的公司，并且长期持有”，由此也可看出这两者本质上的差异。

依据上述分析，投机似乎与理财都有着以获利为目的且资金投入时间较短的共同点。但是投机通常不是以专业的判断为基础，仅以有机可乘为出发点，做法更类似于博弈，这与理财需要有广泛的知识背景有所不同。而理财通常较为保守，最后的损益波动较小，也有别于“狠狠捞一把”的投机心理。

二、公司理财与个人理财

同样是理财，公司理财与个人理财在本质、过程与结果上也都不尽相同。个人理财首先需要准备一笔闲赋的自有资金，理财方式可以小额进行也可以分期投入，采用的模式也比较固定，而且通常是为了实现一个长远的目的，或是教育基金或是养老储备等。个人理财的消极目的是弥补通货膨胀造成货币因时间价值而贬值，积极的想法是希望通过有效的理财为个人财富增值。公司理财则要清楚掌握可控制的资源与进行准确的现金流预测。因为理财毕竟不是大部分公司的主营业务，所以可利用闲置资金的时间差也较短，通常是逐笔分析、逐笔进行，主要通过银行金融工具办理，理财的模式是随着经济局势而随机调整，理财的主要目标是借由理财收益减少资金成本并创造部分收益。

第二节　让钱活起来

当你有机会扩张时，千万不要畏缩不前。如果一开始你就获得丰厚利润，你应该继续扩大。

——索罗斯

让钱活起来就是理财！

让公司的钱活起来，这需要配合天时、地利、人和。所谓天时，就是判断宏观的经济形势、政治局势、金融环境；地利则引申包含了所处位置、资源整合、金融工具等；而人和便是准确判断、时机掌握与方案创意。

国人偏爱储蓄，保守与未雨绸缪的性格是我们的民族性。站在公司理财的角度，储蓄是可取的方式之一。机动性大、灵活性强、风险可控、收益稳定是储蓄的特点。虽然储蓄种类的选择也有学问在其中，采取不同方案的收益也有数倍之差，但储蓄理财法毕竟较适合用于风平浪静、与世无争的日子里，因为储蓄的收益是无法负担公司所支付的成本的。

一、为何你不是巴菲特

巴菲特不随市场、舆论起舞，不随名嘴、分析师买进杀出。他依据自己独立的思维，掌握消费群体的需要，观察世界经济局势，深入去分析产业与产业中的翘楚，找出价格被低估的标的，每项投资都尽可能地利用天时、地利、人和这三方面的优势。公司理财也是相同的道理，广泛地收集与财经有关的世界局势与金融动态，并加以判断后才进行理财的操作。2008 年因美国次级房贷引起了金融风暴，这件事的震中在美国本土，引发了金融机构的倒闭效应，美国经济一蹶不振，失业率大幅攀升，消费急速萎缩，美元贬值的预测占据了媒体头版，许多经营国际贸易的企业纷纷采取理财专家意见抛售持有的美元并卖出远期美元外汇以避险。但是令专家跌破眼镜的是，在金融风暴产生的半年内，除了人民币在政府政策性调控下汇率基本持平外，全球外汇市场竟然呈现美元走强趋势，其中澳元对美元最高反向贬值约 35%，欧元兑换美元最高贬值约 30%，日元兑换美元最高升值约 20%，这个现象对初衷只是为了避险而进行理财且已陷入经营困境的贸易商们更是严重的打击。至于为何美元汇率走势呈现为“U”型倒转，主因还是美国毕竟是世界经济重心。美国有难，分布在全球的美国企业纷纷处置海外资产购入美元汇款回总部救急，分布全球的美元向美国集中，促使美元需求强劲，且此时世界各国经济也已经呈现萎缩，因此投资市场的资金纷纷选择以美国为避风港。贸易商们当时倘若进行反向操作，则报酬可观，因此准确的判断是非常关键的。

二、索罗斯重创英镑的创意

1992年索罗斯成功地狙击英镑，粉碎了中央银行有能力捍卫该国货币的迷信，这是准确判断时势、整合资源、结合金融工具并且掌握时机的创意之作。1990年英国加入欧洲汇率机制（ERM）时，因为ERM要求成员国的货币必须盯住德国马克。索罗斯认为，当时英国的经济实力不强，无力维持高估的英镑价值，且加入ERM，就等于把英镑和德国这个西欧最强的经济体紧密捆绑，这个体制的缺陷加上索罗斯对各国中央银行做法准确的预测，使索罗斯迅速在英镑、意大利里拉及欧洲与东京股市中获利数十亿美元。上述案例虽然与公司理财无直接关系，但仔细分析可以有很多启发，公司在选择理财方案时应多方面评估，并应尝试以更灵活的思维来思考方案。

三、选择合适的理财方案

我们的身边充斥着各种理财方案：就以理财为主题的著作，几乎可说是汗牛充栋；金融机构所推出的理财产品，据统计约有两千种；各类学校课程、媒体专栏更是不胜枚举。在公司理财的领域里，很难明确什么是最佳方案，所以我们只能在理财终极目标——保值、增值这个前提下设法设计出适合的方案，并加以执行。

至于提供一个称职的财务经理人对于理财的建议，最基本的要求就是多读书、多看新闻，也就是随时补充与更新财经方面的信息，而且对基础的利率、汇率、票券、衍生性金融产品应该相当熟悉，对金融机构的作业模式也要非常了解，再来便是对公司的资产、负债、现金流与银行的融资支持情况要非常清楚。机会只留给准备好的人，因此称职的财务经理人随时都在酝酿理财的时机。

第三节 深入财务报表

理财市场是有经验的人获得更多金钱、有金钱的人获得更多经验的地方！

——朱尔

一、采购用美元，所以没有汇率风险？

大部分的银行信贷报告对于一个进口加工的出口型制造业经常有这样的描述：进口采购用美元就能规避汇率风险。这是一个看似简单的分析，而且从财务报表中专门管理汇率差异的财务费用汇兑损益科目中也看不出异常，但是很可惜，答案是错的。

上述说法完全忽略了资产由购入、制造到销售这一段时间的时间价值变化。当美元升值时，资产将会增值，反之资产将会减值。资产价值的差异不会因为汇率变动而反映在汇兑损益科目当中，而是直接在毛利中体现。

我们举一个简单的贸易案例作说明：国内 A 公司于 1 月以 100 美元购入一批材料，当月汇率人民币/美元=8.0，并于 3 月以 110 美元卖出该材料，当月汇率人民币/美元 = 7.0。这笔表面获利 10 美元的销售，在账务处理上实际亏损 30 元人民币，原因就是汇率的变化，但在报表的表达上，这个损失却隐藏在毛利之中。因此，若不能洞察财务报表，就失去了一个避险的理财机会。

二、延迟付款对公司有利？

延迟付款对公司有利，这几乎是商人的共识。站在利息节约的角度而言几乎是对的，操作的结果似乎也符合公司理财的原则，但若遇到需支付的欠款是外币且外币正处于升值阶段，那可能会有意想不到的损失发生。依据整理，2008 年度内单月汇率波动超过 1%的人民币/美元有 4 次，澳元/美元有 3 次，欧元/美元有 4 次，日元/美元有 5 次。倘使资金成本为 6%，延迟付款 2 个月所节省的利息还抵不过一次人民币 1%升值的损失，此类细节在公司进行理财时也不能忽视。

三、无须复杂金融工具的公司理财

公司理财不一定要利用高深复杂的金融工具或厚厚一本的理财计划。这里采用一个仅以公司财务结构分析进行资产结构调整创造庞大收益的案例进行说明。

2007 年中，某国内以进口材料加工出口为主营业务的公司，在其经理人于美元将持续贬值判断的前提下，对公司财务报表进行分析，且在所有涉及外币的资产与负债科目都会因汇率波动而影响公司经营损益的准确判断下，分析出公司外币资产（包含以外币购入的存货）大于外币负债 1 亿元人民币。若人民币升值趋势判断是准确的，公司将为此付出巨大的代价，在一年内升值幅度 10%的估计下公司将损失 1 千万元人民币。依据当时的外汇理财工具，除非人民币升值幅度大于 10%，否则根本没有避险的功能。因此，经理人当下决定从改变财务结构着手，首先将公司每月稳定的外币现金流结汇为人民币并且存为定期存款，再则协商或利用合同约定延后偿还银行贷款，之后结合银行提供的外币贸易融资额度，将购货所需支付的外币都委由银行支付，如此持续操作至 2007 年底后进行财务结构分析，公司的外币负债已经大于外币资产 1 亿元人民币，也就是说人民币若持续升值，对公司而言因为汇率产生的损失不会发生，而且会有可观的理财收益。该公司于此时停止继续调整财务结构并且逐步归还银行贷款，至 2008 年 7 月恢复回原先正常的财务结构。现实中，2007 年下半年人民币兑美元汇率共升值约 4.2%，2008 年上半年人民币兑美元汇率共升值约 6.5%，2008 年 7 月之后的一年因政府干预与金融风暴因素几乎维持稳定。

此案例最终结算，在扣除所有币别兑换的损失与增加的银行融资成本后，公司共获利 1000 余万元人民币。

此案例说明了在透析财务报表、分析公司资源、准确判断外部环境与汇率趋势后，只用基础的融资工具，没有花哨的理财设计也可以实现精彩的公司理财，从而也证明了一个称职的财务经理人的重要性。

本章小结

我们可以毫不犹豫地说，公司理财既是一门科学又是一门艺术。从本章的分析与案例中可以发现，理财经常只是运用一个简单道理便能发挥出惊艳的效果。理财在公司经营过程中可发挥重要的支撑作用，如何有效地规避风险并达到资产保值进而增值更是理财的重要意义，而精确地分析公司资源配置与资产结构可以使理财的效果更加突出。

参 考 文 献

[1] John Gampbell Harvery. The Theory Practice of Corporate Finance:Evidence from the Field [J]. Journal of Finance Economics, 2001, 160 (1).

[2] Robert Litzenberger Krishna Ramaswamy. The Effect of Personal Taxes and Dividends on Captial Asset Prices [J]. Journal of Financial Economics, 1979 (7).

[3] 李继培. 福田财道——中国公司理财系列报道 [J]. 新理财, 2011(6).

[4] 卢家仪，杜勇，刘新智.财务管理 [M]. 北京：清华大学出版社，2011.

[5] 吴伟容. 财务管理 [M]. 北京：电子工业出版社，2010.

[6] 刘淑莲，牛彦秀. 公司理财 [M]. 大连：东北财经大学出版社，2011.

[7] 孙福明. 企业理财学 [M]. 北京：清华大学出版社，2008.

[8] 高哲铭. 初创公司的融资艺术 [J]. 中国企业家，2011 (14).

[9] 马捷玲.上市公司筹资偏好分析 [J]. 北方经济，2010 (16).

[10] 熊伟，巩思敏. A 地产公司融资案例分析 [J]. 财务与会计（理财版），2011(3).

[11] 唐现杰，孙长红. 财务管理 [M]. 北京：科学出版社，2007.

[12] 中国注册会计师协会编. 财务成本管理 [M]. 北京：中国财政经济出版社，2010.

[13] 徐璟，付春，郑小平. 财务管理实务 [M]. 北京：北京理工大学出版社，2010.

[14] 泰勒·拉里莫尔，梅尔·林道尔，迈克尔·勒伯夫. 越简单，越赚钱

[M]. 北京：中信出版社，2009.

[15] 李梦玉，代桂霞. 公司理财 [M]. 北京：北京大学出版社，2005.

[16] 楚义芳. 公司理财 [M]. 北京：机械工业出版社，2009.

[17] 邓增辉. 小老板投资融资 36 计 [M]. 北京：北京工业大学出版社，2010.

[18] 李保华，贾耀宏. 基金投资五大“忌”[J]. 大众理财，2011.

[19] 胡海峰. 公司理财 [M]. 北京：首都经济贸易大学出版社，2008.

[20] 梁莱歆. 公司理财 [M]. 北京：清华大学出版社，2009.

[21] 蒋屏. 公司理财 [M]. 北京：中信出版社，2005.

[22] 中世. 让狗吐出骨头——一分钟财务管理故事 [M]. 北京：西苑出版社，2005.

[23] 李延喜，秦学志，张悦玫.财务管理 [M]. 北京：清华大学出版社，2010.

[24] 周夏飞. 公司理财 [M]. 北京：机械工业出版社，2011.

[25] 陈雨露. 公司理财 [M]. 北京：高等教育出版社，2008.

[26] 张鸣. 公司财务 [M]. 北京：北京大学出版社，2008.

[27] 曲喜和. 财务管理 [M]. 北京：北京邮电大学出版社，2007.

[28] 晓平. 预算不是数字游戏 [J]. 新理财·公司理财，2011.

[29] 陈玉菁，赵洪进，顾晓安.财务管理 [M]. 北京：中国人民大学出版社，2008.

[30] 佚名. 老板必须管财务 [M]. 北京：企业管理出版社，2010.

[31] 吴爱华，苏敬勤. 财务管理 [M]. 北京：清华大学出版社、北京交通大学出版社，2011.

[32] 佚名. 在规范中走向国际化——云南铜业（集团）有限公司理财工作纪实 [J]. 中国总会计师，2005（11）.

[33] 王化成.公司理财理论结构 [M]. 北京：中国人民大学出版社，2006.

[34] 陈志斌. 现代公司理财学导论 [M]. 南京：南京大学出版社，2006.

[35] 沈艺峰，沈洪涛. 公司财务理论主流 [M]. 大连：东北财经大学出版社，2004.

[36] 郭复初. 公司高级财务 [M]. 上海：上海立信出版社，2001.

[37] 汪平. 企业财务理论 [M]. 北京：经济管理出版社，2003.

[38] 罗福凯. 财务理论专题 [M]. 北京：经济管理出版社，2004.

[39] 王满. 公司理财 [M]. 大连：东北财经大学出版社，2009.

[40] 刘曼红，李焰，陈岩等. 公司理财 [M]. 北京：中国人民大学出版社，2009.

[41] 斯蒂芬·罗斯. 公司理财（第5版）[M]. 北京：机械工业出版社，2000.

[42] 端木青. 财务管理学 [M]. 杭州：浙江大学出版社，2006.

[43] 吴立范，周天芸. 公司财务管理 [M]. 北京：机械工业出版社，2010.

[44] 民营企业法律实用指导编写组. 民营企业法律实用指导 [M]. 北京：中国法制出版社，2006.

后 记

2011 年 9 月，中国社会科学院哲学社会科学创新工程正式启动，该工程将学术观点和理论创新、学科体系创新与管理创新、科研方法与手段创新作为创新的主要内容。创新工程的理念与我们的构思不谋而合，在团队成员的共同努力下，我们完成了《21 世纪工商管理文库》的编写工作，本文库始终把实践和理论的结合作为编写的基本原则，寄希望能为中国企业的管理实践提供借鉴！

一、我们的团队

我们的团队是由近 200 名工商管理专业的硕士、博士（大部分已毕业，少数在读）组成的学习型团队。其中已毕业的硕士、博士绝大多数是企业的中高层管理者，他们深谙中国企业的发展现状，同时又具备丰富的实践经验，而在读硕士、博士则具有扎实的理论基础，他们的通力合作充分体现了实践与理论的紧密结合，作为他们的导师，我感到无比的自豪。根据构思及团队成员的学术专长、实践经验、工作性质、时间等情况，我们挑选出 56 名成员直接参与这套文库的编写，另外还邀请了 62 名（其中 5 名也是编写成员）在相关领域具有丰富理论和实践经验的人员针对不同的专题提出修改意见，整套文库的编写人员和提供修改意见的人员共有“113 将”。我是这套文库的发起者、组织者、管理者和领导者，同时也参与整套文库的修改、定稿和部分章节的编写工作。

本套文库从构思到定稿历时 8 年，在这 8 年的时间里，我们的团队经常深入企业进行调研，探究企业发展面临的问题和困境，了解企业管理者的困惑和需要，进一步将理论应用于实践并指导实践。我们经历了很多艰辛、挫折，但不管多么困难，总有一种使命感和责任感在推动着我们，让我们勇往直前，直至这套文库问世。

本套文库在中国社会科学院工业经济研究所研究员、经济管理出版社社长张世贤教授的大力支持和帮助下被纳入中国社会科学院哲学社会科学创新工程项目，并得到该项目在本套文库出版上的资助，同时，张世贤教授还参与了本套文库部分书籍的审稿工作，并且提出了很多宝贵的意见。另外，经济管理出版社总编室何蒂副主任也参与和组织了本套文库的编辑、审稿工作，对部分书籍提供了一些有价值的修改意见，同时还对本套文库的规范、格式等进行了严格把关。

有56名团队成员参加了本套文库的编写工作，他们为本套文库的完成立下了汗马功劳。表Ⅰ列出了这些人员的分工情况。

表Ⅰ　团队成员分工

书名	编写成员
1. 战略管理	龚裕达（中国台湾）、胡中文、温伟文、王蓓蓓、杨峰、黄岸
2. 生产运作管理	李佳妮、胡中文、李汶娥、李康
3. 市场营销管理	胡琼洁、李汶娥、谢伟、李熙
4. 人力资源管理	赵欣、马庆英、李汶娥、谭笑、陈志杰、卢泽旋
5. 公司理财	赵欣、易强、胡子娟、向科武
6. 财务会计	陈洁、周玉强、高丽丽
7. 管理会计	高丽丽、胡中文、符必勇
8. 企业领导学	张伟明、黄昱琪（中国台湾）
9. 公司治理	黄剑锋、符斌、刘秋红
10. 创业与企业家精神	张伟明、严红、林冷梅
11. 企业后勤管理	赵欣、钱侃、林冷梅、肖斌
12. 时间管理	苏明展（中国台湾）、胡蓉
13. 企业危机管理	胡琼洁、林冷梅、钱侃
14. 企业创新	符斌、刘秋红
15. 企业信息管理	肖淑兰、胡蓉、陈明刚、于远航、郭琦
16. 企业文化管理	符斌、谢舜龙
17. 项目管理	于敬梅、周鑫、陈赟、胡亚庭
18. 技术开发与管理	胡中文、李佳妮、李汶娥、李康

续表

书名	编写成员
19. 设备管理	马庆英、于敬梅、周鑫、钱侃、庞博
20. 公共关系管理	谢舜龙、符斌、余中星、吴金土（中国台湾）、刘秋红
21. 组织行为学	马庆英、赵欣、李汶娥、刘博逸
22. 无形资产管理	张伟明、陈洁、白福歧
23. 税务筹划	肖淑兰、陈洁
24. 宏观经济学	赵欣、汤雅琴
25. 金融机构经营与管理	胡琼洁、汤雅琴、江金
26. 行政管理学	温伟文、张伟明、林冷梅
27. 商法	高丽、胡蓉
28. 管理科学思想与方法	陈鸽林、陈德全、郭晓、林献科、黄景鑫
29. 管理经济学	周玉强、汤雅琴
30. 企业管理发展的新趋势	龚裕达（中国台湾）、符斌
31. 企业管理的哲学与艺术	龚裕达（中国台湾）、黄昱琪（中国台湾）

有62名企业界的中高层管理人员、从事工商管理研究的学者以及政府公务员为我们的编写工作提供了建设性修改意见，他们的付出对提升本套文库的质量起到了重要的作用。表Ⅱ列出了这些人员对相应书籍的贡献。

表Ⅱ 提供修改意见的人员名单及贡献

姓名	书名	工作单位、职务或职称
1. 张世贤	商法 宏观经济学	中国社会科学院工业经济研究所 研究员 经济管理出版社 社长
2. 何蒂	管理会计 时间管理	经济管理出版社总编室 副主任
3. 邱德厚（澳门）	管理经济学 企业危机管理	广东彩艳集团 董事长
4. 冯向前（加拿大）	税务筹划	国际税务咨询公司 总经理 中国注册执行税务师
5. 陈小钢	行政管理	广州市黄埔区 区委书记
6. 温伟文	宏观经济学	广东省江门市蓬江区政府 区长 （原广东省江门市经信局局长）
7. 曹晓峰	公共关系管理	广东交通实业投资有限公司 董事长
8. 梁春火	企业领导学	广东移动佛山分公司 总经理
9. 邓学军	市场营销管理	广东省邮政公司 市场部经理 （原广东省云浮市邮政局局长）
10. 冯礼勤（澳大利亚）	企业创新	迈克斯肯国际有限公司 董事长
11. 马兆平	人力资源管理	贵州高速公路开发总公司 副总经理

续表

姓名	书名	工作单位、职务或职称
12. 武玉琴	项目管理	广东恒健投资控股有限公司投资部 副部长 北京大学经济学院博士后
13. 方金水	金融机构经营与管理	交通银行深圳分行 副行长
14. 陈友标	时间管理	广东华业包装材料有限公司 董事长
15. 李思园（中国香港）	公司理财	香港佳宇国际投资有限公司 总经理
16. 李志新	企业领导学	广州纺织工贸企业集团有限公司 董事长
17. 郑锡林	人力资源管理	珠海市华业投资集团有限公司 董事长
18. 李活	项目管理	茂名市金阳热带海珍养殖有限公司 董事长
19. 朱伟平	战略管理 人力资源管理	广州地铁广告有限公司 总经理
20. 沈亨将（中国台湾）	战略管理	广州美亚股份有限公司 总经理
21. 罗文标	生产运作管理 人力资源管理	华南理工大学研究生院 研究员
22. 张家骕	企业危机管理	北京德克理克管理咨询有限公司 董事长
23. 廖洁明（中国香港）	企业危机管理	香港警务及犯罪学会 主席
24. 陈国力	项目管理	广州洪珠投资有限公司 总经理
25. 黄正朗（中国台湾）	财务会计 管理会计 无形资产 公司理财	台一国际控股有限公司 副总经理
26. 彭建军	创业与企业家精神	恒大地产集团 副总裁
27. 应中伟	时间管理	广东省教育出版社 社长
28. 黄昱琪（中国台湾）	税务筹划	广东美亚股份有限公司 副总经理、财务总监
29. 黄剑锋	市场营销管理	中国电信股份有限公司广州分公司市场部 副总经理
30. 周剑	技术开发与管理 公司治理	清华大学能源研究所副教授 博士后
31. 杨文江	公司治理	广州御银股份有限公司 董事长
32. 陈洪海	公司理财	深圳联通龙岗分公司 副总经理
33. 沈乐平	商法	华南理工大学工商管理学院教授 博士生导师
34. 谢舜龙	行政管理	汕头大学商学院 MBA 中心副主任
35. 刘璇华	企业创新	广东工业大学科研处副处长 教授
36. 吴晓宝	创业与企业家精神	广州增健通信工程有限公司 董事长
37. 周枝田（中国台湾）	企业后勤管理 生产运作管理	诚达集团 副总经理
38. 许陈生	宏观经济学 管理经济学	广州外语外贸大学经贸学院 教授
39. 何莽	设备管理 税务筹划	中山大学旅游管理学院 博士后
40. 苏明展（中国台湾）	设备管理	广州德进机械设备安装有限公司 总经理
41. 李建喜	市场营销管理	广州新福鑫智能科技有限公司 副总经理

续表

姓名	书名	工作单位、职务或职称	
42. 李茂松	企业后勤管理	暨南大学华侨医院后勤产业集团	副总经理
43. 羊卫辉	宏观经济学 管理经济学	股票、期货私募操盘手、私人投资顾问	
44. 周文明	生产运作管理 技术开发与管理	广电运通金融电子股份有限公司	厂长
45. 王步林	商法	广州金鹏律师事务所	合伙人、律师
46. 刘军栋	企业信息管理	合生创展集团有限公司信息化办公室	经理
47. 张振江（中国台湾）	无形资产管理	南宝树脂东莞有限公司	总经理
48. 程仕军（美国）	公司理财 财务会计 管理会计 公司治理	美国马里兰大学商学院财务系	副教授
49. 黄奕锋	行政管理学	广东省国土资源厅	副厅长
50. 翁华银	战略管理 市场营销管理	广州行盛玻璃幕墙工程有限公司	董事长
51. 李希元	企业危机管理	广东省高速公路股份有限公司	总经理
52. 叶向阳	金融机构经营与管理	中国邮储银行广东省分行	财务总监
53. 杜道洪	公司理财	广州滔记实业发展集团有限公司	总经理
54. 李飏	组织行为学 人力资源管理	广州市社会科学研究院	研究员
55. 吴梓锋（澳大利亚）	市场营销管理 项目管理 战略管理	澳大利亚雄丰股份有限公司	董事长
56. 薛声家	管理科学思想与方法	暨南大学管理学院教授	博士生导师
57. 左小德	管理科学思想与方法	暨南大学管理学院教授	博士生导师
58. 周永务	管理科学思想与方法	华南理工大学工商管理学院教授	博士生导师
59. 贺臻	创业与企业家精神	深圳力合创业投资有限公司	总经理
60. 方向东	项目管理	新八建设集团有限公司南方公司	总经理
61. 梁岳明	公司理财	广东省教育服务公司	总经理
62. 邓俊浩	企业文化管理	广州精心广告有限公司	总经理

注：3~47 为团队成员，1~2 和 48~62 为外请成员。

二、致谢

在本套文库的编写过程中，我们参阅了大量古今中外的文献并借鉴了一些专家、学者的研究成果，尤其是自管理学诞生以来的研究成果。对此，本套文库尽最大可能在行文当中予以注明，并在书后参考文献中列出，但仍难免会有疏漏，在此向所有已参考过的文献作者（国内的和国外的，已列出的和未列出的）表示衷心的感谢！

另外，还要特别感谢参加本套文库的编写人员和提出修改意见的人员，是你们这“113将”的勤奋和智慧才使该文库的构思得以实现。随着这套文库的问世，中国企业会永远记住你们，感激你们！

经济管理出版社是我国经济管理类的中央级出版社，它以严谨的学术、广泛的应用性以及规范的出版而著称。在此，我们非常感谢经济管理出版社的领导和所有工作人员对本套文库的出版所做的工作和提供的支持！

我还要感谢暨南大学这所百年华侨学府，“始有暨南，便有商科”。巧合的是，管理学和暨南大学几乎同时诞生，在此，就让《21世纪工商管理文库》作为管理学和暨南大学的百年生日礼物吧！

我们真诚地希望并欢迎工商管理界的学者和企业家们对本套文库提出宝贵意见，以使该套文库能更好地为中国企业服务，从而全面提升中国企业的管理水平！

夏洪胜

2013年12月